女性のための
ランニング学

女性特有の生理学と解剖学に基づき
わかりやすく、整理解説されたテキストの決定版!!

木下 訓光 監修

ジェイソン・R・カープ／キャロリン・S・スミス 著

日向やよい 翻訳

日本の読者へ

法政大学スポーツ健康学部　木下訓光

運動する体を理解するのは難しい。

　私たちは皆、普段何気なく歩いたり走ったりしているが、「どうして歩いたり走ったりすることが出来るのか」、そのメカニズムを理解している人はあまりいないし、ましてやオリンピックのマラソン競技や箱根駅伝を走っている選手を見て、「どうして彼・彼女らは（私たちと違って）あんなに長い距離をあんなに早いスピードで走れるのか？」という疑問にわかりやすく答えてくれる人を見つけるのはかなり難しいだろう。走る時の筋運動を理解するためには解剖学や生理学の、持久力を理解するためには生化学や栄養学の、そして移動能力について理解するためには物理学の知識が必要だ。加えて本書のように女性のランニングについて踏み込んで理解しようとするなら、婦人科学の知識も動員しないといけない。

　本書の二人の著者はそれぞれ運動生理学者、スポーツドクターであり、その意味で内容はとても学術的だ。「科学的根拠の裏付けがある確かなこと」と「まだ研究が不十分で結論がでていないこと」を分けつつも一つの文脈の中で説明するため、日頃学術論文を読むことのない方々には難しく感じる箇所もあるかもしれない。しかし「走る」ことを理解するために必要な学問の基礎から応用までを、「女性のランニング」という切り口で体系的かつ効率的に説明しているので、（読みごたえはあるが）科学・医学の観点からランニングを学ぶには有用なテキストに仕上がっている。

一方、著者の二人はともに競技ランナーとしてのキャリアを持っている。今やアスリートにとって障害を予防してトレーニングの効率を上げるためには、「科学的根拠の裏付けがある確かなこと」を確実に行うことが必須な時代である。しかし「まだ研究が不十分で結論がでていないこと」に挑戦をしてトレーニングを進化させなければ、成果をあげることが難しいのは昔も今も変わらない。特に女性ランナーのトレーナビリティやその固有性については明らかにされていないことも多い。著者自身が競技ランナーであるという視点から、このような固有性をトレーニングやコンディショニングに踏み込んで活用する記述が随所にみられることも本書の特徴だ。

　『女性のためのランニング学』は、女性ランナーの生理学、トレーニング、障害とその予防、栄養とウェイトコントロールなどについて、学術的でありつつも専門的になりすぎないよう良心的に解説した本である。さらに女性ランナー特有の問題については、国内では一般の方々があまり触れることのないup-to-dateな知識や概念についても言及があり、現時点では学術論文を除き日本語では他に類を見ないテキストとなっている。女性ランナーについてこれから学習しようという読者はもちろん、ランニングについて既に学んできたことを実践している読者にとっても、本書を通じて新たな発見ができるのではないだろうか。

Contents

日本の読者へ　木下訓光 ii
飛躍を続ける女性のランニングと人気 vi
女性の競技ランニングの発展 ix

PART I　生理学について

1　競技能力と性差 3
エネルギー生成 3
心血菅系因子 7
筋因子 8
代謝因子 12
生理学的な性差とそのトレーニングおよび競技能力への影響 13

2　月経周期とホルモンと競技能力 23
月経周期の各期 23
月経周期の生理機能への影響と競技能力との関係 27
持久系パフォーマンス 31
経口避妊薬 32

3　妊娠 35
妊娠中の運動に関するガイドラインの移り変わり 36
妊娠中の運動の利点 36
トレーニングやレースを控えるべきとき 37
妊娠中のランナーの生理学 39
妊娠中のランニング 41
産褥期の運動 46
授乳と運動 47

4　閉経期 49
閉経期とは 50
閉経期の生理学 51
閉経期とランニング 56
ホルモン補充療法 56
トレーニングで考慮すべきこと 59

5　年配のランナー 65
加齢の生理学 65
年配ランナーとトレーニング効果 69
トレーニングへのアドバイス 71

PART II　トレーニング

6　トレーニングの構成要素 79
有酸素能力トレーニング 80
アシドーシス閾値(乳酸閾値)トレーニング 84
インターバルトレーニング 86
その他のタイプのトレーニング 89
競技前のテーパリング 91

7	**基礎体力づくり**	93
	トレーニング量	93
	ロングラン	98
	ヒルとファルトレク	99
	特に注意すべきこと	100
8	**アシドーシス閾値(乳酸閾値)トレーニング**	101
	アシドーシス閾値を測定する	102
	アシドーシス閾値ペース	104
	アシドーシス閾値ワークアウト	105
9	**$\dot{V}O_2max$のための有酸素パワートレーニング**	107
	$\dot{V}O_2max$を測定する	107
	$\dot{V}O_2max$トレーニング	108
	$\dot{V}O_2max$ペース	109
	$\dot{V}O_2max$ワークアウト	109
10	**スピードトレーニングと筋力トレーニング**	113
	無酸素能力トレーニング	114
	無酸素パワートレーニング	115
	プライオメトリックトレーニング	116
	筋力トレーニング	122
11	**トレーニングプログラムを組み立てる**	131
	ピリオダイゼーション(期分け)プラン	132
	回復	138
	月経周期とレース	139

PART III 健康とウエルネス

12	**女性アスリートの3徴**	143
	女性アスリートの3徴とは	144
	健康と競技能力への影響	156
13	**損傷と女性ランナー**	157
	損傷の可能性	158
	ランニングにおける損傷のリスク因子	158
	疲労骨折	159
	膝蓋大腿痛症候群	164
	使い過ぎによるその他のおもな障害	166
	トレーニングと路面とシューズ	169
	損傷予防のための筋力トレーニング	172
	損傷予防のための柔軟性	177
14	**競技能力を高めるための栄養と女性ランナー**	187
	エネルギー要求量	187
	三大栄養素	190
	微量栄養素	200
	トレーニングやレースの前のエネルギー補給	205

索引 ... 207
著者、監修者について ... 213

飛躍を続ける女性のランニングと人気

　ベストセラー作家のジョン・グレイが断言したように、男性と女性には、別の惑星からやってきたのではないかと思わせるほどの違いがあります。心理面や行動面での多くの違いに加え、体の構造や生理、ホルモン、物質代謝にも、すでに子どものころから、はっきりした違いが見られます。こうした違いの多くは、少女や成人女性のランニングに影響を及ぼします。そこで、次のような疑問が生まれます。女性は男性とは違うやり方でトレーニングすべきではないでしょうか？

　この数十年で、からだを積極的に動かす女性や、マラソン等、ランニング競技に出場する女性の数が飛躍的に増えました。いまでは、アメリカ国内で540万人以上の女性がロードレースを完走し、各種のレース人口に占める女性の割合も、1989年にはわずか23％だったのが53％にまで増えています。いまや、マラソンを除きあらゆる距離のレースで、女性参加者の数が男性を上回っているのです。現在、アメリカのロードレース中、女性の割合が最も多いのはハーフマラソン（57％）で、女性が大多数を占めるようになったのは2005年のことでした。わずか20年前の1985年には、女性はハーフマラソン完走者の20％にも満たなかったのです。2009年のアメリカ国内でのマラソン完走者はおよそ46万8000人。その40.4％が女性でした。

　こうした女性のランニングブームの結果、女性のランニング成績は、長年ランニング競技をしてきた男性よりもずっと速いペースで向上しています。女性の公式のマラソン競技が始まって40年（1971-2011）のあいだに、世界記録は46分17秒（25.5％）縮まりました。それに比べ、男性の公式マラソン競技が始まって40年（1908-1948）の世界記録の短縮幅は29分39秒（16.9％）でした。一方、短距離のほうでも、女性の1マイル（1600m）走のタイムが、1921年の6：13から現在の世界記録の4：12.56へと、32.3％もよくなっています。男性は1852年の4：28から現在の世界記録の3：43.13へと、16.7％の改善です。男女の世界記録にどれくらいの差があるかを見ると、興味深いことに、1マイル走（13.2％）よりもマラソン（9.5％）のほうが、女性は男性の競争相手にわずかに迫っており、この差は1980年代からほぼ不変です。

　女性のあいだでランニングの人気が高まるにつれ、どのような特性がランニングにおける競技能力の性差に影響を与えるのかを解明するために、多くの科学的な調査が行われてきました。ランニングにおける競技能力に関しては、100m走からマラソンまであらゆる距離で、平均して10.7％、男性が勝っています。調査は心臓から始まりました。思春期のあいだに男性の心臓は女性より大きくなり、より大きくて強力なポンプとなります。また男性のほうが血液量が多いため、酸素を運ぶ血中のヘモグ

ロビンも多くなります。大きな心臓と大量の血液があいまって、活動中の筋肉に大量の酸素を運ぶ心血管系ができあがり、これが、より高い有酸素活動限界を男性に与えます。1分間に消費できる酸素の最大容量、つまり最大酸素摂取量（$\dot{V}O_2\text{max}$）が高まるのです。その結果、男性はより速いペースで走り続けることができるわけです。このように男性のほうが有利な心血管系を持っているため、最高の女性ランナーでも、マラソンまでの距離のレースでは、最高の男性ランナーほど速くは走れないのです。

けれども、もっとゆっくりしたペースで走るウルトラマラソンでは、両性間の競技能力の差が小さくなります。心血管系の差がそれほど重要でなくなり、筋肉によるエネルギー源の利用や熱を放散する能力など、ほかの特性が重要になってくるからです。ウルトラマラソンは女性にとって、スポーツで男性に勝つ、めったにないチャンスとなるかもしれません。女性は男性よりも脂肪を代謝する能力にすぐれ、限られた炭水化物（グリコーゲン）の貯えを温存できることが、科学的な調査で明らかになっています。これは、きわめて長期にわたる活動に耐える際には有利でしょう。5km走からマラソンまでの長距離走では、男性は女性よりかなり速く走ることができますが、マラソンより長距離となるとそれほどの差は出ず、ときにはまったく差がなくなります。たとえば、5km走マラソンの場合、女性の世界記録は男性の記録よりそれぞれ12.4%と9.5%遅くなりますが、100kmの世界記録はたった5.3%遅いだけです。ウルトラマラソンなら、一流の女子選手が一流の男子選手を破ることも可能なように思われます。調べたところ、女性のウルトラマラソン選手は、同じようにトレーニングした男性よりも疲労に対する耐性が大きいことがわかってきました。マラソンまでの距離なら、男性のほうがすぐれた成績を収めます。

それにもちろん、エストロゲンのことがあります。あなたが1マイル走者であろうと、ウルトラマラソン走者であろうと、エストロゲンこそ、レースで隣を走っている男性とあなたを分ける唯一最大の要因です。これは強力なホルモンで、代謝やグリコーゲン貯蔵、肺機能、骨の健康状態など、あなたの生理機能の多くに影響を及ぼします。エストロゲンについて知れば知るほど、ランナーの心強い味方に思えてきます。実際、エストロゲンは骨の健康にとってとても重要です。エストロゲンの不足は、活動的な女性の大敵である骨粗鬆症の最大のリスク因子ですが、激しいトレーニングによって月経不順や無月経になると、そのような不足が起こりやすくなります。

エストロゲンの広範な影響と女性のホルモン環境の周期的な変化を考えると、男性とは違うトレーニング法を採用するか、少なくともホルモンの変化を考慮に入れてトレーニングを修正すべきであることは明らかです。これ以上、単に男性のやり方をまねすべきではありません。エストロゲンとその姉妹ホルモンであるプロゲステロンは、月経周期に伴って変化します。その変化が持久系パフォーマンスにどのような影響を与えるか、またこれらのホルモンがトレーニングとどのような関係にあるか、この二つのテーマが、本書の大きな部分を占めるとともに、ランニングについての他のあらゆる書籍と本書を分ける特徴となっています。わたしたちは、女性ランナーであるあなたを念頭に、この本を書きました。女性ランナーのトレーニングを深く掘り下げた、これまでにない本であり、すべての女性ランナーとその

コーチに必要な情報を盛り込んであります。本書の目的は、何が女性ランナーをユニークな存在にしているのかを解説し、男性とのそうした違いがトレーニングや競技能力、健康やウエルネスにどう影響するかを考察することです。

　この本は3つの部分に分かれています。パートIでは、この本全体の進む方向を示す重要なテーマとして、女性の生理学について取り上げます。まず初めは、心肺機能、ホルモン、代謝、筋肉、骨格など、男性とは異なる点を見ていきます。次に、月経周期や妊娠、更年期、加齢といった生理学的な要素が、女性の体をどのように変化させ、トレーニングと競技能力に影響を及ぼすかを説明します。パートIIは、トレーニングの原理と要素ならびにワークアウトのタイプに焦点を絞って、女性のさまざまなトレーニング上の要求や目標の実現を目指します。月経周期において、さまざまなタイプのワークアウトに最適の時期はいつかを考察し、月経周期を考慮した上で最大の結果を出すトレーニングプログラムのための指針を提案します。性差をどのように使えば、トレーニングや競技で有利になるかも示します。最後のパートIIIでは、女性ランナーの健康とウエルネスを取り上げます。摂食障害、骨粗鬆症、月経不順（この3つをまとめて女性アスリートの3徴と言います）のもたらす結果について考え、ランニングで起こりやすい損傷や、栄養の問題についても、それぞれ章を設けて解説します。損傷や病気のリスクをできるだけ小さくするための予防法も提案します。

　この本を読めば、医師および専門的な指導者として非常に評価の高いふたりの人物の考え方を知ることができます。運動生理学者、全国的に知られたランニングコーチ、受賞歴のある個人トレーナー、講演者、執筆家であるジェイソン博士は、女性ランナーが特有の生理学に応じてトレーニングをうまくコントロールすれば成功できることを、直接、目にしてきました。大学のスポーツ医学科の医師であり、ウルトラマラソンで成功を収めたランナー、オリンピックマラソン米国予選通過者であるキャロリン博士は、日々、女性アスリート相手に仕事をしており、女性ランナーが経験するあらゆることを正しく認識できる立場にあります。このふたりが手を組んで、調査に基づく専門知識と医学的専門知識、コーチ経験と女性ランナーとしての成功経験という、ユニークな組み合わせが実現しました。

　本書は、あなたがより速く、より健康なランナーとなるのに必要な情報を提供します。単なるトレーニング書の域を超え、「女性の生理学を理解することで、あなたのトレーニングとレースはどのように変わるか？」という疑問を追及します。言い換えれば、「エストロゲンとどう向き合うか？」ということです。

女性の競技ランニングの発展

　最初の著名な女性ランナーは遠く古代ギリシャにまでさかのぼります。古代ギリシャの旅と冒険の女神アタランテーは、男性顔負けの運動能力で知られていました。結婚しないようにという神託を受けたアタランテーは、レースで自分に勝った求婚者としか結婚しないと決め、失敗した者たちを殺します。「まず速さにおいて征服されるまでは、誰のものにもなるつもりはない。俊足なる者には褒美として妻とベッドが与えられるだろう。しかし、遅れを取った者には死が報いとなるだろう」ローマの詩人オウィディウスの『変身譚』のなかで、彼女はそう宣言しています。

　多くの求婚者が打ち負かされたあと、ヒッポメーネースがアタランテーに恋心を抱き、結婚したいと思います。課題のことを聞かされて二の足を踏みそうになりますが、次のレースのために外衣を脱ぎ捨てたアタランテーを見て心をそそられ、レースに名乗りを上げます。ただ、問題がひとつありました。アタランテーを負かすことはできないと、自分でもわかっていたのです。そこで、愛の女神アプロディーテーに助けを求めます。ほかに誰がいるでしょう？　アプロディーテーはヒッポメーネースに、レースの途中でアタランテーの気をそらすようにと、3つの金の林檎を授けます。レースが始まると、アタランテーに引き離されるたびに、ヒッポメーネースはコースの外に林檎をひとつ転がして、ふしぎに思ったアタランテーが足を止めて拾い上げるように仕向けました。アタランテーがたびたび立ち止まって林檎に手を伸ばしたおかげで、ヒッポメーネースは辛くもレースに勝ち、アタランテーとの結婚を勝ち取りました。

　アタランテーはやすやすと男性を走り負かしていたにもかかわらず、男性に対する女性の初めての勝利が歴史に刻まれるまでには、長い年月がかかることになります。肉体作業が男性のものであり雄々しいものであると考えられていたため、男性はずっと走り続けてきたのに対して、20世紀の大半の期間、ランニングは女性にふさわしい活動とはみなされませんでした。こんにち、どれほど多くの女性が走っていようと、競技としての女性のランニングはまだ日が浅いのです。初めて競技で走ろうとした女性ランナーといえば、1896年の近代オリンピック第一回大会でマラソンに参加できないだろうかと訊ねたギリシャの若い女性、メルポメネーかもしれません。彼女の望みは拒否され、本番の数日前に非公式にコースを走って4時間30分の記録を出しました。

　オリンピック大会への参加を繰り返し陳情したあと、ついに1928年アムステルダム大会で、女性は5つの陸上競技の試験的プログラムへの参加が認められました。このときアメリカ人のベティ・ロビンソンが100mで金メダルを獲得し、オリンピック陸上競技での初の女性ゴールドメダリストとなりました。とはいえ、800mレースの終わりに一部の女性が傍目にも疲労困憊のようすだったことは、長距離ランニングが女性にとって危険すぎることを裏づけるものとされ、この種目は廃止されて、1960年のローマ大会まで、再び目にされることはありませんでした。

　1928年のオリンピックのあと何十年も、女性が長距離で競う機会はほとんどありませんでした。しかし長距離ランニングの魅力が女性を引き寄せ、たとえ非公式にであっても、スタートラインに立たせ続けました。20世紀前半には、主としてボストンマラソンの発展と人気のおかげで、長距離ランニングといえばもっぱらマラソンに注目が集まっていました。ボストンマラソンが初めて開催されたのは、近代オリンピック競技第一回大会の翌年でした。

　女性は自分たちが長距離を問題なく走れることを証明し始めていましたが、世界がそのことに気づいたのは、1960年代半ばに2人の女性の活躍があってからのことでした。1966年のボストンマラソンへの参加を

断られた23歳のロベルタ・ギブは、初めてボストンマラソンを走った女性として、新たな歴史を作りました。スタート地点近くの茂みに隠れていた彼女は飛び込みでレースに参加し、3時間21分40秒で完走して、非公式女性勝者となったのです。そしてこの偉業を1967年と1968年にも繰り返しました。

　女性のランニングにとってロベルタ・ギブの3回の非公式勝利と同じくらい重要なのが、1967年のボストンマラソンで女性出場者の先駆けとなったもうひとりの女性です。キャサリン・シュワイツァーはK.V.シュワイツァーという偽名でエントリーしてレース事務局を欺き、正式にスタートラインに立つことができました。こうして、公式参加者としてマラソンを完走した初めての女性となったのです。ボストン体育協会のマラソン当局者ジョック・センプルによって危うくレースから放り出されそうになった一部始終は、全国に報道されました。彼は実際に彼女を道端に押し出そうとしたのです。

　1971年は女性長距離ランナーにとってきわめて重要な年となりました。女性のマラソン世界記録が4度も塗り替えられ、3時間の壁と2時間50分の壁の両方が破られて、アマチュア体育同盟（現在はアメリカ陸上競技連盟）が公認マラソンへの女性の正式参加を認めました。初めて、マラソンの大きな舞台2つ、ボストンとニューヨークが、正式に女性にも開かれたのです。

　いっぽう、もっと短距離のレースも女性のあいだで人気が高まっていました。アメリカ人のメアリー・デッカーが1マイル（1.6km）を4分17秒の世界記録で走り、この距離を4分20秒以下で走った初めての女性となって、女性が長く走れることに加えて速く走れることも証明しました。世界のスポーツ界からの圧力が高まったため、陸上競技の国際運営組織は女性の3,000mをオリンピック競技に加えました。これまで男性のためのレース種目とされていた5,000m走、10,000m走は、女性にも同じく正式なレース種目として世界的に確立されました。さらに、マラソンのある国際大会はいかなるものであれ、女性のレースも設けることを義務づけました。

　1981年に国際オリンピック委員会は1984年のロスアンゼルス大会に女性のマラソンを加えることを決定しましたが、男性にはあるほかの2つの長距離走—5,000mと10,000m—は入れませんでした。これは論議を呼び、米国自由人権協会はアメリカの女性長距離ランナーの代理として、ロサンゼルスで訴訟を起こしました。1984年にジョーン・ベノイトが2時間24分52秒の記録でオリンピックマラソン初の女性チャンピオンとなり、世界中がこれを目撃しました。1984年のオリンピックには、異論の多かった女性の3,000mレースも含まれていて、南アフリカの裸足のランナー、ゾーラ・バッドがアメリカの金メダル候補メアリー・デッカーと接触し、トラックに倒れ込んだデッカーがレースから脱落しました。この2人の争いで、女性のランニングにさらに注目が集まることとなりました。オリンピックの閉会後、国際オリンピック委員会は女性の10,000mを1988年の韓国ソウル大会に含めることを承認し、1996年大会では女性の3,000mを5,000mに差し替えて、ランニングイベントの状態を男性と同等にしました。

　1990年代後半には長距離ランニングは男性と同じように女性のあいだでも、ほぼ世界中に広がっていました。ロシア、日本、ニュージーランド、英国、それにケニアやエチオピアのような東アフリカ諸国など、1960年代後半から男性の長距離ランニングで優位に立ってきた国々が、すぐれた女性ランナーも擁していることが明らかになりました。2003年にはイングランドのポーラ・ラドクリフが2時間15分25秒という現在のマラソン世界記録を打ち立てました。平均ペースは1マイル5分10秒で、ケニアのパトリック・マカウが保持している現在の男性の世界記録、2時間3分38秒より9.5％遅いだけです。ラドクリフをはじめとする人々の業績が示しているように、最高の女性長距離ランナーは、ほんの一握りの男性を除き、ほとんどの男性を上回るのです。

PART 1
生理学について

競技能力と性差

ランニングは単純な活動のように思えるかもしれませんが、ランニングにおける競技能力を改善することは、高度に科学的な作業です。ほんの二、三分ならいざ知らず、ある程度まとまった時間走れるかどうかは、活動中の筋肉に酸素を供給する能力と、筋肉がその酸素を使って、燃料をエネルギーに転換する能力にかかっています。1マイル走だろうとウルトラマラソンだろうと、ものを言うのは酸素なのです。特に、長距離走における競技能力は心肺、筋肉、代謝、神経の各因子の統合に左右されます。これらが協調して働くことによって、生成するエネルギーをランニングのスピードに効果的に転換できるのです。

　この章ではまず、長距離走の基本的な生理学をおさえます。ランニングのためのエネルギーがどのように作られるかを理解することが、どうすれば最も効果的にトレーニングできるかを理解するための第一歩です。もっと速くなりたいなら、あるいは故障なしに走りたいなら、ひとつひとつのワークアウトが生理学的に見て明確な目的を持つようにしなければなりません。次に、女性ランナーをユニークな存在にしているものは何かを考え、そのユニークさを生かすにはどうすればいいかを教えましょう。トレーニングをするときには、性差を考慮することが大事です。男性と女性とでは、生理学、ホルモン、代謝、骨格のどれをとっても、違いがあるからです。

エネルギー生成

　高校の生物の授業で習ったかもしれませんが、あなたの体を動かすエネルギーは、筋肉の中にある高エネルギー代謝化合物、アデノシン三リン酸あるいはATPと呼ばれる物質の化学的な分解によって生じたものです。ATPがふたつの構成成分、すなわちアデノシン二リン酸（ADP）と無機リン酸塩（P_i）に分解するのです。筋肉には緊急に使える少量のATPしか蓄えられていないので、絶えず

再合成していないと、分解を続けることはできません。こうして、ATPの分解と再合成は循環プロセスになっています。ATPがADPとP$_i$に分解され、その後ADPとP$_i$が結びついて、ATPが再合成されるのです（図1.1）。簡単に言うと、速く走るにはATPの再合成速度を上げればいいわけです。そうすれば、どんどん分解して、筋収縮のためのエネルギーをどんどん遊離させることができます。

ほかの多くの動物と同じように、人間も酵素が触媒する多くの化学反応からなる3つの代謝経路を通じて、ATPを作ります。経路の2つ、ホスファゲン系と無酸素解糖は酸素を使わずにATPを作るので、嫌気的経路と呼ばれます。3つ目の経路は酸素を使ってATPを作るので、有酸素経路と呼ばれます。

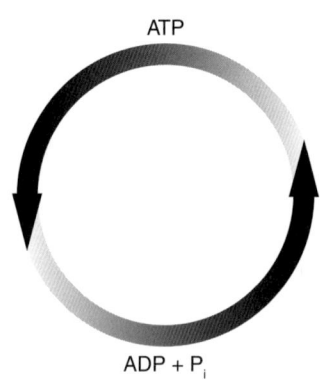

図1.1 ATPはADPとP$_i$に分解され、それが再結合して再びATPが作られる。

ホスファゲン系

短時間の激しい活動をする場合、筋肉は大量のパワーを生み出す必要に迫られ、ATPの要求量が高まります。ホスファゲン系はATP-CP系とも呼ばれ、ATPを再合成する最速の経路です。骨格筋に蓄えられているクレアチンリン酸（CP）がADPにリン酸を1個与え、ATPとします。この反応は次のような式で表されます。

$$ADP + CP \rightarrow ATP + C$$

このプロセスは炭水化物も脂肪も使いません。ATPの再合成は貯蔵されていたCPだけを使って行われます。酸素を必要としないので、嫌気的、つまり酸素に依存しない経路です。ATPを再合成する最速の方法なので、10-15秒間全力疾走する短距離走では、もっぱらこのホスファゲン系を使ってエネルギーが生み出されます。15-30秒間の全力疾走では、ホスファゲン系と無酸素解糖の両方がエネルギーを供給します。ただし、筋肉に蓄えられているCPとATPの量には限りがあるので、すぐに疲労が起こってきます。

無酸素解糖

無酸素解糖は30秒から2分程度までの全力疾走（約200-800m）において優勢なエネルギーシステムで、ATPを再合成する2番目に速い方法です。無酸素解糖では、炭水化物が一連の化学反応を通じて分解されます。この炭水化物はグルコース（糖）の形で血中にあるものでもいいし、グリコーゲンの形で筋肉や肝臓に蓄えられているものでもかまいません。解糖で分解されるグルコース1

乳酸をめぐる誤解

　もしあなたがランナーなら、たぶん乳酸について、特に疲労との関係についてはいろいろと聞いたことがあるでしょう。乳酸はいわれのない非難の対象となっています。乳酸は解糖の最終産物で、酸素の供給速度が筋肉のエネルギー要求に追いつかないときに生成します。ノーベル賞受賞者のA.V.ヒルとオットー・マイヤーホフが1920年代に、無酸素状態で収縮させて筋肉を疲労させると、乳酸ができることを発見しました。それ以来、乳酸が疲労の責任を負わされるようになったのです。誤解を解く前に、まず言葉の意味をはっきりさせましょう。乳酸は、乳酸そのままの形では、あなたの体内に存在しないし、機能することもありません。筋肉内に乳酸ができると、すみやかに乳酸塩（ラクテート）に転換されます。これは乳酸とは異なる化合物です。

　ラクテートと疲労とのあいだの因果関係を証明した実験はひとつもありません。疲労を引き起こすものは活動の強度によっていくつかありますが、どれもラクテートとは関係がないのです。あなたが速く走ればラクテートは劇的に増えますが、それはほかの代謝産物も同じこと。カリウムや、ATPの構成成分であるADPとP_iもやはり急激に増えます。こうしたほかの代謝産物が、筋収縮のさまざまな側面に影響を及ぼすことによって疲労を引き起こしていることがわかっています。混乱の原因のひとつは、血液のラクテート濃度の測定が容易なため、血中ラクテートがアシドーシスの間接的な指標として用いられていることにあるのかもしれません。

　ラクテート濃度は、無酸素解糖に頼ってエネルギーを得ている筋肉中で上昇します。400mから10km程度のレース中に、そういうことが起こります。ところがわたしたちはよく、ランナーやコーチ、テレビの解説者が、マラソンのようなレースで乳酸について話すのを耳にします。特に、レース終了後の回復法について、「乳酸を追い出す」というような言い方をします。しかしながら、ハーフマラソン、マラソン、ウルトラマラソンではアシドーシス閾値以下のスピードで走っているので、ラクテートは蓄積しません。アシドーシス閾値とは、持続可能な最速の有酸素スピードのことで、これを超えるとアシドーシスが起こるというスピードのことです。詳しくはこの章のあとのほうに出てくる代謝因子の項を見てください。こうした長距離走では、筋肉のグリコーゲンが使い果たされてしまいます。筋肉に炭水化物が残っていなければ解糖は起こらず、ラクテートも作られません。マラソンのゴールを踏むとき、あなたの血中ラクテートレベルはスタートラインに立ったときと少しも違わないのです。

　ラクテートが実際に蓄積するレース（400mから10km）では、顕微鏡でしか見えないようなタンパク質がラクテートをほかの場所、たとえば心臓や肝臓へ運びます。ラクテートはそこで燃料として使われます。心臓はラクテートをそのまま燃料として使い、肝臓はグリコーゲンの蓄えや血中のグルコースが足りなくなってきたのを感知すると、ラクテートをグルコースに転換します。するとあなたは解糖に頼り続けることができ、速いランニングペースを維持できるわけです。肝臓ってすごいですね。

　ラクテートにはもうひとつ、まちがった汚名が着せられています。激しいエクササイズ中の筋肉の灼熱感や、きついワークアウト後何日か続く筋肉痛の原因とされているのです。でもラクテートは筋肉のアシドーシスを引き起こすことはないので、灼熱感も引き起こしません。筋肉痛については、筋肉や血中のラクテートはワークアウト後30-60分で運動前の安静時のレベルに戻るので、ワークアウト中にラクテートが蓄積したとしても、筋肉痛を感じるころにはとっくにどこかへ行っているはずです。筋肉痛が起こるのは、トレーニングによって筋線維に微細な裂傷ができ、続いて炎症が起こるからです。これはトレーニングの正常な過程の一部です。筋肉痛はふつう、運動後24時間でしだいに強まり、24-72時間でピークに達し、裂傷が癒えるにつれ、5-7日で治まります。

分子あたり、ATP2分子が作られます。このように、この経路で生じるエネルギーはごく少ないのですが、その代りすばやくエネルギーが得られるので、速く走ることができます。

　筋肉のATP要求量に見合うほど迅速に酸素が供給されないときは、無酸素解糖に頼ることになります。このとき、水素イオンの増加のせいで、筋肉は効果的に収縮する能力を失います。水素イオンが増えると筋肉のpHが低下し、アシドーシスと呼ばれる状態になります。カリウムイオンや、ATPを構成する2つの成分であるADPとP_iなど、その他の代謝産物の濃度も増加します。アシドーシスとこうしたその他の代謝産物の蓄積が、筋肉内にいくつかの問題を引き起こします。まず、代謝や筋収縮に関わる特定の酵素が阻害されます。また、筋収縮の引き金となるカルシウムが、筋肉内の貯蔵場所から放出されにくくなります。筋肉の電気的な充電も妨げられ、やがては、筋肉に力が入らなくなって、走るスピードが落ちます。

有酸素系

　人間は酸素のもとで活動するように進化してきたので、酸素に依存する有酸素系が3つのエネルギー系のうちで最も複雑なのは、意外なことではありません。酸素の存在のもとで起こる代謝反応が、あなたの体内の細胞が作り出すエネルギーのほとんどを作っています。2分より長いレース（800mからウルトラマラソンまで）は有酸素系に最も大きく依存しています。とはいえ、有酸素代謝はATPの再合成にかけては一番遅いやり方です。有酸素系は血中グルコース、筋肉および肝臓のグリコーゲン、それに脂肪を燃料として使い、ATPを再合成します。炭水化物を有酸素系で分解すると、グルコース1分子につきATP38分子が生成します。これは解糖の場合の19倍にあたります。これでもずいぶん多いなと思うかもしれませんが、脂肪を使えばもっと多くのATPが生成します。具体的にどの脂肪酸を使うかによって多少の幅はありますが、なんと130分子ものATPが得られるのです。

　もしあなたが長距離ランナーなら、趣味で走る人であろうと一流選手であろうと、ランニングにおける競技能力はほとんどが有酸素系しだいということになります。有酸素系が発達していればいるほど、嫌気的なエネルギーシステムに頼らずに速く走ることができるからです。嫌気的なシステムに頼るようになると、疲労が起こってきます。次のセクションでは、ATPの有酸素的な合成に関わる因子を簡単に見ていくことにしましょう。そうした因子をトレーニングで改善すれば、望ましい結果が得られるからです。

　おもにどの経路を使ってATPを作るかは、どれくらい短期間にどれくらいの量のATPを必要とするかによって決まります。たとえばスプリントはジョギングより急速にエネルギーを必要とするので、必然的に、ホスファゲン系と無酸素解糖に頼らざるをえません。逆に10km走やマラソンの場合は、もっと有酸素系に頼ることになります。どんなに速くあるいはどんなに遅く走ろうと、どんなタイプのワークアウトをしていようと、たったひとつのエネルギー系を通じてATPを作るということは決してありません。

3つすべてのエネルギー系が協調して要求に応えます。それぞれが異なる度合で、エネルギー生成に寄与するのです。

エネルギーの生成が最適になるように、常に調整を繰り返している3つのダイアルを思い浮かべてください。あなたが100m走をするときには、ホスファゲンダイアルがとても高い位置にまで回され、ほかの2つのダイアルは低いほうに回されています。マラソンの場合は、有酸素系のダイアルがとても高い位置にまで回され、ほかの2つは下げられています。5kmのレースなら、有酸素系ダイアルが高く、無酸素解糖ダイアルが中ほどに、ホスファゲン系ダイアルが低い位置に、回されます。

心血管系因子

ランニングに影響を及ぼす心血管系因子には、心臓が送り出す血液量や筋肉への酸素運搬に作用する因子があります。あなたが走るとき、心臓は骨格筋など、血液が要求される場所に血液を送り出します。心臓が拍動するごとに送り出す血液量は1回拍出量と呼ばれ、いくつかの因子に左右されます。心臓がすばやく、力強く収縮して左心室から血液を押しだす能力、酸素を失った血液を静脈循環によって筋肉からすみやかに心臓に戻す力、左心室と大動脈の圧力、左心室の大きさなどです。

左心室が血液で満たされるとき、そこの圧力がぐっと高くなれば、有利です。その圧力で左心室の壁が大きく伸展すれば、続いて起こる収縮もより強くなり、大量の血液を押しだせるからです。そのいっぽうで、大動脈の圧力が高すぎると、大きな圧力差が生じ、心臓はそれに逆らって血液を送り出さなければならなくなります。また左心室が大きければ大きいほど、大量の血液を保持でき、それだけ大量に送り出せることになります。長距離ランニングのトレーニングによって起こるすばらしい生理学的適応のひとつが、左心室肥大による1回拍出量の増加です。第7回ボストンマラソン勝者のクラレンス・デマールの心臓を観察することで、こうした適応としての心肥大が初めて確かめられました。それ以来、科学者も医師も、持久トレーニングの結果大きくなった、いわゆる「スポーツ心臓」を、好ましい生理的適応と認めています。

1回拍出量に心拍数（心臓が1分間に打つ回数）を掛けると、心拍出量すなわち1分間に心臓が送り出す血液量が得られます。心臓が血液を送り出す最大能力でのランニング（1.5-2マイル[2,400-3,200m]レースのペース）のときに心拍出量がどれくらいまで高まるかは、あなたの長距離ランナーとしての成功にとって、きわめて重要です。改善すべき重要な因子のひとつと言えます。

血液がいったん心臓から出ると、筋肉への流れはいくつかの因子に左右されます。それほど重要でない組織から活動中の筋肉への血液の再分配や、血管を流れる血液が受ける抵抗といった因子が考えられます。また、血管の適切な拡張にも左右されますが、これは2つの神経系と、それぞれに関連したホルモンの影響を受けます。興奮作用があり、血管収縮を引き起こす交換神経系と、鎮静作用があり、血管拡張をもたらす副交感神経系です。また、筋肉への酸素の供給は、血液の酸素運搬能力にも左右されます。この運搬能力を決めるのは、赤血球容積と、赤血球中にあって酸素を運ぶヘモグロビンの量、筋肉内で酸素を運ぶミオグロビンの量、そして筋線維内部の毛細血管の密度と容積です。

筋線維を取り巻く毛細血管網が密であればあるほど、毛細血管から、有酸素代謝を担う重要な微細工場であるミトコンドリアへの、酸素の拡散距離が短くて済むのです。

筋因子

　筋肉は驚くほど複雑な構造をしており、代謝や運動といった機能を担っています。心臓から筋肉に血液が届けられただけでは、まだ話は半分、今度は筋肉が、血液によって運ばれた酸素を使って、筋収縮のためのエネルギーを作らなければなりません。

酸素の利用

　筋肉が血液から引き出して使える酸素の量は、筋肉がどれくらい多くのミトコンドリアを持っているかに左右されます。ミトコンドリア内の酵素の数も、ランニングにおける競技能力を決める重要な要素です。酵素は化学反応に対する触媒効果を通じて、有酸素代謝の速度を制御しているからです。

　心拍出量と筋肉が引き出して使える酸素量とで、筋肉が消費する酸素量（$\dot{V}O_2$）が決まります。ゆったりしたジョギング、きついランニング、全力疾走とペースを上げていくにつれ、$\dot{V}O_2$は大きくなります。走りに要求される量を満たそうと、最初は急激に、その後はもっとゆるやかに増大し、やがて、1分間に消費できる酸素の最大量（$\dot{V}O_2max$）に達します。これが、あなたの筋肉の最大酸素消費速度というわけです。いったんこの状態に達すると、そのペースで走り続けるのに必要なエネルギーの一部は、無酸素解糖によって供給されます。嫌気的代謝に頼り始めると疲労の起こるのがずっと早くなるため、有酸素代謝の上限（$\dot{V}O_2max$）が高ければ高いほど、すぐれた長距離走者になれます。嫌気的代謝への依存をそれだけ遅らせることができるからです。

　$\dot{V}O_2max$は個人の有酸素運動能力をみる唯一最良の指標です。1920年代に初めて人間を対象に測定されて以来、運動生理学の分野では最もひんぱんに測定される生理特性となっています。$\dot{V}O_2max$が高いだけでは、5kmをよいタイムで走ることはできませんが、そうできるひとつの資格であることは確かです。高い$\dot{V}O_2max$なしでは、速く走ることができないだけではありません。800mから5kmの中距離レースでも、高い$\dot{V}O_2max$は重要です。この距離では、$\dot{V}O_2max$の100%かそれに近い状態で走るからです。

　運動生理学の分野における最大の疑問点のひとつ、むしろ論争の的とさえ言えるのが、$\dot{V}O_2max$は心臓因子と筋因子、どちらによって、より多く制限されるかということです。体を鍛えていない人は筋肉への豊富な血流も高性能の代謝機構も備わっていないため、両方の因子に同じように制限を受けるのに対して、高度なトレーニングをしている長距離ランナーは心臓因子のほうに、より制限されるように見えます。トレーニングで左心室が大きくなるといっても、限界があります。トレーニングによって、$\dot{V}O_2max$に対する制限因子は、代謝上の制限から、酸素供給に関する制限へと移るように思われます。パートIIで、こうした制限をトレーニングでどのように減らせるか、検討することにしましょう。

ランニングにおける競技能力を高めるには、$\dot{V}O_2max$が高いだけでは不十分です。同じ$\dot{V}O_2max$のランナーが、レースでいつも同時にゴールインするわけではありません。1930年、ハーヴァード大学のデヴィッド・ディルらをはじめとする生理学者たちによって、次のような事実が初めて明らかになりました。同じスピードで走っていても、使う酸素量はランナーによって顕著な差があり、こうした酸素の使用効率の差が、ランニングにおける競技能力の差を説明するおもな因子かもしれないというのです。ランニング効率とは、最大速度に近いスピードで走っているときに使う酸素量（$\dot{V}O_2$）です。たとえば、あなたが1マイル10分、9分、あるいは8分のペースで走るとき、毎分、特定の量の酸素を消費して、それぞれのペースを維持します。ペースが上がれば、酸素量もそれだけ増えるわけです。

　ランニング効率はランニングにおける競技能力の重要な指標で、ランニング技法、遅筋線維の比率、筋肉のミトコンドリア密度、体重など、いくつかの因子の影響を受けます。仮にふたりのランナーの$\dot{V}O_2max$が同じで、1マイル8分のペースで走っているとき、ランナーAが$\dot{V}O_2max$の70％を使い、ランナーBが80％を使うとすると、ランナーAのほうがそのペースを楽に感じるでしょう。ランナーAのほうが、効率がいいからです。したがってランナーAは、ランナーBと同じ量の疲労を感じる前に、もっと速いペースで走ることができます。$\dot{V}O_2max$が同じでもランニング効率で勝るランナーAが、レースでランナーBに勝つことはほぼ間違いありません。

筋収縮

　ランニングにおける競技能力に影響を及ぼすのは酸素消費にかかわる因子だけではありません。筋線維の動員と収縮、筋力生成、疲労への抵抗力などにかかわる因子にも影響を受けます。筋収縮の始点は神経です。中枢神経系が、筋線維と一体となっている運動ニューロンに信号を送ります。特定の神経伝達因子の活動によって信号が筋線維の奥深くまで伝わると、カルシウムが貯蔵部位から放出されます。そして、微小なタンパク質の複雑な相互作用による筋収縮の引き金が引かれるのです。

　1957年にノーベル賞受賞者のアンドリュー・ハクスリーが、この微小なタンパク質であるアクチンとミオシン（p.10の図1.2参照）がどのように相互作用するのかを発見しました。オールを斜めにしたボートのように見えるミオシンが、真珠を通した2本の糸をねじり合わせたようなアクチンにくっつきます。オール先端の膨らんだ部分にはATPが含まれています。ここがアクチンと結合し、ATPが分解されると、アクチンを引っ張ります。するとアクチンはミオシンに沿って滑るように動きます。このしくみはボートのオールの動きにそっくりですが、この場合、ボート（ミオシン）は静止していて、水（アクチン）のほうが動いていくわけです。この動きが、筋線維一本一本の中にある何百万というアクチンとミオシンのあいだで起こり、相対するアクチンすべてがいっせいに動いて近づくと、筋肉全体が短くなります。これが筋収縮です。筋肉内にアクチンとミオシンがたくさんあればあるほど、強い収縮を起こすことができます。オールが8本あるボートのほうが、2本しかないボートより、水を強くかくことができるパワフルなボートなのです。

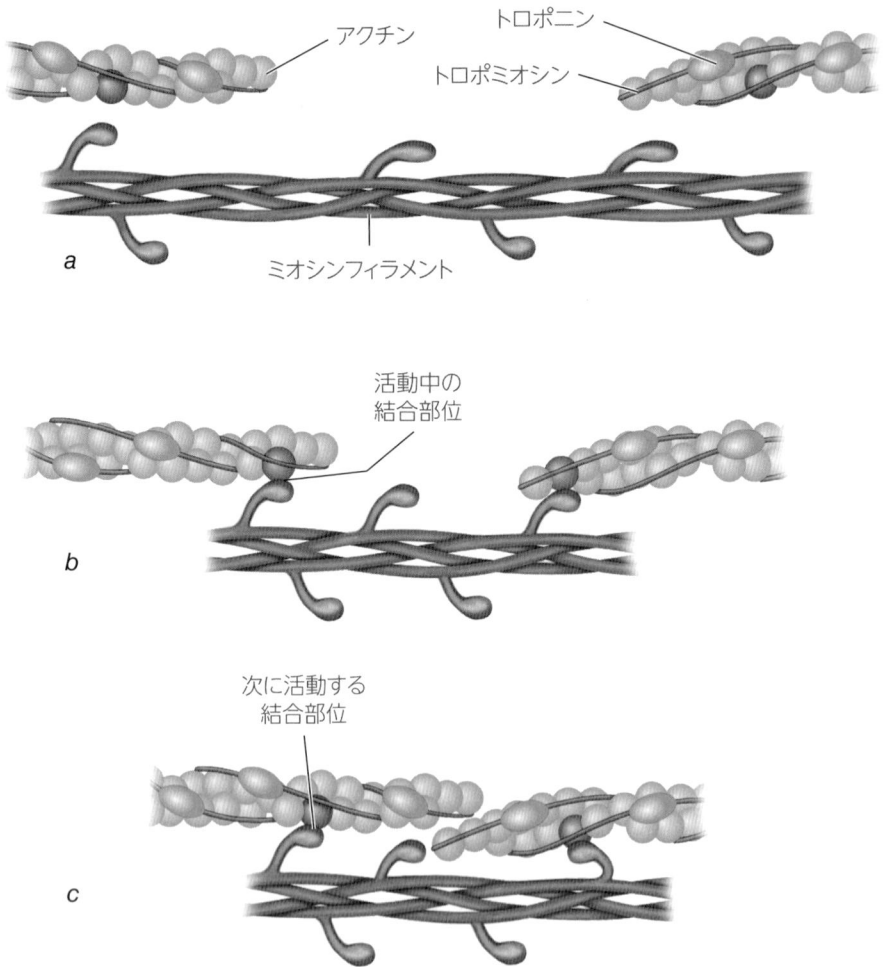

図1.2 ミオシンとアクチンはラチェットのようなしくみで(a) 弛緩、(b) 収縮中、(c) 完全収縮、の動きを繰り返し、筋線維を短縮させる。

筋線維のタイプ

　個々の筋肉がどのようなタイプの筋線維で構成されているかによって、さまざまな距離でのランニングにおける競技能力や、採用すべきトレーニング法が大きく左右されます。人体には3つのタイプの筋線維があり、その割合はさまざまです。その比率は遺伝的に決まります。遅筋（タイプI）線維は有酸素活動の際に動員されます。持久力の発揮に必要な特性、たとえば酸素を供給するための広範な毛細血管網、筋肉内で酸素を輸送するための大量のミオグロビン、大量のミトコンドリアといった特徴を多く備えているからです。ミトコンドリアは有酸素工場とでもいうべき存在で、有酸素代謝を担う酵素を含んでいます。遅筋線維はその名の通り、比較的収縮がゆるやかで、なかなか疲労しにくいという性質があります。何時間も続けて走ることができるのは、この線維のおかげです。

速筋（タイプⅡ）線維は強さやスピード、パワーに必要な特性を多く備えているため、無酸素活動の際に動員されます。クレアチンリン酸とグリコーゲンの大量の貯えや、解糖という無酸素代謝経路にかかわる豊富な酵素といった特性です。このタイプはすばやく収縮し、疲労しやすいという性質を持っています。速筋線維には、タイプⅡaとタイプⅡbのふたつの形態があります。タイプⅡb繊維は、スプリントや跳躍、重量挙げのような、短時間の激しい活動に動員されます。また、遅筋線維や、タイプⅡa速筋線維が疲労してしまった際の有酸素活動にも動員されます。タイプⅡa速筋線維は持久力とパワーの両方の特性を備え、遅筋線維とタイプⅡb速筋線維とのあいだの過渡的な存在です。タイプⅡa速筋線維は、長距離のスプリントや重量物の運搬といった、比較的体力を要する長時間の無酸素活動に動員されます。遅筋線維の作業を支援するため、有酸素活動中に動員されることもあります。タイプⅡb速筋線維よりも疲れにくいという性質があります。筋線維には、この3つのおもな区分に加え、これらのタイプの混成形態もあります。

　七面鳥やニワトリの肉を見ると、筋線維のタイプの違いがわかります。肉が濃い赤色に見えるのは含まれるミオグロビンのせいで、こうした色の肉は遅筋線維からできています。白い肉は速筋線維からできています。といっても、マラソンですごい成績を収めたいからと、濃い色の肉に飛びつかないでください。残念ながら、食べた肉のタイプは持久力にもスプリント能力にも、まったく影響を与えません。筋線維の構成は、おおむね遺伝的なものです。生まれつき、3つのタイプが特定の比率となるように決まっているのです。

　長距離ランナーは、走るために使う筋肉中の遅筋線維の比率が、スプリンターに比べて高くなっています。といっても、遅筋線維のパーセンテージはランナーによって大きく異なります。完全に証明されたわけではありませんが、女性は男性よりも遅筋線維が多いことを示すいくつかのエビデンスがあります。もしそれが事実なら、長距離の持久走には有利かもしれませんが、その反面、スプリントには不利となるでしょう。筋線維の比率が人によってさまざまだといっても、個々の筋線維の構造や代謝能力は、特定の激しいトレーニングによって変えられる可能性があります。

　たとえば、有酸素トレーニングは遅筋線維でのクレブス回路の酵素活性を増大させます。それに対して、スプリントトレーニングは速筋線維の解糖酵素活性を増大させます。遅筋線維を速筋線維に変えることも、またその逆も、可能だとは思えません。すぐれたマラソン選手をすぐれたスプリント選手に変えることはできないし、その逆も不可能だということです。ただし、速筋線維の2つのタイプのあいだには、多少の柔軟性があるようです。最大強度あるいはそれに近いトレーニングによって、タイプⅡb速筋線維がタイプⅡa速筋線維に変わることが明らかになっているのです。これは、トレーニングによって、この2つのタイプのあいだで遺伝的な形質転換を起こせることを示しています。

　走るとき、あなたは筋線維一本一本にではなく、運動単位に動員をかけます。運動単位とは、1本の運動ニューロンに支配された筋線維の集団をいいます。ひとつの運動単位の筋線維はすべて、同じタイプです。遅筋、速筋タイプⅡa、速筋タイプⅡbのどれか1種類でできているわけです。ひとつの運動単位中の筋線維は、いっせいに収縮するか、収縮しないかのどちらかです。一部の筋線維だけが収縮する部分収縮というようなものはありません。灯りのように、オンかオフ、どちらかなので

す。筋力の調節は、収縮させる運動単位の数を変えたり、そうした運動単位に中枢神経が動員をかける頻度を変えたりすることによって行われます。収縮の程度を変化させるわけではありません。

　運動単位の動員には決まった順序があります。運動単位のサイズ、具体的にはその運動単位を支配するニューロンの運動性軸索のサイズが小さい順に、動員されるのです。これはサイズの原理と呼ばれるものです。運動性軸索の直径が小さな運動単位は遅筋線維を含む運動単位ですが、発火閾値が最も低く、最初に動員されます。もっと大きな力や速いスピードが要求される場合は、徐々により大きな運動単位が動員されます。直径が最大の軸索の支配する運動単位は、タイプⅡb速筋繊維を含む運動単位ですが、発火閾値が最も高く、最後に動員されます。こうして、ランニングのペースには関係なく、遅筋運動単位がいつも最初に動員されるのです。ジョギングをしているときは、遅筋運動単位だけが動員されていると考えられます。インターバルトレーニングや全力疾走のように、もっと速く走っているときは、遅筋運動単位がまず動員され、次にタイプⅡa、必要ならさらにタイプⅡbという順で動員されます。

　たとえゆっくり走っていても、遅筋運動単位が疲れてしまったときには、速筋運動単位が代役を務めることもあります。たとえば、長距離を走っているとき、あるいは1ポンド(450g)のダンベルを持ちあげているとき、最初は遅筋運動単位だけが動員されます。けれども、走り続けていると、あるいはダンベルをいつまでも持っていると、遅筋運動単位はついに疲れてしまい、さらに続けるには速筋運動単位を動員しなければならなくなります。このように、サイズの原理を考慮すれば、速筋運動単位をどのようにして動員すればいいか、言い換えればどのようにして訓練すればいいかがわかります。激しいトレーニングをするか、速く走るか、長距離を走ればいいわけです。このうち、遅筋運動単位が疲れるくらい長い距離を走ることによって速筋運動単位を動員する方法を使えば、速筋運動単位の動員に通常つきもののアシドーシスという好ましくない結果の発現を遅らせることができます。この場合、大部分の走りは有酸素運動となるからです。遅筋運動単位と速筋運動単位のさまざまなトレーニング法については、パートⅡで詳しく見ていきます。

代 謝 因 子

　ゆっくり走っているとき、酸素は筋細胞の需要を充分に満たすほどあります。スピードをあげると、エネルギー生成のために無酸素代謝に依存する比率が高くなります。有酸素代謝では追いつかなくなるのです。こうなると、筋肉や血液中に水素イオンが蓄積し、pHが低下して、代謝性アシドーシスと疲労が起こってきます。アシドーシス閾値は、ほぼ純粋な有酸素の走りから、かなりの無酸素代謝を含む走りへの移行地点を示します。アシドーシス閾値は乳酸閾値と呼ばれることもあります。前にも触れたように、アシドーシスになると同時にラクテートも溜まり、ラクテートは簡単に測定できるからです。

　どのようなスピードで走ろうと、ある程度は無酸素代謝も起こっていますが、アシドーシス閾値以下のペースで走っているとき、その寄与は無視できるほどわずかです。というわけで、アシドーシス閾値

は長距離走の成績を決める重要な要因となります。無酸素代謝にほとんど頼らず、したがって代謝性アシドーシスを起こすことなく、有酸素運動を維持できる最大スピードを表すからです。レースが長距離になればなるほど、長時間、安定したペースを維持することが重要になってくるため、アシドーシス閾値の重要性もそれだけ大きくなります。

　脂肪を代謝する能力もランニング成績に影響します。筋肉が好むエネルギー源は炭水化物ですが、その量は限られていて、100分ほど走るだけのエネルギーしか供給できません。それに比べると、人体の脂肪の貯えは事実上無限と言えます。体重66kgで体脂肪率18％の人なら、5日間走るか、1,000マイル（1610km）歩くだけのエネルギーを供給できるのです。ゆっくりしたスピードでのランニングでは、エネルギーを再生するという炭水化物の仕事の一部を脂肪が肩代わりします。血中の遊離脂肪酸や筋肉中のトリグリセリド分子の形で存在する脂肪が、エネルギー源となるのです。たとえ脂肪の働きで炭水化物の枯渇を遅らせることができたとしても、$\dot{V}O_2max$の70-75％という中程度のペースのランニングは、2-3時間しか続けることができません。

生理学的な性差とそのトレーニングおよび競技能力への影響

　性は性染色体によって決まります。あなたの体の細胞は46本の染色体を持ち、それが23の対になっています。男女がお互いのことをどう考えていようと、22対の染色体は同じなので、違いよりは似たところのほうが多いのです。すべての違いを作りだしているのは残りの1対、性染色体です。女性はX染色体を2本持ち、男性はX染色体を1本、Y染色体を1本持っています。生殖器の構造などの性徴や、筋肉量、心臓の大きさ、体脂肪などの男女差はすべて、性染色体がもたらしたものです。表1.1（p.14）に、20-30歳のランナーにおけるこうした違いをまとめてあります。

ホルモンの違い

　ホルモンは細胞にある決まった働きをさせるためのメッセンジャーです。男女を分ける2つの主要なホルモンが、テストステロンとエストロゲンです。実際、テストステロンは男性を男性たらしめる唯一最大の因子であり、エストロゲンは女性を女性たらしめる唯一最大の因子です。1920年代に発見されたエストロゲンは、実際にはエストロン、エストラジオール、エストリオールなどを含むステロイドホルモンの一群を指します。初潮から閉経まで、成人女性の人生の大部分の期間、優勢なエストロゲンはエストラジオールです。エストリオールは妊娠中に優勢となり、エストロンは更年期に作られます。

　思春期以前は、血中のテストステロンレベルは男女で差がありません。女の子が男の子と同じくらい速く走れることが多いのはそのためです。ところが、思春期になると事情が一変します。テストステロンが背の高い筋肉質の男性を創り出すのに対し、エストロゲンは女性の腰に脂肪を蓄積させ、乳房

表1.1 生理学上の男女差（20-30歳）

生理学的特性	女	男
性ホルモン*	エストロゲン：30-200pg/ml プロゲステロン：0.5-15ng/ml テストステロン：＜500pg/ml	エストロゲン：＜5pg/ml プロゲステロン：＜0.5ng/ml テストステロン：500-10,000pg/ml
骨格	幅の広い腰 大きなQ角	広い肩幅
平均体脂肪率	27%	15%
最低限必要な体脂肪	12%	3%
最大心拍出量	20l/min	30l/min
ヘモグロビン*	13.7g/dl（正常範囲は12-16g/dl）	15.8g/dl（正常範囲は14-18g/dl）
血液量	4.5-5l	5-6l
最大酸素消費量（$\dot{V}O_2max$）	34-41ml/kg/min	40-48ml/kg/min
代謝	脂肪により大きく依存	長時間の運動中にグリコーゲンとタンパク質により大きく依存

＊pg/mlは1ミリリットルあたりピコグラム、
ng/mlは1ミリリットルあたりナノグラム、g/dlは1デシリットルあたりグラム。
R.A.Roberds and S.O.Roberts, 1997, *Exercise physiology: Exercise, performance, andclinical applications* (St.Louis: Mosby) ,566より転載。

を発達させます。テストステロンや、やはり男性に特異的なホルモンであるアンドロゲンは成人女性でも作られますが、男性に比べれば量はごくわずかです。思春期後の男性のテストステロンのレベルは女性の約10倍にもなります。アンドロゲンはタンパク質合成にとって重要なホルモンで、筋力トレーニングをすると男性のほうが筋肉がつきやすいのはそのためです。思春期になると、少年と少女のあいだに、それまではほとんど見られなかった身体能力の差が生ずるのは、ひとつにはこうしたホルモンの変化のせいです。

　二次性徴の発達のほかにも、エストロゲンはさまざまな役割を果たします。妊娠に備えての子宮内膜や子宮の発達と膣壁の肥厚化、骨の保護、血液凝固、月経周期の発現、コレステロール生成、塩分と水分の保持。ざっと挙げただけでもこんなにあります。乳がんのようなある種の病気の病状にさえ、影響を及ぼします。エストロゲンに左右されるこうしたことがらが、女性ランナーにとても大きな影響を与えます。たとえば女性の骨塩密度の最も重要な決定因子は、血中を循環しているエストロゲンの濃度です。トレーニング量が多すぎて無月経になることがよくありますが、これはエストロゲン低下をもたらすので、好ましいことではありません。エストロゲン低下をもたらす状態はどんなものでも、骨の

再形成を阻害するからです。骨粗鬆症や骨折のリスクが無月経や閉経によって急激に増すのは、そのせいです。実際、無月経によって引き起こされるエストロゲン不足が、活動的な女性にとっては骨粗鬆症の最大のリスク因子なのです。

　研究の結果、エストロゲンは肺機能、体温、循環血漿量にも影響を及ぼすことが明らかになっています。血漿量は体液保持や体水分量の状態に影響を与えます。体液分布と体温制御にエストロゲンが影響を及ぼすことは、暑さのなかで走る際に女性を男性よりも不利にするかもしれません。たとえば、エストロゲンレベルが高いと、卵子の受精に備えて、基礎体温が高い値にリセットされます。その結果、発汗はより高い体温になってから始まることになります。皮下の毛細血管を拡張させる能力も低下するため、熱を放散させにくくなります。

　女性にとってエストロゲンが一番重要なホルモンであることは確かですが、ほかのホルモンも女性の生理機能に影響を及ぼします。卵巣や妊娠中の胎盤で作られるプロゲステロンは、受精卵の着床と胎児の発育に備えた多くの活動を支えます。その働きはエストロゲンの存在によってしばしば増幅されます。エストロゲンもプロゲステロンも運動中の女性の呼吸に影響を与えることが、研究の結果明らかになっています。とくにプロゲステロンは呼吸を刺激し、喘息症状を悪化させることがわかっています。これは、ワークアウトをよりつらく感じさせる原因になるかもしれません。

　黄体化ホルモンと卵胞刺激ホルモンは男性にもあり、テストステロンの合成や精子生成の維持に関与していますが、女性では、排卵、プロゲステロン合成、テストステロンのエストロゲンへの転換といった機能を果たします。これらのホルモンについては、月経周期中のエストロゲンやプロゲステロンのランニングに対する影響とともに、2章で詳しく述べます。

体つきの違い

　体つきを大きく左右するのは、体に形を与えている骨格です。自宅のキッチンを英国カントリースタイルにするかアールデコ調にするか決められない気まぐれな家主のように、骨は絶えず自分をリフォームしています。破骨細胞という骨の細胞が、古い骨の一部を撤去します。これは吸収と呼ばれるプロセスです。そして、骨芽細胞という別の細胞がそこに新しい骨を作ります。骨の吸収と形成というこの循環プロセスが、あなたが生きているあいだ、ずっと続くわけです。25-30歳までは、形成が吸収を上回っており、骨塩密度（BMD：Bone Mineral Density）、いわゆる骨密度は、男女ともこの頃がピークになります。骨密度は骨の強さの指標としていちばんよく測定される数値です。ただし、ピーク時の骨密度は、女性が男性を下回ります。

　30代になると吸収が形成を上回り始め、骨密度は年に約1％ずつ低下していきます。栄養状態やホルモン、身体活動度も骨の再形成に影響を与えます。骨の強度はその密度の二乗に比例するため、骨密度が少し下がっただけでも、骨の強度は大きく低下します。したがって、トレーニング強度を増したり走る距離を伸ばしたりする際には、女性は男性ランナーよりも慎重に行う必要があります。月経周期が乱れている場合はとくに注意が必要です。骨を保護するエストロゲンが少なくなっているから

です（2章を参照）。

　思春期以前は男女の骨の構造はだいたい同じです。10歳くらいまでは、男の子も女の子も体重や身長、脚の長さ、上腕囲は似たようなものです。思春期になると、男の子は肩幅が広くなり、女の子は腰が大きく幅広くなります。女性は男性より肩が小さいため、上体の強度を発達させるのが男性より難しく、成人してからはずっと、上体の強度が男性より劣ります。また男性に比べ肩幅が狭く、身長もたいてい低いため、男性より骨盤幅対身長の比と、腰幅対肩幅の比が大きくなります。

　女性は腰幅が広いため、骨盤から膝へ走る大腿骨に、男性の場合よりも大きな角度がつきます。この角度は大腿四頭筋角あるいはQ角と呼ばれます。広いQ角は膝蓋骨を脛骨から外側へ向かって引っ張ります。大腿骨に対して膝蓋骨が引っ張られる方向は大腿四頭筋によって作りだされる力の方向に左右されるのですが、Q角が広いと、大腿四頭筋が収縮するとき、膝蓋骨をより外側方向へ動かすのです。このため、女性ランナーは男性ランナーよりも膝の損傷のリスクが大きくなる可能性があります（3章を参照）。

　Q角が大きいと、走る際には機械的にも不利な条件に置かれます。脚が地面に着地したあと、前進するには地面を蹴らなくてはなりません。このとき加えられる筋力には大きさと方向があり、方向は水平と垂直両方の成分を持ちます。着地したとき脚が体に対して平行であればあるほど、つまりQ角が小さければ小さいほど、垂直方向に腱に伝えられる筋力が大きくなります。その腱が骨を動かすのです。

　腰が広くQ角が大きいと、脚が着地したとき、大腿骨は斜めになります。すると、力が分散してしまいます。大腿骨の周囲の筋肉（前面の四頭筋と背面のハムストリング）の力の一部が、推進力とならずに水平方向に失われてしまうのです。すぐれた女性ランナーをよく見ると、腰がとても細く、男性ランナーに近いことに気づくでしょう。すぐれた女性ランナーは腰の幅が男性アスリートと同じくらいであること、アスリートでない男性とさえ同じくらいであることが、調査によっても明らかになっています。腰の幅が狭いほうが、ランナーはより多くの筋力を前方への推進力に向けることができるのです。

　女性の体つきは歩幅を決めるしくみにも影響を与えます。調査の結果、同じスピードで走っているとき、女性ランナーは男性ランナーよりも歩幅が狭いことがわかりました。ランニングのスピードは歩幅掛ける歩数で決まりますから、女性ランナーは男性よりも単位時間あたりの歩数を増やして、歩幅の狭さを補っていることになります。男性と女性で歩数と歩幅の組み合わせが異なるというのは興味深い事実ですが、なぜ女性の歩幅が狭いのかは、完全には解明されていません。

　理由は一見、明らかなように思われます。女性のほうが一般に背が低く、脚も短いため、歩幅が狭くなるのは当たり前のように思われます。ところが、ランナーには、これはあてはまらないのです。調べてみると、ランナーの場合、歩幅は身長とも脚の長さともほとんど関係がありませんでした。背の高いランナーが背の低いランナーより歩幅が広いという事実はなかったのです。歩幅はむしろ、股関節の伸展と、地面を蹴るときに筋肉がどれくらいの力を出せるかで決まります。したがって、同じスピードで走っているときに女性ランナーの歩幅が狭いのには、何か別の理由があるに違いありません。

体重と体組成における差

　体重がどれくらいになるかは、取り入れたエネルギー（カロリー）の量、すなわちエネルギー摂取量と、使ったエネルギー（カロリー）の量、すなわちエネルギー消費量とのバランスで決まります。体重を落とすには、エネルギー消費量がエネルギー摂取量より大きくなければなりません。体重を増やすには、逆に摂取量が消費量より大きくなければならないわけです。男性はやすやすと減量するのに、女性が体重を落とすのはむずかしい。もしそう感じているとしても、それはあなたの気のせいではありません。エネルギーのバランスをとる能力には、はっきりした男女差があるのです。女性は男性より、エネルギー消費量に見合うようにエネルギー摂取量を調節したり、逆に摂取量に見合うように消費量を調節したりする能力にすぐれています。したがって、エネルギー摂取量を抑えようとしてダイエットをしようが、エネルギー消費量を増やそうとして運動をしようが、体重を落とすのは男性よりむずかしくなります。女性はエネルギーバランスの変動に敏感に反応し、代謝を調節して一定の体重や体組成を維持しようとするのかもしれません。こうした生理的プロセスあるいは中枢神経系の関与するプロセスはたぶん、出産に備えて一定量の脂肪を確保しておくという女性特有の必要性から生じたものなのでしょう。進化の産物というわけです。

　女性は体重に占める脂肪の割合が男性より多くなっています。平均的な女性が使える脂肪の量は、平均的な男性が使える量をはるかに上回ります。女性が男性よりも脂肪を必要とするのは、この世に新しい命を生み出すための代償の一部なのです。最低限必要な体脂肪は男性3％、女性12％であり、体の正常な働きの鍵を握っています。神経や脳、心臓、肺、肝臓、乳腺などの構成に必要な脂肪は、神経インパルスの伝導、代謝、細胞構造、外傷からの保護などに欠かせません。

　それに対して、最低限必要な体脂肪以外はおもに脂肪細胞中にあります。脂肪細胞は皮膚のすぐ下や主要な臓器の周囲に集まって脂肪組織と呼ばれる組織を形成しています。また骨格筋にも脂肪が蓄えられ、筋内トリグリセリドと呼ばれますが、これはあなたが走るときに使われる脂肪のおもな供給源となります。脂肪組織よりもこちらのほうが筋肉のミトコンドリアに物理的に近いため、筋肉がすぐにエネルギーを得やすいからです。脂肪は基本的にランナーには重荷になります。走るのに必要なエネルギー量がそれだけ増えることから、体脂肪率が高いランナーは不利になります。女性は男性に比べ、少ない筋肉量で多くの体脂肪を運ばなければならないわけです。胸が小さいこともすぐれた女性ランナーの特徴のひとつです。それだけ負荷が少なくなるからです。体脂肪率が高く、総筋肉量が少ないことは、女性の$\dot{V}O_2max$を引き下げる原因にもなっています。調査の結果、体脂肪率と、体の特定の部位、たとえば背中の肩甲骨の下や骨盤の上、腹部などの皮膚をつまんだときの厚さも、女性ランナーのトレーニングスピードやレースで発揮する能力つまり成績に影響を与えることが明らかになっています。

　脂肪は断熱材として働くため、体脂肪率が高いとランニング中の体熱放散も遅くなります。ランニングは体脂肪を減らすのに最適の活動で、ランニングにおける競技能力の改善には体脂肪率の低さが要求されるとはいえ、女性は体脂肪率を下げる必要性と健康とのバランスをとらなければなりません。体脂肪率が低すぎると、月経周期が乱れて骨の損傷のリスクが増すのです（2章と13章を参照）。腰の構造と同じように、すぐれた女性長距離ランナーの体組成は、平均的な女性の体組成より

も、平均的な男性や男性長距離ランナーの体組成に近くなっています。

距離が長くなると、$\dot{V}O_2max$における男性の生まれつきの優位はそれほど重要でなくなる。長距離での成功を左右するのは、有酸素トレーニングと貯蔵脂肪を使う能力である。

心血管系の違い

　女性は男性より心臓が小さく、同じようにトレーニングしたランナーどうしでも、それは変わりません。心臓が大きな男性は、1回拍出量も心拍出量も大きく、$\dot{V}O_2max$もそれだけ大きくなります。鍛錬した女性の最大心拍出量が1分あたり平均20ℓなのに対して、鍛錬した男性は30ℓになります。男性は血液量も多く、酸素を運ぶヘモグロビンも、血液1dℓあたりの量が男性15.8g、女性13.7gと、男性のほうが多いのです。大きな心臓と大量の血液と高いヘモグロビン濃度とが一緒になって、ランニングのための筋肉により多くの血液と酸素を供給する心血管系ができあがり、男性に女性よりも大きな心血管持久力を与えます。

　ヘモグロビン濃度の差2.1gはとてもわずかな違いに思えるかもしれませんが、実は大きな差なのです。酸素で完全に飽和されたヘモグロビン1gは1.34mℓの酸素を運ぶことができます。この点については、あなたは男性の競争相手と同等です。男女で差があるというエビデンスは見つかっていません。血液を酸素で飽和する能力を左右するのは、肺の拡散能とその場所の標高です。男女で2.1gの差があるということは、血液1dℓあたり、男性のほうが2.8mℓ多く、酸素を運ぶことができるということです。これに、全速力で走っている男女の筋肉への最大血液流入量を掛けてみましょう。仮に、最大心拍

出量に10,000mℓの差があるとすると、男性は女性より毎分280mℓも多くの酸素を筋肉に送ることになります。カップ1杯より少し多いくらいの量です。

　鍛えられた男性ランナーのほうが鍛えられた女性ランナーよりも$\dot{V}O_2max$が約15％高いといっても、男女間にはかなりオーバーラップする部分があります。鍛えられた女性ランナーの多くは、鍛えていない男性よりも$\dot{V}O_2max$が高いものです。それに、トレーニングへの適応や$\dot{V}O_2max$の改善幅には、男女差がありません。調査によれば、男女ともトレーニングで$\dot{V}O_2max$を20％まで改善できることがわかっています。鍛えた女性の$\dot{V}O_2max$は、同じように鍛えた男性より常に低いとはいえ、デスクワークの男性や、気晴らしに体を動かす程度の男性よりは高いでしょう。800mからマラソンまでの距離のレースでは、$\dot{V}O_2max$がきわめて重要です。しかし、距離が長くなればなるほど、重要なことに変わりはないものの、重要度は低下します。レースで発揮される能力は、大きな有酸素エンジンの使用に左右される度合いが小さくなり、貯蔵燃料の効果的な使用に左右される度合いが大きくなるからです。

筋肉の違い

　小さい頃、腕の力こぶを見せつけようとする男の子がいませんでしたか？　力こぶ、つまり二頭筋は強くて魅力的な男性を象徴する筋肉かもしれませんが、体にはほかにもたくさんの筋肉があります。大は太ももの前面の外側広筋から、小は目蓋を閉じたり額に皺を寄せたりする眼輪筋まで、600以上もの筋肉があるのです。筋肉でいちばんはっきりしている男女差は、女性のほうが筋肉量が少ないということです。筋力やパワーは筋肉のサイズに比例するので、女性は男性ほどの筋力やパワーを出せません。そのため、男性のほうがスプリントは速いのです。

　筋肉の重量あたりのATPとクレアチンリン酸の貯蔵量も、クレアチンリン酸の分解からすばやくATPを獲得する力も、男女同じであるにもかかわらず、ATPとクレアチンリン酸の総貯蔵量、したがってこうしたエネルギー源から得られる総エネルギー量は、男性のほうが大きくなります。男性のほうが筋肉量が多いからです。ただし、個々の筋線維が作りだす力の量には男女差がないので、一定量の筋肉について見れば、女性は男性と同じ量の力を発揮できます。筋肉の収縮のしかたは、男女ともまったく同じなのです。

代謝の違い

　代謝とは、体内で起こる、エネルギーを必要とする化学反応すべてを指します。いまこの瞬間にも、新しい組織の成長や筋収縮、エネルギーを生み出すための食物の分解など、無数の反応があなたの体内で進行しています。体が静止状態にあるときに必要なエネルギー量を安静時代謝率といいますが、女性は男性より体重も筋肉量も少ないので、安静時代謝率も低くなります。走るとエネルギーの要求量が増えるため、代謝率は急激に上昇します。手元の燃料を代謝経路がすばやく使うことができれ

ば、筋収縮のためのエネルギーをすばやく再生でき、どんなレースでも、それだけ速く走れるわけです。

　反射作用や運動のようなすばやい身体機能は神経系が制御しているのに対して、もっとゆっくりした機能、たとえば成長や代謝の調節、生殖器官の発達などはホルモンが制御しています。代謝の多くはホルモンの制御下にあり、ホルモンが司令塔となって信号を発し、燃料の輸送や使用を指示します。ランニングのためのおもな燃料は炭水化物と脂肪で、このふたつがスライド制でエネルギーを供給します。走るスピードが遅いとき、筋肉は炭水化物よりも脂肪のほうに多く頼りますが、ランニングのペースをあげていくと、脂肪からのエネルギーの寄与が減り、炭水化物からのエネルギーの寄与が増えていくのです。

炭水化物代謝

　炭水化物代謝に関与するホルモンはインスリンです。炭水化物を摂取すると血中のグルコース濃度が上昇し、インスリン濃度が増します。インスリンは膵臓から分泌されますが、血中を循環するインスリンが増えると、特殊なタンパク質が刺激されて、グルコースを血中から筋肉に運びます。運ばれたグルコースはすぐに細胞がエネルギーとして使うか、あとで使うために筋グリコーゲンとして貯蔵されます。筋肉に貯蔵されたグリコーゲンは男性のほうが多いのがふつうです。マラソンのような長距離レースは、ある程度グリコーゲン貯蔵量の制約を受けます。女性がマラソンを男性ほど速く走れないのは、ひとつには、筋グリコーゲンが男性より少ないからかもしれません。

　男性のほうがカーボローディングに対する反応性が高いという調査結果があります。つまり、女性は食事中の炭水化物を増やしても、男性ほど筋グリコーゲンが増えないというのです。ただしこの調査では総カロリー摂取量が男女で違っているので、調査結果を額面通りに受け取ることはできません。グリコーゲン貯蔵が少なかったのは、グリコーゲンの貯蔵能力に生まれつき男女差があるためというより、カロリーあるいは炭水化物の摂取量が男性より少なかったせいかもしれないのです。食事中の炭水化物摂取量を増やすとともに総カロリー摂取量も引き上げると、女性の筋グリコーゲン含有量は男性と同じくらい増えます。トレーニングという点からすると、いわゆるカーボロードによってグリコーゲンをたくさん貯蔵するには、男性はカロリーに占める炭水化物の割合を大きくすればいいだけなのに対して、女性は総カロリー数も引き上げなければ、同じ効果を得ることができないのです。

　炭水化物はランニング中のおもなエネルギー源であり、アシドーシス閾値より上のスピードでは唯一のエネルギー源であることから、内分泌上の男女差がインスリンにどう影響し、炭水化物代謝を変化させるかについて、盛んに研究が行われてきました。大半は、同じような強度の運動をしたとき、女性は男性より少ししか炭水化物を使わないという結果になりました。

　筋グリコーゲンを大幅に減らすようなワークアウトを終えたあとは、次の走りに備えてさらにグリコーゲンを再合成できるように、炭水化物を補給することがだいじです。というより、栄養が枯渇した筋肉に燃料を補給することこそ、トレーニングやレースからの回復に最適の方法だとも考えられます。持久レースで発揮される成績が骨格筋に蓄えられたグリコーゲンの量に左右されること、また激しい持久運動が筋グリコーゲンの貯蔵を減らすことが初めて明らかになったのは、1960年代後半でした。筋

グリコーゲンをすばやく再合成できれば、それだけすばやく回復できるわけです。ワークアウト後最初の数時間は細胞のインスリン感受性が最大になるため、グリコーゲンをいちばんよく貯蔵できます。研究の結果、この時間帯のグリコーゲン合成速度は男女とも同じくらいであることがわかりました。これは、回復速度は男女同じであることを示唆しています。少なくとも、回復に必要な要素のうち、エネルギー源の再合成の影響を受ける要素については、差がないわけです。

脂肪代謝

運動中に男性ほど炭水化物を使えないため、女性はもっと脂肪に頼ります。実際、$\dot{V}O_2max$の65-70％でランニングやサイクリングをしているとき、女性は男性より約75％も多くの脂肪を使うと推定されています。$\dot{V}O_2max$の65％での運動中に女性はエネルギーの約39％を脂肪から得ているのに対して、男性は約22％を脂肪から得ています。とはいえ、脂肪から引き出すエネルギーの割合は人によってかなり差があります。トレーニング状況や筋線維タイプ、筋グリコーゲン含量、ミトコンドリア密度など、いろいろな要素が影響するからです。

炭水化物と脂肪の代謝に男女差がある原因を疑問の余地なく解明することはむずかしいのですが、少なくとも一部はエストロゲンに原因があるようです。ネズミを用いた研究で、次のようなことが明らかになっています。オスネズミにエストロゲンを投与すると、運動中に使ってしまうグリコーゲンの量が少なくなります。血中の脂肪酸の濃度が高まることから、エネルギー源として脂肪を使いやすくなっていると推測されます。また、疲れきってしまう前に長時間運動できるようになります。血中を循環する脂肪酸の量が増えれば運動中の筋肉がそれを使いやすくなり、筋グリコーゲンや血中グルコースへの依存度が減ります。するとグリコーゲンが枯渇したり低血糖になったりするのがそれだけ遅くなり、疲労も先延ばしになるというわけです。

同じスピードでのランニングでも脂肪をより多く使うという、こうしたエネルギー源の切り替えは、持久力トレーニングによっても起こります。トレーニングで筋肉のミトコンドリアが増えると脂肪の使用が強化され、有酸素代謝が活発になって、筋グリコーゲンの消費が減ります。筋肉活動のためのエネルギー源をこのように切り替えれば、疲労の開始を遅らせるのにたいへん役立ちます。筋グリコーゲン供給力の制約を受けるランニングイベント、すなわちマラソンやウルトラマラソンでは、大きな強みとなるでしょう。人間の炭水化物貯蔵量は限られているため、両性間の代謝の違いは、きわめて長時間の持久走で女性ランナーを有利にするかもしれません。そのような活動の際には炭水化物を節約する必要性が増すし、またペースがゆっくりであるために脂肪が多く使われるからです。2002年と2003年に、パム・リードが並みいる男性を押しのけて135マイル（217km）バッドウォーター・ウルトラマラソンに優勝し、こうした科学的推論の正しさを証明しました。ただし、もっと短い距離のレースでは、筋収縮のためのエネルギーをすばやく作らなければならないので、脂肪により多く依存すれば、ペースが落ちることになります。脂肪よりも炭水化物からのほうが、ずっとすばやくエネルギーを引き出せるからです。

タンパク質代謝

　三大栄養素の最後のひとつ、タンパク質は、代謝では無視されがちです。ランニング中に消費されるエネルギーの3-6%を占めるにすぎないからです。タンパク質のおもな用途はむしろ、ほかのことにあります。筋肉や皮膚、血液などの組織の形成、維持、修復のほか、血液を介した物質の輸送も助けます。タンパク質はあなたの体の建築用足場であり、積荷であると考えることができるでしょう。といっても、組織の形成よりエネルギーの必要性のほうが優先度が高いので、炭水化物や脂肪が充分に使えるだけないときは、タンパク質もエネルギー生成に使えます。たとえ使われる量が少なくても、あなたがもしたくさん、しかもひんぱんに走るなら、その寄与は少なくないかもしれません。

　運動すると、タンパク質が分解されてできるアミノ酸の使用が増えますが、筋肉が使うアミノ酸の量は、筋肉のグリコーゲンの量に反比例します。グリコーゲンが豊富なとき、筋肉はグリコーゲンに頼りますが、グリコーゲンが少なくなると、もっとアミノ酸に頼るようになるわけです。研究の結果、女性は運動中にタンパク質を男性より少ししか使わないことが明らかになっています。持久力を鍛えた女性は、同じように持久力を鍛えた男性より筋グリコーゲンを少ししか使わずに脂肪により多く頼るため、筋グリコーゲンの減り方が少なく、そのせいで、女性ではタンパク質の分解が抑制されるのだと思われます。

　長距離ランニングにおける男女差は、競技能力レベルが上がるにつれ、小さくなります。地域の10 kmロードレースで競う平均的な男性と女性のあいだには、とても大きな差があるでしょうが、エリート選手のレベルになると、男女のタイム差はわずか8-10%となります。たとえば、2009年の米国でのマラソンの平均タイムは男子が4時間24分17秒、女子が4時間52分31秒でしたが、世界記録となると、男女の差は12分にも満たないのです（男子の記録は2011年の2時間3分38秒、女子の記録は2003年の2時間15分25秒）。エリートランナーの場合、身体組成や体つき、心血管系、筋肉、代謝などの特性には、一般ランナーの場合より、ずっと小さな男女差しか見られません。

　あなたが、スタートラインで隣に立っている男性と同じくらい速く10kmレースを走れないおもな理由、たとえトレーニングのレベルが同じでも負けてしまうおもな理由は、心血管系が小さく、体脂肪率が高いことにあります。ランニングにおける競技能力の男女差の約75%が体脂肪率のせいであるのに対して、$\dot{V}O_2max$の関与は約25%です。男女のランナーには多くの違いがあることを考えると、女性特有の部分を最大限に生かすためには、トレーニングやレースに対して、男性とは違う取り組み方をする必要があります。

月経周期と
ホルモンと競技能力

思春期（11-14歳）から閉経期（45-50歳）まで毎月繰り返される月経周期は、女性の生理機能を決定づける大きな特性です。エストロゲン、プロゲステロン、卵胞刺激ホルモン、黄体化ホルモンの4つのホルモンのレベルが月経周期全体を通じて連続的に変化し、周期の各時期の指標となります。ホルモン分泌のタイミングと量が、正と負のフィードバックメカニズムの複雑な相互作用によって調節されているのです。月経周期のどの時期にあたるかによって、こうしたホルモンの濃度が大きく変動するため、月経周期は女性ランナーのホルモン環境、ひいては生理機能に重大な影響を及ぼします。実際、月経周期のどの時期にあるかによって、生理機能の多くの側面が影響を受けることが、研究の結果明らかになっています。性ホルモンが上がったり下がったりするにつれ、酸素消費、体温、体水分量の状態、代謝などが影響を受けるのです。このことは、トレーニングへの応答や適応に月経周期が影響を及ぼすことを示唆しています。

月経周期の各期

　月経周期はふつう28日で、卵子が卵巣から放出される排卵によって2つに分けられます。排卵日は14日目で、周期の前半は卵胞期、後半は黄体期と呼ばれます（p.24の図2.1を参照）。月経周期の実際の長さは、個人によって、周期によって、また年によってさまざまです。ホルモンレベルの変化が周期の長さに影響を与えることもあります。ティーンエイジャーや更年期が近づいた40代の女性はプロゲステロンレベルが低かったり不安定だったりすることが多いため、周期の長さが変わることがあります。避妊ピル、低い体脂肪率、減量、体重過多、ストレス、激しい運動なども、周期の長さを変化させることがあります。

24　月経周期とホルモンと競技能力

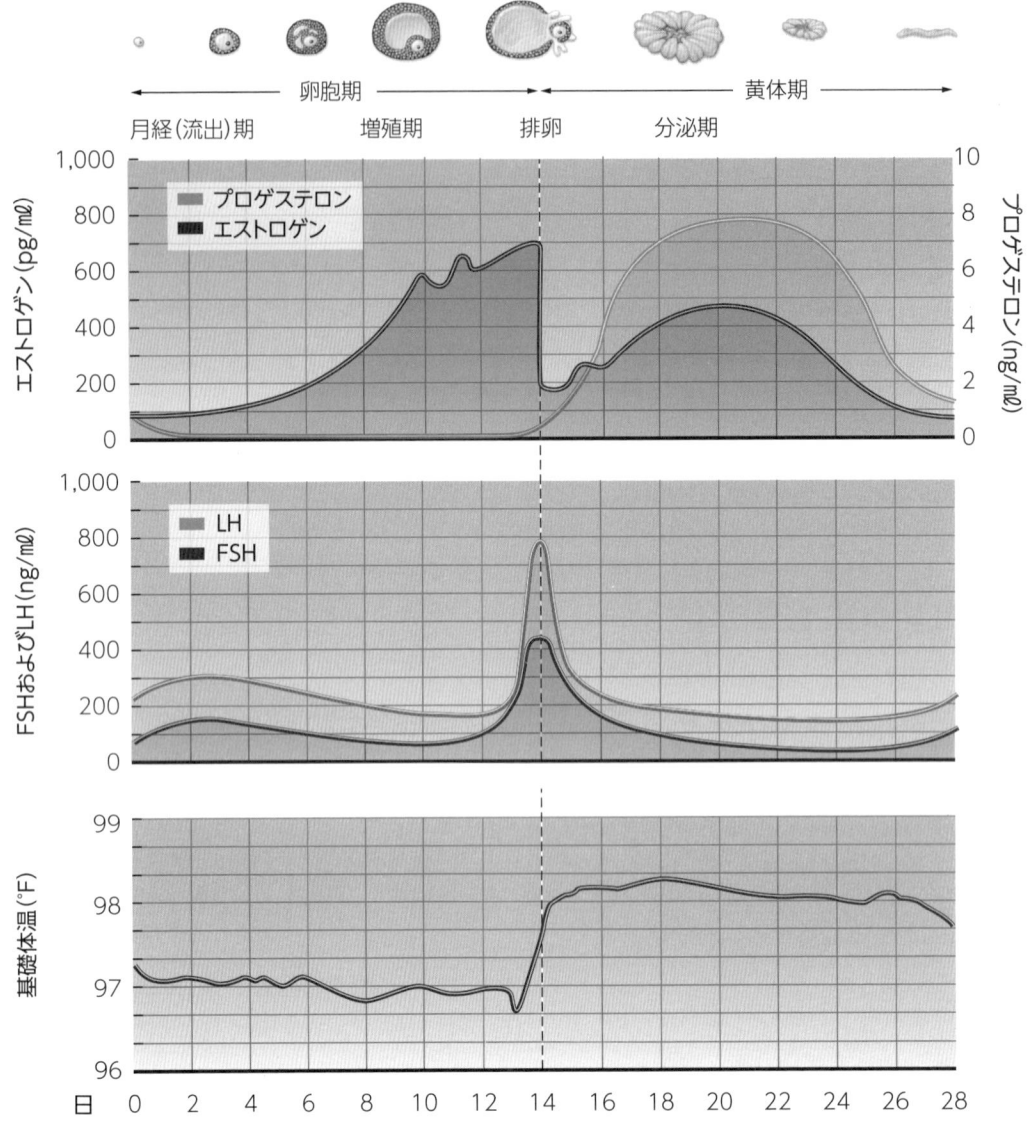

図2.1　エストロゲン、プロゲステロン、卵胞刺激ホルモン（FSH）、黄体化ホルモン（LH）の変動と基礎体温。
W.L.Kenney, J.H.Wilmore, and D.L.Costill, 2012, *Physiology of sport and exercise*, 5th ed. (Champaign, IL; Human Kinetics), 484より許可を得て転載。

卵胞期

　卵胞期は月経の開始とともに始まり、14日間続くのがふつうですが、11-21日のいずれかであることもあります。月経期間はふつう3-5日で、その後エストロゲンが上昇し、14日目ごろ、排卵の直前にピークに達します。卵胞期の終わりに向かって爆発的に増加するエストロゲンが、14日目ころの黄体化ホルモンの急上昇をもたらし、排卵を起こさせます。卵胞期にはプロゲステロンレベルは低いままです。

黄体期

　黄体期は常に14日間で、この期間中にプロゲステロンが上昇します。エストロゲンは排卵後いったん低下してから、黄体期の中ごろに向けて再び上昇します。プロゲステロンの増加が体温を上昇させ、卵子の受精に備えさせます。受精が起こらなかった場合は、エストロゲンとプロゲステロンのレベルがともに急激に下がります。黄体期は月経の開始とともに終わり、再びサイクルが始まります。

　月経中にむくみを感じたことがありますか？　もしあるなら、それはプロゲステロンのせいかもしれません。黄体期中の高いプロゲステロン濃度は体液バランスに影響を与え、水分や電解質を失わせます。黄体期から卵胞期へ戻る際にプロゲステロンが急激に低下すると、月経直前に水分や電解質が過剰に保持されることになって、むくんだような感じを起させるのです。

月経前症候群

　月経前症候群（PMS）は、黄体期の終わりに向け、月経直前に起こるさまざまな身体的・精神的症状からなります。生殖可能年齢の多くの女性がPMSを経験します。ホルモンから見ると、PMSはエストロゲンとプロゲステロン両方の急激な低下を特徴とします。いちばんよくある症状は頭痛、胸の腫脹と圧痛、むくみ、疲労感、気分のむら、イライラです。PMSの原因は特定されていないものの、プロゲステロン不足、プロゲステロン低下、エストロゲン過剰、エストロゲン低下、エストロゲン対プロゲステロン比の変化、プロラクチンレベルの変化、エンドルフィンレベルの低下、精神的な問題など、いくつかの説があります。

　女性ランナーにとって、月経に関することがらでさらに厄介なもののひとつが生理痛です。これは、子宮で作られ、子宮を収縮させるホルモンの一種であるプロスタグランジンの増加によって引き起こされると考えられています。避妊ピルや市販の抗炎症薬、たとえばイブプロフェンやナプロキセンナトリウムをのめば、プロスタグランジンの放出を抑制して生理痛を軽くすることができます。月経前のイライラはエストロゲン対プロゲステロンの比が高いことと関係があり、月経前の抑鬱状態はその比率が低いことと関係があるとも考えられます。とはいえ、PMS症状の出現にホルモンレベルの特定の変化が関わっていると実証されているわけではありません。胸の圧痛は下垂体から分泌されるプロラクチンの増加によるものかもしれません。更年期に近づくにつれ、PMS症状が悪化する場合もあります。出産や流産の直後に起こるような大幅なホルモン変化を経験したときや、経口避妊薬をのんだときも、症状が悪化することがあります。

　PMSに対する運動の効果については、それほど多くの研究があるわけではありませんが、これまでに行われた研究では、運動が症状を和らげることが明らかになっています。気分に対する効果を調べたところ、定期的に行う激しい運動、とくにランニングは、一般に女性にとって精神的に有益だということがわかりました。緊張を和らげ、精神的な安らぎを増してくれるからです。といっても、運動をしても月経前の気分のむらには効果がない女性もいます。

月経不順

　体脂肪率が低く、きついトレーニングを大量にこなす少女や成人女性の多くが、月経周期の乱れや消失を経験しますが、これはエストロゲンレベルの低下をもたらします。初潮前に激しいトレーニングを始めると、初潮が1年近く遅れるという調査結果があります。いったん初潮があっても、月経が継続的に起こるかどうかは、やはりトレーニングの影響を大きく受けます。きついトレーニングによって最初に起こる変化は黄体期の短縮です。次に、排卵を伴わない月経周期が続くようになり、最後には月経が止まってしまいます。月経が年に3回以下の状態を無月経といい、エストロゲンとプロゲステロンのレベルが常に低いままになります。無月経の女性ランナーは、ふつうに月経がある女性に比べ、エストロゲン濃度は約3分の1、プロゲステロン濃度は約10-20%しかありません。このように、内分泌という点からすると、無月経のランナーは閉経後の女性と似たようなエストロゲン欠乏状態を体験するわけです。

　月経不順や無月経が起こるかどうかは、人によって異なります。たくさんトレーニングしても月経周期が乱れたりなくなったりしない女性もいれば、比較的少ないトレーニングでも周期が変化する女性もいます。大量のトレーニング、少ない体重、長距離ランニングのような持久性スポーツが、月経不順を起こりやすくします。とくに、長距離ランナーでは月経不順や無月経のリスクが大きくなります。研究の結果、次のようなことが明らかになっています。月経周期の消失は、運動のストレスよりも、消費した分より少ないカロリーしか摂取しないことに原因があり、運動で消費したカロリーを充分補充できるだけのカロリーをとれば無月経を防ぐことができるというのです。ですから、もしたくさん走るなら、ランニングでの大量のカロリー消費に追いつけるように、1日のカロリー摂取量を増やす必要があります。

　月経不順や無月経の最大の悪影響のひとつが、骨に対する影響です。どんな形にしろ、月経周期が乱れれば、骨密度が低下し、骨粗鬆症や疲労骨折のリスクが高まります。骨へのカルシウムの沈着を促進するうえで、エストロゲンはきわめて重要なのです。調査の結果、女性の長距離ランナーで月経不順や無月経の人は、月経が順調なランナーより骨密度がかなり低いだけでなく、アスリートでない人よりも低いことがわかっています。さらに、無月経のアスリートはとくに腰椎の骨密度がかなり低くなっているという調査結果もあります。月経不順の女性ランナーは、ほんのわずかな衝撃でも、疲労骨折が起こるほど骨密度が低下する危険を冒していることになるのです。

　月経不順は女性ランナーの疲労骨折のリスクを大きく高めます。したがって、もしあなたに月経不順があるなら、トレーニング計画を立てる際には、ランニングの量や強度をあまり急に引き上げないように、とくに注意しなければなりません。また、骨を守るために食事からのカルシウムとビタミンDの摂取量を増やす必要があるかもしれません（14章を参照）。

月経周期の生理機能への影響と競技能力との関係

　男性のホルモン環境がかなり安定しているのに対して、あなたのホルモン環境は絶えず変化しています。月経周期によって引き起こされるエストロゲンとプロゲステロンの変動の結果、生理機能が変化しますが、その変化は運動中に増幅されます。激しい運動ではとくにその傾向があります。きつい走りをすれば、血中のエストロゲンとプロゲステロン濃度は卵胞期にも黄体期にも上昇するでしょう。けれども、強度の低い運動では、これらのホルモンの濃度は通常と同じです。

体温

　月経周期は体温に大きな影響を及ぼします。人間には発汗というユニークな能力があり、そのおかげで体温の上昇が防げるので、暑さのなかでも運動することができます。ほかの動物たちは、もし暑いなかをあまり長く走らせると、体温が高くなってへばってしまいます。トレーニングの好ましい適応効果として、体のサーモスタットの能力が向上して、冷却能力が高まるということがあります。適応が起こると、走る際の発汗量も増えるし、それほど走らないうちから発汗が始まるようになるのです。ということは、発汗を減らすような状態はどんなものであれ、ランニング中に熱を放散させる能力を低下させることになります。月経周期はそうした状態のひとつです。

　体温は月経周期にともなって周期的に変化し、プロゲステロンの急増に応じて黄体期中にピークに達します。実は、多くの妊娠は母体の体温の指揮のもとに起こります。体温が高いことが、受胎の準備が整ったしるしだからです。体温のコントロールセンターである脳の視床下部にプロゲステロンが働きかけ、体温の設定温度を上げます。体温が高くなると、熱の放散のための閾値が高くなります。つまり、体温がより高温にならなければサーモスタットが熱を感知せず、冷却を開始しないということです。蒸し暑い日にランニングをしていて、できるだけ早く冷却反応が始まってほしいときには、これは好ましいことではありません。ネズミを使った研究で、エストロゲンが視床下部に対し逆の作用をして、体温を下げることが明らかになっています。エストロゲンが優勢な卵胞期に体温が低めなのは、これで説明がつくでしょう。

　大半の研究では、黄体期に高まった体温は運動中も高いままで、暑いなかで運動する際にも高いままであるという結果になっています。このように体温が高めになるため、黄体期に暑いなかを走ることはより困難になります。体温が通常より高くならなければ発汗が始まらず、熱を放散することができないからです。皮膚の下の毛細血管も拡張しにくくなるので、体熱を放出する能力はいっそう損なわれます。このように体温が高まった状態を高体温症といい、長時間の運動中の疲労の一因となります。したがって、暑いなかでの長く激しいワークアウトやハーフマラソン、マラソンといったレースは、黄体期中にはいっそう困難になる可能性があります。黄体期中に体温が高まることは、熱疲労や熱射病などの熱中症になるリスクも高めます。ただし、すでに述べたように、トレーニングによって体温の調節力を向上させることは可能です。

心肺特性

　暑いなかを走る場合、熱による負担が増すにつれ、心肺機能の負担も大きくなります。蒸発による冷却効果（蒸散）を高めるための大量の発汗によって血液から失われる血漿の量が増すと、総血液量が減ります。血液量が減ると、心臓からの1回拍出量も減ります。1回拍出量が減ると筋肉に流れ込む酸素量も低下し、ランニングのペースが落ちることになります。1回拍出量の低下を補うため、心臓はいっしょうけんめい働いて血液を送り出さなければなりません。心拍出量と血圧を維持しようとして、心拍数が上がり始めます。このように、長時間のランニング中にペースを上げなくても心拍数が上がることを「心臓ドリフト」と呼びます。脱水で体重が1％失われるたびに、心拍数は毎分3-5拍、増えます。

　プロゲステロンに誘発された黄体期中の体温上昇によって、たとえ外界が低温であっても、ランニング中の心拍数が増加することがあります。女性の心拍数は黄体期の運動中のほうが高いという研究結果があるいっぽうで、月経周期のどの時期であっても心拍数は変わらないという研究結果もあります。心拍数が上がるかどうかにはかかわりなく、有酸素パワー（$\dot{V}O_2max$）は月経周期を通じて変化しません。

　暑いなか、とくに月経周期の黄体期に運動すると熱放散がうまく行かず、心肺機能の負担が高まることは、周囲の温度が高くなるにつれ、長時間走る能力が低下することを意味します。したがって、ハーフマラソンやマラソンのような長距離レースは、体温が低い卵胞期に走るほうが有利です。蒸し暑いなかでのレースでは、とくにそうです。

　月経中の出血が多いと、血液中のヘモグロビン濃度が低下する可能性があり、血液の酸素運搬力が落ちることも考えられます。鉄はヘモグロビンの重要な成分なので、ふだんの食事に鉄分を追加する必要があるかもしれません。女性ランナーの多くが、スポーツ性貧血になります。これは身体活動によって引き起こされる鉄の血中濃度の低下で、月経で大量の血液を失うと、とくに起こりやすくなります。

代謝と筋グリコーゲン

　月経周期によってランニングにおける競技能力が変動するのはおおむね、エストロゲンとプロゲステロンの濃度の変動に刺激されて、運動代謝が変化するためとも考えられます。これらのホルモンの上昇幅と、エストロゲンとプロゲステロンの濃度の比が、代謝に及ぼす効果を決める重要な因子のようです。研究では、エストロゲンが炭水化物や脂肪、タンパク質の代謝を変化させることで持久系パフォーマンスを改善する可能性があり、プロゲステロンはしばしばエストロゲンに拮抗するように働くことが示唆されています。エストロゲンはグルコースを利用しやすくするとともに遅筋へのグルコース取り込みを促進し、短期の運動に最適のエネルギー源を供給するのです。

　長時間走る能力は骨格筋に蓄えられたグリコーゲンの量に大きく左右され、グリコーゲンの枯渇と同時に疲労が起こります。体重1ポンド（約0.45kg）あたり日に2.4gの炭水化物を含むふつうの食

事を3日間食べた女性と、同じく3.8gの炭水化物を含む高炭水化物食を3日間食べた女性の筋グリコーゲンの量を比較したところ、どちらの食事でも、その後の黄体期の中ごろに筋グリコーゲン量が最大になりました。筋グリコーゲンが最少になったのは卵胞期中ごろでした。ただし、高炭水化物食を食べれば、卵胞期の筋グリコーゲン量を増やすことができます。黄体期には、最大強度以下の運動中に筋肉はグリコーゲンよりも脂肪に頼ってエネルギーを得ます。黄体期中ごろには筋グリコーゲン量が大きく、グリコーゲン節約効果もあることから、マラソンのような長距離レースに出る計画があるなら、月経周期の黄体期に合わせるようにしましょう。

　代謝が変化することによるもうひとつの効果は、最大強度以下の運動中に疲労の発現を遅らせられる可能性があることです。理論的には、エネルギーを得る際に炭水化物に頼ることが少なければ、生じるラクテートも少なく、したがってその他の代謝副産物も少なくなります。黄体期の中ごろには運動中に生じるラクテートが少ないという結果を出している研究もあれば、そのようなことはないという結果になった研究もあります。おもしろいことに、男性に合成プロゲステロンを投与すると、最大強度運動中のラクテート生成が減ります。これは、黄体期に上昇するプロゲステロンがラクテートレベルを下げる可能性を示唆

月経周期中の特定の時期には筋グリコーゲン量が多くなり、グリコーゲン節約効果も大きくなるので、長距離を走る能力が高まる。

しています。というわけで、研究で実証されてはいないものの、黄体期には、アシドーシス閾値より下のレベルで行われる長い走りや長距離レース中には、なかなか疲労が起こらない可能性があるわけです。そうした走りは炭水化物にはあまり頼らず、したがってラクテートの生成が少なく、それに伴って起こる代謝産物の増加が遅れるからです。そうした代謝産物が疲労を引き起こすのです。

呼 吸

　呼吸は無意識に行われるものなので、つい無視しがちですが、運動中の呼吸のコントロールにはもっと複雑な問題がからんでいます。肺に空気を出し入れする換気という機能は、ランニングのスピードに応じて亢進します。速く走れば、それだけたくさん換気しなければなりません。代謝産物の二酸化炭素を排出する必要性が高まるのに応じて、ゆっくり走れば換気もゆっくり増加し、速く走れば換気も急速に増加します。この換気の亢進は、ゆっくりしたスピードではまず呼吸ごとの換気量の増加で行われ、スピードが上がると、呼吸回数の上昇によって行われます。

　速いスピードで走るには多くの酸素が必要となり、それだけ多くの二酸化炭素を排出する必要があることから、人間には呼吸を高める大きな余力が備わっています。安静時には、呼吸のたびに約500㎖、毎分約6ℓの空気を呼吸していますが、5㎞レースとなると、毎分およそ100-125ℓの空気を呼吸することになるでしょう。毎分それだけの量の空気が肺に入るわけです。それだけの容量の桶を1分で満水にすることを考えてみてください。ちょっと肺を見直す気になりますね。

　よく走れないのは肺のせいだと考えてイライラしているランナーをよく見かけます。ランニング中に「息ができない」とこぼし、「息切れで」立ち止まらざるをえないと言います。トレーニングを積んだランナーでさえ、そう感じることがあるようです。けれども、酸素を肺にたくさん取り込めないせいで、速く走ることができないのではありません。筋肉にたくさん酸素を取り込めないことが、速く走る能力を制限するのです。

　黄体期にはプロゲステロン濃度が最大になります。プロゲステロンは走りの強度に関係なく換気を刺激するため、またランナーはふつう、呼吸がどれだけ苦しいかを基準にして努力の程度を認識するため、黄体期にワークアウトすると、卵胞期よりもつらく感じるかもしれません。

　走る際にいつもよりいっしょうけんめい運動しているように感じさせるほかにも、安静時の呼吸亢進は生理機能に影響を及ぼします。呼吸のたびに二酸化炭素が吐き出されるので、換気が高まると血中の二酸化炭素の分圧が低下してpHが上昇し、体の酸塩基平衡が変わります。すると、この「呼吸性アルカローシス」に反応して、腎臓が補正に乗り出します。重炭酸塩（アシドーシスに対する体内の緩衝剤）を尿に排泄して血液のpHを正常値に引き下げ、酸塩基平衡を維持するのです。こうして重炭酸塩が少なくなるとアシドーシスへの緩衝能力が低下し、アシドーシスを起こしやすくなります。そのため、アシドーシスをもたらす無酸素代謝の寄与がかなりある中距離レース（800mから5㎞）でのランニング成績は、月経周期中の黄体期にはあまり伸びないかもしれません。

　黄体期中の呼吸亢進は、呼吸自体の酸素要求度を高める可能性もあります。呼吸を担う筋肉も脚の筋肉と同じように、動くには酸素が必要だからです。呼吸筋がより多くの酸素を使うということは、走りを助ける脚の筋肉が使える酸素が少なくなるということです。呼吸数の増加を支えるためにより多くの酸素を消費するようになるので、呼吸亢進は理論的にはランニング効率を下げる可能性があります。とはいえ、大半の研究では、月経周期中のランニング効率の変化は実証されていません。

　運動後の肺機能も月経周期の影響を受けます。一部の女性は、黄体期中に呼吸に何らかの違和感を感じると言います。これは喘息のあるランナーには重大な意味を持ちます。運動は喘息症状の

強力な引き金だからです。このように黄体期に肺機能が低下することは、喘息のあるランナーにとって、トレーニングや競技戦略上、好ましくない材料となる可能性があります。喘息のある女性は、黄体期中期には喘息症状が悪化して、気管支拡張薬をひんぱんに使うようになります。興味深いことに、肺機能と喘息症状は周期的に変化するように見えます。喘息のある女性の33-52％が、月経前の喘息症状の悪化を報告しており、さらに22％が、月経中は喘息症状が重いと報告しています。

筋肉の収縮と筋力

　大半の研究では、筋力は月経周期の影響を受けないという結果が出ています。ただし、筋力トレーニングに対する女性の反応性については、月経周期の影響を受けることが明らかになっています。たとえば、ある研究では、ウェイトトレーニング（12回を3セット）を、卵胞期には1日おき、黄体期には週に1回行ったところ、大腿四頭筋の最大筋力が32.6％増加しました。これに対して、月経周期の全期間を通じて3日に1回行った場合には、13.1％しか増加しませんでした。筋肉の断面積に対する最大筋力の比も、前者のトレーニングプログラム（27.6％）のほうが、後者の従来型プログラム（10.5％）より大きいという結果になりました。

持久系パフォーマンス

　月経周期が生理的な特性に影響を及ぼすことは実証されています。けれども、その結果、ランニングにおける競技能力にどのような影響が出るかは、また別の話です。月経周期に関する大半の研究の場合同様、それが持久系パフォーマンスにどう影響するのかについても、すべてが解明されているというわけではありません。アンケートを用いた研究によれば、多くの女性アスリートは、月経周期によって目に見えて競技能力が低下するとは報告していません。ところが、月経中に競技能力がよくなると報告した人たちも大勢います。一般に、競技能力が最高になるのは月経直後の数日で、最低になるのは月経前と月経開始後2、3日という報告が多いようです。ただし、このようにアンケートを用いた研究の場合、結果をどのように見るかには注意が必要です。運動の強度の受け取り方、月経周期についての感じ方、とくに月経前の数日についての個人の感じ方など、結果に影響を与える不確定要素（交絡因子）がたくさんあるからです。

　実際に女性の競技能力を測定した研究では、まちまちの結果が出ています。ある研究では月経周期が競技能力に影響するという結果になっているのに対し、別の研究では影響しないという結果になっているのです。理論上は、持久系パフォーマンスは卵胞期初めより黄体期中ごろのほうがよい可能性がありますし、私の経験でそういう声をよく聞きます。ただ、黄体期中ごろといっても、エストロゲン対プロゲステロンの比が高まった場合にだけ、そうなるのかもしれません。黄体期中ごろにはどちらのホルモンも上昇します。競技能力の向上は卵胞期の後期にも現れやすいようです。この時期は排卵直前のエストロゲンの急増とプロゲステロンの抑制を特徴とします。どうやら、エストロゲンが

優勢な時期には競技能力が高く、プロゲステロンが優勢な時期には最悪と考えてよさそうです。

聞くところによると、ジェイソン博士が指導した女性ランナーの多くは、月経前数日と月経中にトレーニング成績が最低だったそうです。ワークアウトやレースにどのような影響があるかは、個人個人によって大きく異なります。月経中だからこそ、負けずにつらいワークアウトをすることにやりがいを感じるという人もいるかもしれません。しかし実際には、軽いランニングのほうが気分もよくなり、月経にともなう身体症状も和らぐものです。パートIIで、月経周期に適したトレーニングとレースの方法を紹介しましょう。

経口避妊薬

経口避妊薬は女性の体に合成の性ホルモンを供給するもので、女性向けの避妊法としては最も普及している形態です。28日間の決まったスケジュールにしたがってエストロゲンとプロゲステロンの濃度をしだいに上昇させ、次いで低下させて、月経を起こさせます。正常な月経周期を模倣するわけです。1相性、2相性、3相性の3つのタイプがあります。最も一般的な1相性のピルは一定量のエストロゲンとプロゲステロンを21日間供給し、続いて7日間、プラセボを供給します。このピルは月経周期全体のホルモン変動を減らして、ホルモン環境を調整します。制御された環境をランナーに与えることで、生理機能に関わる特性が変動する可能性を最小限に抑えることができます。2相性ピルは21日間のサイクル中にホルモンの用量を1回切り替えます。3相性ピルはサイクル中にしだいに増加するように、3つの異なる用量のエストロゲンを供給します。経口避妊薬はエストロゲン、プロゲステロン、黄体化ホルモン、卵胞刺激ホルモンの自然な生成を減少させて排卵を妨害し、妊娠を防ぎます。

妊娠を防ぐほか、経口避妊薬は28日間の通常の周期を強制的にもたらすので、トレーニングやレースの計画を立てやすくなります。経口避妊薬をのんでいると、最大に近いスピードで走っているときの酸素消費量が少なくなる、つまりランニング効率がよくなるという研究結果もあります。とはいえ、酸素を消費する能力の上限（$\dot{V}O_2max$）もランニング成績も、影響を受けるようには見えません。

経口避妊薬はエストロゲンを供給するので、少なくとも理論上は、骨密度を増加させて、月経不順にともなう骨折のリスクを下げることができそうです。けれども、避妊薬によって補充されたエストロゲンの骨密度に対する効果を調べた研究では、まちまちの結果が出ています。効果がなかったというものもあれば、骨密度が増したというものもあり、さらには、骨密度が低下したというものまであります。青年期の終わりあるいは成人期の初期に経口避妊薬を摂取した場合、とくにそうした低下が起こりやすいようです。

閉経前の女性で月経周期が正常な場合、経口避妊薬の使用が骨の健康に有益だとは思えません。つまり、もしあなたの月経周期が正常なら、あなたのエストロゲンレベルはすでに、骨を守るのに充分なほどあるということなのです。ピルでさらにエストロゲンを補充しても、もっと骨が強くなるわけではありません。骨に対して有益な効果があるのは、体をよく動かすけれど、月経不順があって骨の健康がおびやかされている女性の場合だけのようです。更年期が始まった女性にも有益かもしれません。こ

の時期に経口避妊薬を使えば、骨密度が増加する可能性があります。

　経口避妊薬の副作用でランニングに影響する可能性のあるもののひとつが、体重増加です。よく体を動かす女性を対象にした研究で、エストロゲン用量が固定されていようと複数の用量からなろうと、経口避妊薬は体重と体脂肪率を増加させることが明らかになっています。ただし体重増加は永続的なものではなく、ピルをやめればもとに戻るようです。ある研究では、経口避妊薬を6カ月間使うと体重が2kg近く増えましたが、やめると1カ月でもとに戻りました。

　経口避妊薬のもうひとつの副作用はプロゲステロンに誘発される体温上昇で、月経周期の黄体期に起こるのとよく似た状態です。長いレースでは体温調節が重要な因子なので、経口避妊薬によって体温の設定温度が上がると、暑いなかで走る能力に影響が出る可能性があります。1相性や2相性の経口避妊薬が$\dot{V}O_2max$に影響を与えないのに対して、3相性は、仮に排卵があったならそれを挟んだ期間にあたる時期の$\dot{V}O_2max$を低下させることが明らかになっています。これは、3相性ピルをのんでいる人では、排卵後にあたる時期の競技能力が損なわれる可能性があることを示唆しています。

妊　娠

多くの女性にとって、妊娠はライフサイクルの一部です。少し前までは、母体と胎児に害があるかもしれないから運動はしないようにと、医師から注意を受けたものでした。女性ランナーにとってうれしいことに、こうした状況は変わりつつあります。調査によれば、米国では妊婦の40％以上が、妊娠中も何らかの形の体重負荷のある運動（ランニング、エアロビクス、階段昇降）に参加しており、その少なくとも半数が妊娠6か月以降も続けているそうです。妊娠中に走るかどうかは、その人の人生観やライフスタイル、過去の経験、サポートシステムなどを考えたうえで、本人が判断すべきことなのです。

　妊娠は身体構造と生理機能に大きな変化を引き起こします。育ちつつある胎児に栄養を与え、母体に出産の準備をさせるための変化です。そうした変化のなかには、走る能力に影響を及ぼす可能性のあるものもあります。もしあなたが妊娠中も走るなら、最初に気づく違いは体の前面に余分な重みがあるということでしょう。この重みのせいで体の重心が移動し、走りの力学が変化して、バランスを崩しやすくなります。余分な重みは股関節と膝関節にかかる力も大きくし、腰背部に過剰な弯曲（腰椎前弯）をもたらすことで、腰痛も引き起こします。心臓が頑張って胎盤に酸素を送らなければならないので、心拍数がいつもより多くなります。

　ランニングに参加する妊婦が増え続け、妊娠中のランナーのためのガイドラインが緩和されるいっぽうで、どれくらいまでなら安全かということに関しては、まだ限られたデータしかありません。持久運動は深部体温を上昇させます。血流の再配分も起こり、重要度の低い組織への血流を少なくとも50％、活動中の筋肉へ回します。筋グリコーゲン（エネルギー）貯蔵も枯渇させます。これらを考え合わせると、医学的な見地からして、運動にともなうこうした変化が胎児の成長と発達を損なうのではないかという懸念が出てくるのは、無理もないことでしょう。たとえば、妊娠していないときには、酸素需要の増加に応じて、活動度の低い器官から活発な筋肉に血液を回しても

問題はありません。しかし妊娠していると、そうした血液の再配分は、胎盤からも血液がよそへ回されることを意味します。発育中の胎児は呼吸ができないので、酸素はすべて胎盤からもらわなければなりません。あなたなら、その胎盤の血液をほかに転用しようとは思いませんよね。どれくらいまでなら走ってもいいのかという問いに対する答えを見つけるための研究が、現在進行中です。答えがわかるまでのあいだ、妊娠中のランナーはどうしたらいいのでしょう？

妊娠中の運動に関するガイドラインの移り変わり

　妊娠中の運動に関するガイドラインは、1984年以降、大幅に修正されています。最初のガイドラインは運動の強度と持続時間に制限を設け、心拍数を毎分140未満、時間を15分以下としていました。その後、妊娠中の定期的な運動が母体に有益であること、胎児の健康にとって安全であることを示す多くの研究結果を受けて、1984年にガイドラインの規制が緩められました。心拍数と運動時間に関する制限は撤廃されたものの、このガイドラインは、妊娠中に運動したいと思う女性に対して、慎重な承認を与えたにすぎませんでした。

　2002年に、これまでで最も進んだガイドラインが公開されました。このガイドラインは、内科あるいは産科上の問題がないかぎり、妊娠前に運動をしていた妊婦は、毎日とはいわなくても週の大半、中程度の強さの運動に30分以上参加することを勧めています。いまではランニングのほか、水泳や固定式自転車こぎ、クロスカントリースキーのようなクロストレーニングが、やってもよい運動として推奨されています。どこまでの身体活動がゆるされるかという上限はまだ設けられていないものの、競技選手とそのきびしいトレーニングスケジュールに対しては、産科の綿密な監督のもとでのみという条件をつけ、一定の配慮を示しています。

　ガイドラインが進化するにつれ、医療従事者側の理解も進んでいます。とはいえ、医学界が妊娠中の運動、とくにランニングを認めることに消極的だったのは、無理もないことです。この領域の研究はもともとむずかしいものです。妊婦を対象とした研究には倫理的な懸念があり、データの多くは動物実験から得られたものです。人間を対象とした研究があっても、研究デザイン、妊婦の健康レベル、運動の種類や強度、持続時間の多様さ、妊娠のどの時期にあたるかなど、さまざまな違いのせいで相互の比較は困難でした。こうしたむずかしさにもかかわらず、あらゆることを総合的に評価すると、妊娠中のランニングは母体にとって明らかに有益なことがわかります。

妊娠中の運動の利点

　妊娠中も体をよく動かす女性は、吐き気、胸焼け、不眠、静脈瘤、脚の引きつりなど、妊婦のよく訴える症状が少ないものです。そのほか、疲労感、腰痛、手足のむくみ、息切れといった不快な症状も軽くなります。妊娠中の運動は、女性の心肺機能にとても大きな影響を与える可能性があります。ある研究によれば、妊娠中も走り続けていた女性ランナーの場合、妊娠していないランナーたちに比べ

て、同じ期間での最大有酸素能力の改善幅が8-10%多くなりました。

　妊娠中の運動は、子癇前症、妊娠性高血圧、妊娠性糖尿病などの産科合併症（これらの症状について詳しくはp.38の表3.1を参照）が起こるリスクも減らすとされています。とはいえ、2009年に発表されたオランダ人女性を対象とした研究は、子癇前症のリスクが軽減される可能性に異議を唱えています。妊娠第一期（最初の3カ月）に週4時間半を超える運動をしている女性は、それほど運動していない女性より、重い子癇前症になるリスクが明らかに高かったというのです。これは、妊娠第一期には、運動してよい上限というものがある可能性を示唆しています。今後の研究で、こうした所見をさらに明らかにする必要があるでしょう。運動と出産にかかる時間との関係については何も実証されてはいませんが、妊娠中に運動していると出産に耐えやすくなり、帝王切開になるリスクが低くなるとされています。

妊娠中によくある症状や不快感はランニングでいくらか和らぐこともある。
Erik Isakson/Blend Images/age footstock

トレーニングやレースを控えるべきとき

　ガイドラインでは制限が解除されたといっても、それ相当の病気があったり、妊娠中にそういう病気になったりすれば、妊娠中に走ったりレースに出たりすることはできないでしょう。心臓や肺の重い病気、妊娠第二期や第三期のしつこい出血、破水は、そうした病状のほんの一部です。表3.1に完全なリストがあります。ほかにも、ランニングプログラムを続ける前にリスクと恩恵を慎重に評価すべき状況がいくつかあります。代表的なものとして、重い貧血、大幅な低体重、きちんと管理されていない甲状腺疾患、胎児の大きさと発育が充分でない場合などがあります。こうした状況があっても、必ずしも運動禁止となるわけではありませんが、運動にはかかりつけの産科の綿密なモニタリングが必要となるでしょう。

表3.1　妊娠中の運動の妨げとなる状況

状　況	説　明
深刻な心臓病	血液を循環させる心臓機能が阻害される病気。 例をあげると ● うっ血性心不全 ● 管理されていない高血圧
拘束性肺疾患	肺を充分に膨らませることが困難な肺疾患群。 肺が硬くなったり呼吸筋を弱らせたりする異常。 例をあげると ● 肺線維症（肺の瘢痕化） ● 筋ジストロフィー ● 肥満
頸管不全症または縫縮	頸管不全症は出産時期以前に頸管が拡張する。 縫縮は頸管を縫い縮める処置をいう。
早産のリスク	妊娠37週より前に出産するリスク。 リスク因子としては次のようなものが考えられる。 ● 未熟児の出産歴あるいは早産歴がある場合 ● 複数胎児 ● 低体重 ● 胎盤に問題がある
第二期や第三期の持続性出血	早期の持続性出血は通常、頸管または胎盤に問題があることを示し、早産となる恐れがある。
妊娠26週以降の前置胎盤	胎盤が低い位置にあって頸管を覆い、頸管が開くのを部分的にまたは完全に妨げる。
破水	子宮内で胎児を包んでいる羊膜嚢が漏れている。
子癇前症	全身の器官に影響を及ぼす病状をいう。次のような症状がある。 ● 血圧の上昇 ● 尿中のタンパクの増加 ● 手や顔のむくみ
妊娠性高血圧	妊娠後半に起こる血圧上昇のことで、胎盤への血流を低下させる可能性がある。

　場合によっては、運動をやめたほうがいいような状況になる可能性もあります。妊娠中の変化によってランニング計画を変えることが必要になった場合、そうすることがどんなに大事か、気づいてほしいと思います。それに、医師に診てもらわなければならないことを示す警告シグナルも知っておく必要があります。妊婦が気をつけるべきシグナルには次のようなものがあります。

- 膣からの出血
- 安静時の息切れあるいは活動に不釣り合いな息切れ
- めまい
- 頭痛
- 胸の痛み
- 動悸
- 筋力低下
- 下肢の著しいむくみ
- 運動後30分以降に起こる子宮収縮
- 胎児の動きの減少
- 骨盤痛、股関節痛、悪化する腰痛
- 慢性的な疲労
- 羊水漏出

多くの女性が、あまりにも不快で走れなくなるまで、妊娠中もランニングを続けています。気持ちよく走れなくなったら、プールでの歩行や水泳など、体重負荷のかからない運動に切り替えることを考えましょう。

妊娠中のランナーの生理学

妊娠中の女性は、子宮の拡大、エストロゲンやプロゲステロンをはじめとするホルモンの増加など、生理機能や体の構造のさまざまな変化を体験します。いくつかの適応が起こりますが、筋骨格系、心肺系、代謝系にかかわる適応については、ここで少し取り上げる価値があるでしょう。いちばん明らかな変化は体重増加です。体重が増えたところに荷重運動が加われば、股関節と膝関節にかかる力が増します。この大きな力のせいで関節損傷が起こると断定できるだけのエビデンスはありませんが、もし関節痛が続くようなら、運動のタイプを変えることを考えましょう。

血中を循環するホルモンの増加は腱や靱帯をゆるめ、関節の可動性を高めます。これは体を出産に備えさせるのには役立ちますが、理論上、肉離れや捻挫のリスクを高める可能性があります。これは手や手首の関節については実証されていますが、下肢の筋肉や関節については、この仮説を支持するデータはありません。データはなくても、妊娠中も走り続ける女性はそうした可能性を心に留めておくべきでしょう。そして、あまりにも急激だったり、跳びはねたり、強い衝撃が加わったりする動きを含むランニング練習には、充分注意するか、変更を加えることを考えるべきでしょう。

昔から、心拍数は運動の強度を測る指標として用いられてきました。しかし、妊娠によって引き起こされる心肺機能の変化を考えると、妊婦の場合は信頼できる指針とはいえないかもしれません。妊娠中は安静時心拍数が毎分10-15拍増えます。また、最大労作時の心拍数は、妊娠していないとき

強度のモニタリング

　運動に対する母体の心拍数の反応は一定せず、ばらつきが多いため、運動強度のモニターに目標心拍数を用いるべきではありません。むしろ、「トークテスト」か、その人の感じ方、すなわち主観的運動強度（RPE）いわゆるボルグスケールと呼ばれるものを用いる努力レベルのほうが、強度をうまく測れます。運動のペースを自分で決められるようにしておけばほとんどの妊婦は自発的に運動強度を下げるので、これは強度管理には効果的な方法です。

　トークテストで強度を測るのは、たいていのランナーにとってなじみ深い方法です。運動中、会話を続けることができれば強度レベルは適切で、もし話すのがむずかしいなら、運動が激しすぎるということになります。グンナー・ボルグが考案した主観的運動強度というのは、まったく努力のいらない6から最大強度の20までの尺度を使います。その活動をどれくらい骨が折れると感じるか報告してもらって、身体活動の強度を測定するのです。きついと感じれば感じるほど、報告する数字も大きくなります。12-14の強度、つまりいくらかきつめが、大半の妊婦にとって安全なレベルですが、高度な訓練を受けたランナーなら、14-16あるいはそれよりきついレベルで運動することができるでしょう。ほとんどのランナーはペースや心拍数のような客観的な測定値を使いますが、妊娠しているときは、自分の体によく相談することが、ふだんにも増してだいじです。RPEのような主観的な測定値を使うこともだいじなのです。

ほど増えないことが明らかになっています。低い強度の運動中は、鈍い増加を示す場合と、ふだんと変わらない場合の両方の反応が見られます。このように矛盾する所見があるため、心拍数をモニターして運動強度の指針とするのはむずかしいのです。

　妊娠という仕事が増えると、それを支えるための代謝も増えます。その結果、必要なエネルギーが1日あたり300カロリー以上増えます。定期的に運動すれば、毎日必要なエネルギーはさらに増えるでしょう。妊娠中のランニングは体重が増え過ぎるのを抑えてくれるとはいえ、妊娠中は減量すべきときではありません。推奨されている分の体重が増えるようにするとともに、運動に必要な栄養を考えて、充分なカロリーがとれているように気をつけることがだいじです。経験上、1マイル（1.6km）の走りまたは3マイル（5km）の自転車こぎにつき、妊娠前半には100カロリー、後半には150カロリーを追加する必要があります。

　グルコースは胎児の成長をコントロールするおもなエネルギー源なので、炭水化物を充分にとることがだいじです。胎児が必要とするため、妊婦は安静時も運動時も、妊娠していない女性より炭水化物を消費する速度が高くなります。実際、妊婦は45分を超えて運動すると、血中のグルコースレベルが低い低血糖になりやすいのです。このため、運動中や運動後の回復の時間にスポーツドリンクやフルーツジュースを取り入れることもだいじです。

　妊娠中は代謝が高まるため、体温が高くなります。さらに運動時は、その強度に応じて、もっと高くなります。運動による母体の体温上昇と先天性の欠損症には関係があるのではないかと懸念されていますが、人間では実証されていません。それでも、体温が高くなり過ぎないように気をつけ、蒸し暑いなかを走るのは控えるのが賢明です。ランニング中に脱水にならないことが、体温調節には不可欠です。

妊娠中のランニング

　受胎から分娩までに、胎児の発育を助けるための多様な生理学的変化が起こります。一般的な変化として、血液量や心拍出量、心拍数の増加と、血管内での血流抵抗性の減少があります。こうして血流が増加するにもかかわらず、母体の血液が胎盤の毛細血管に達するころには、その酸素飽和度（母体の肺を出るときには100％近い）はかなり下がっています。胎盤が多くの酸素を使ってしまうため、胎児へ届く血液の酸素飽和度は半分にも届きません。これを埋め合わせるため、胎児は特殊なタイプのヘモグロビンを持ち、母体の血液からより多くの酸素を取り込めるようになっています。

　ここでは、生理学的な変化とそのランニングにおける競技能力への影響を、妊娠の3つの時期を追ってさらに具体的に見ていくことにしましょう。トレーニングのためのガイドラインは、科学や医学でこれまでにわかったことに基づいています。こうしたものは一応の指針であることに留意してください。もっと多くの運動に耐えられるランナーもいれば、これくらいでも無理というランナーもいます。ガイドラインに従う前に、かかりつけの医療機関に相談すべきでしょう。

妊娠第一期

　第一期には、たとえ妊娠しているようには見えなくても、大半の女性は間違いなく妊娠を感じとるものです。受胎後すぐにホルモンレベルが変化し、子宮だけでなく体全体が、胎盤の増殖と胎児の発育を支えるための適応を開始します。こうした変化が、疲労感やつわり、頭痛など、多くの女性が妊娠第一期に経験する症状を引き起こすのです。

　母体の血液量や安静時心拍数、1回拍出量の増加といった心血管系の変化が、第一期の初めに起こります。この血液量の増加によって、胎児に酸素や栄養が充分に運ばれます。1章で紹介したように、1回拍出量というのは心臓が拍動するたびに送りだす血液の量をいいます。1回拍出量は妊娠6-8週で増え始め、第一期の終わりには10％増加しています。安静時心拍数も1分あたり10-15拍、増えます。心拍出量（心臓が送り出す1分あたりの血液量）は1回拍出量と心拍数の影響を直接受けるので、これもやはり妊娠初期に増えます。こうした反応は、妊娠中に起こる血管内の血流抵抗の減少の結果、さらに増幅されます。

　妊娠第一期にはほかの時期に比べて胎児が小さく、したがって酸素や栄養の必要量も少ないので、心拍出量の増加は血液循環に余力をもたらします。第一期にほとんどの女性が走れるのはそのためです。それどころか、妊娠前より楽に走れるように感じると報告している人たちもいるほどです。楽に感じるといっても、体の声によく耳を傾け、やりすぎないようにすべきです。快適なランニング強度を守ることに専念し、激しい息切れを起こさないようにしましょう。

　第一期には、健康レベルと妊娠前の活動の維持をランニングの目標にすべきです。こうした目標の達成に役立つ運動として、たとえば30-60分のランニングを週に3-5回することなどがあります。この分野の研究はないので、どれくらいの運動強度を推奨すべきかは、簡単には決められません。運動

運動に対する適切な考え方

　あなたが自分をアマチュアランナーとみなしていようと競技ランナーとみなしていようと、妊娠したときにはすでに、一定の運動日課が確立されているのがふつうでしょう。ランニングプログラムを作るときには、現在の健康と活動度のレベル、周囲の状況、妊娠週数を考慮する必要があります。目標とすべきは妊娠期間中を通じて良好な健康レベルを維持することであって、ピークに持って行こうとすることではありません。

　広く認められた公式はないものの、合併症のない健康な妊婦の大半は妊娠前のランニングレベルで走ることができます。妊娠前に高度に体を鍛えていた女性なら、それだけきついトレーニングにも耐えられるのがふつうですが、妊娠前よりもきつい運動をすることには慎重になるべきです。高度なトレーニングには産科スタッフの監督がつくべきですし、ひんぱんに医師に診てもらうことが必要になるでしょう。アマチュアであれ競技者であれ、すべての女性ランナーが、妊娠が進むにつれ、総合的な運動能力はいくらか低下していくものと考えるべきです。

に必要な努力の程度をもとに強度を決めれば、安全上の懸念と健康への欲求の釣り合いをとることができるかもしれません。中程度からきついくらいまでのランニング、あるいはボルグのRPE尺度で12-14のランニングなら、この釣り合いが達成できるでしょう。吐き気や嘔吐、疲労感といった第一期に起こる症状のせいで、トレーニングを調整しなければならなくなるかもしれません。吐き気や嘔吐はよくモーニングシックネス（つわり）と呼ばれますが、こうした症状は朝と限らず、どの時間帯にも起こり得ます。ほとんどの場合こうした症状はそれほど重くなく、妊娠中期を過ぎればなくなります。症状が治まるまでトレーニングを5-10％程度減らせば、たいていは走り続けることができます。走る時間帯を調整してもいいでしょう。

　もしあなたがランニング競技の選手なら、もっときついスケジュールでトレーニングしたいかもしれませんね。妊娠中に起こる変化のせいで、妊娠前の競技能力レベルを維持することはむずかしくなるでしょうから、無理がなくて融通の利く目標を設定する必要があります。競技ランナーだからといって、長時間のきつい運動をひんぱんにやっていれば、高体温や熱中症、脱水のリスクが高まります。脱水は子宮収縮を促すことがあります。競技ランナーはこうしたリスクを十分に意識して、それを防ぐための調整をしましょう。

　妊娠中に競技に出ることは勧められませんが、妊娠初期にマラソンに参加する女性がいること、また一流選手が、胎児の成長を危険にさらすことなく、あるいは順調な妊娠経過を損なうことなく、高レベルの持久トレーニングやインターバルトレーニングに耐えることが、多くの報告から明らかになっています。こうした報告を踏まえて、妊娠第一期の競技ランナーのためのトレーニングガイドラインには、週に4-6回のランニングが盛り込まれました。1回のランニング時間は90分まで伸ばすことができ、強度はきついくらいあるいはボルグスケールの14-16を超えない程度とされています。

妊娠第二期

　妊娠第二期には、成長する胎児に合わせて、子宮が急速に大きくなります。この急激な増大にともなって、さらに違和感が増すかもしれません。大きくなる子宮を収める場所を作ろうと、筋肉や、子宮を支える骨盤構造が引き伸ばされるからです。この時期の終わりには、胎児は第一期の終わりの4倍近い大きさになります。胎児も子宮も胎盤も大きくなるこの時期には、母体と胎児により多くの酸素と栄養が必要になります。

　第二期には心拍出量が増加し続け、妊娠20-24週には妊娠前より30-50％も多くなります。心拍数と1回拍出量のさらなる増加が、この心拍出量の連続的な増加をもたらすのです。第二期の中ごろには、1回拍出量がピークに達し、妊娠前のレベルより30％も多くなります。総血液量も直線的に増え続けます。このふたつの適応のおかげで、安静時にもランニング時にも、胎児に充分な栄養と酸素が供給されるのです。

　妊娠中は血流が優先的に子宮や腎臓に配分され、妊娠週数とともにこの優先配分も増加します。ランニングはこの血流の再配分をもたらします。ランニングの強度に正比例するように、子宮から皮膚や運動中の筋肉へと回されるのです。このような逆向きの作用は胎児への血流を減らし、その成長や発達を損なうおそれがあります。とはいえ、心拍出量や血液量が増え、また胎盤の適応によって酸素と栄養が取り込みやすくなるおかげで、そうした影響は、とくに中くらいの強度のランニングでは、最小限にとどめられます。実際、妊娠第二期も定期的な運動を続けている女性では胎盤の適応度の大きいことが、研究で明らかになっています。このような胎盤の適応が長時間の非常にきついランニングでも有効かどうかは、まだわかっていません。

　妊娠すると代謝がそれだけ活発になるので、安静時の酸素要求量が増します。大きくなる子宮が横隔膜を圧迫するので、呼吸にはもっと努力が必要になります。これらの要因が重なった結果、有酸素運動のために使える酸素が少なくなり、最大運動能力が低下します。妊娠したランナーのほとんどは、第二期の終わりにはランニングをさらに困難に感じるものです。この感じは出産まで続きます。

妊娠中のランナーのためのガイドライン

　ランニングは母親と胎児の双方に恩恵をもたらす可能性があります。それには身体的理由と情緒的理由の両方が考えられます。発育中の胎児へのリスクを最小限にとどめて、安全で楽しいランニングをするため、妊娠中のランナーは以下のガイドラインに従うべきでしょう。

- パートナーと一緒に走りましょう。もしひとりで走るなら、いつどのあたりを走っているかを必ず誰かに言っておき、できれば携帯電話を持って行きます。
- 適切な衣服と靴を身につけましょう。軽くて呼吸を妨げない衣服、支持力のあるランニングブラ、足に合っていてクッション性があり、しっかり支えてくれるランニングシューズは、妊娠によって増えた体重や大きくなった胸による不快感を和らげてくれます。
- 妊娠中のランニングにはトイレ休憩がひんぱんに必要になります。必要になったら立ち寄れるように、ランニングのルートを考えましょう。
- ウオームアップとクールダウンをランニング手順の一部に含めましょう。筋肉や関節の障害を防ぎ、運動の要求度に合うように呼吸や心拍数を調整するのに役立ちます。
- 45分を超えるランニング中には、水分補給や栄養、熱によるストレス感に注意を払いましょう。こうした運動中にはスポーツドリンクを飲みましょう。
- 走る前にたっぷり飲み物をとりましょう。脱水は早産に至る収縮のリスクを高めるので、充分な水分補給がだいじです。ワークアウトの前後に体重を量って、脱水になっていないかどうかチェックしましょう。1ポンド（0.45kg）減るごとに、飲み物を0.5l飲む必要があります。次のワークアウトの前に、失われた水分を補給してください。脱水かどうかを知るには、尿の色をチェックする方法もあります。尿は薄い黄色でなければなりません。
- 空腹状態で運動してはいけません。あなたの体は妊娠とランニング両方を支えるエネルギー源を必要としています。エネルギー源が少なすぎると、あなたと胎児がエネルギーを奪い合うため、低血糖になってしまいます。少量の食事を何度もとって充分なカロリー摂取量を維持するほうが、大量の食事を3度とるよりも快適なことが多いですし、妊娠につきものの吐き気も抑えることができます。
- 体温が高くなり過ぎるのを避けるため、暑いときや湿度の高いときは走るのをやめましょう。蒸し暑い気候のときは、体の冷却システムが効率よく働かず、あなたも胎児も過熱状態になってしまいます。エアコンの効いた屋内でのランニングに切り替えるのがいいでしょう。
- 体の声によく耳を傾け、必要に応じてトレーニングを調整しましょう。医学的な問題がなければ、妊娠6か月まで同じように走ることができるはずです。出産直前まで走っている女性が大勢います。
- 妊娠中は走る距離やスピードを上げようとしてはいけません。むしろ、現状を維持し、体の変化を楽しむ時期と考えましょう。
- 疲れたら、ペースを落としましょう。それでも疲れを感じるなら、止まりましょう。おかしな痛みがある場合、心配なら医師に相談しましょう。
- 医師に勧められた体重増加の速度と量を守りましょう。妊娠中のランニングは体重増加を必要最低限に保つのに役立ちます。
- 妊娠中のランニングで骨盤領域に痛みやうずきが起こることがあります。もし痛みが激しいようなら、医師に診てもらいましょう。

妊娠第二期にも、安全に走ることは可能です。トレーニングを第一期より5-10％増やすことさえできるかもしれません。ただ、子宮が大きくなるにつれ、体の重心が前方に移り、バランスを崩しやすくなります。転倒の危険をできるだけ小さくするため、障害物のない滑らかな路面の平坦なルートを選びましょう。アマチュアのランナーも競技ランナーも、ランニングの強度と長さについてのガイドラインは第一期と同じです。例外は1週間の合計のランニング時間で、第一期より5-10％増やすことができます。ただし、それだけ増やしても疲労感や息切れ、腰痛や関節痛が増すことがない場合の話です。激しいトレーニングで早期陣痛を起こしてしまう人もいます。このため、競技選手で過去に早期陣痛の経験がある人やそのリスクのある人は、第二期に激しい運動をする際には、慎重に進めてください。

　多くの女性ランナーがトレーニングの日課にレジスタンス（ウェイト）トレーニングを取り入れています。研究の結果、これは続けても安全だとされており、第二期にもこうした運動を続けることが奨励されています。もし筋力トレーニングを続けることを選ぶなら、抵抗バンドやフリーウェイト、マシンなどを使い、抵抗性の低い運動を高頻度に繰り返すことによって、あらゆる筋群をトレーニングしましょう。運動中は意識して呼吸を続けるようにします。リフティング中に息を止めることは避けましょう。座位で運動を行いましょう。血液量が増えているため、長時間立っていると下肢に血液が溜まってしまい、めまいが起こることがあります。

　子宮が大きくなるにつれ、心臓へ戻る血液の邪魔をして、その結果、心拍出量が低下します。これは仰向けに寝たとき、とくに顕著です。そのため、妊娠4か月を過ぎたら、仰向けに寝て運動することは避けてください。横向きに寝て行うのはかまいません。

妊娠第三期

　第三期になるころには、生理学的適応の大半がピークに達しています。こうした適応がピークを過ぎて低下していくことや、大きくなり続ける子宮、増え続ける体重、それに体を分娩に備えさせるためのホルモンが、あなたのランニングに影響を及ぼすでしょう。総血液量が増え続けるにもかかわらず、第三期には安静時心拍数の増加は頭打ちになり、安静時の1回拍出量も心拍出量も減り始めます。大きくなる子宮が横隔膜を押し上げ続け、胸腔を垂直方向に4㎝も圧縮します。その結果、息を吐きだすたびに肺に残る空気の量が、妊娠後期にはかなり落ち込むことになります。これは予備の酸素の減少をもたらし、きつくて長いランニングをいっそうむずかしくします。

　妊娠中ずっと走れる人もいれば、無理な人もいます。いずれにしろ、第三期のランニングはほどほどにすべきです。水分補給に気をつけ、体が熱くなりすぎないようにすることがだいじです。ランニング中、胎児は揺れ動く子宮のなかで羊水に浮かんでいるとはいえ、腰痛やその他の関節の痛みがあるときは、もっと衝撃の少ない運動に切り替えることを考えましょう。

　妊娠期間中ずっと、何らかの運動を続けることは有益です。出産前の体調がよければ、出産後もそれだけ容易に、ランニングができる体に戻れます。そうはいっても、第三期はしばしばランニングプログラムの変更が必要になる時期でもあります。ランナーはひとりひとり違っていること、あなたが自分

のランニングをどう変えるかはあなたがどう感じるかしだいだということを、よく考えてください。多くの女性ランナーがワークアウトの頻度や長さを減らします。体重負荷のかからない運動に変える人たちもいます。

　というわけで、第三期のランニングでは、衝撃を軽減することを考えつつ、運動レベルを維持することを目指すべきです。一部の女性は妊娠による不快感がごく小さく、第三期も走り続けることができます。たとえあなたがそうした人たちのひとりで、走り続けることができたとしても、頻度と強度とタイムの目標には配慮が必要です。週に3-6日、1回に30-60分、強度レベルは中程度からややきつい程度、ボルグスケールでは11-13という線を超えないようにすべきでしょう。

　第三期にはランニングが不快になる女性もいます。そのような場合は、関節や靱帯にもっと衝撃の少ない運動で代用しましょう。仰向けに寝た姿勢でこぐ固定式自転車や水泳なら、第三期のランニング向けのガイドラインと同じ頻度、強度、長さで行うことができます。水泳はランニングの代用としてとくにお勧めです。水の浮力のおかげで関節にかかる力が減り、熱によるストレスが最小限で済み、脚のむくみも抑えられます。エクササイズのクラスでよく見られる、もっときつい自転車こぎが第三期の妊婦に与える影響を調べる研究が、現在行われています。

産褥期の運動

　産褥期とはふつう、出産後6週間までをさします。母乳育児でないかぎり、妊娠による変化の大半はこの期間中に解消し、体が妊娠前の状態に戻ります。母乳育児の場合は、妊娠による変化の一部は授乳をやめるまで続くと考えてください。出産後すぐ、血管内での血流の抵抗性は著しく増加します。安静時の心拍出量、1回拍出量、心拍数はすべて、急激に低下し始め、血液量も減ります。

　産後1週間以内に、血漿（血液の液体成分）の量が減るせいでかなり体重が落ちます。2週目になるころには、妊娠誘発性の心血管適応のほとんどは正常に戻っています。同時に、生殖器官にも変化が起こります。産後3週目には子宮をはじめとする生殖器官の大きさが妊娠前の大きさに近くなります。ただし、子宮が完全に妊娠前の大きさに戻ることは決してありません。出産後に運動を再開することは母体によい影響を与えます。心肺機能の調子を整え、体重の減少を助け、気分を明るくし、不安や落ち込みを軽減し、活力を高めてくれるのです。妊娠や経腟分娩は尿失禁のリスク因子なので、骨盤底エクササイズを産後すぐに始めれば、将来の尿失禁のリスクを下げるのにも役立つ可能性があります。

　産後どれくらいで運動やランニングを再開していいかは、人によってさまざまです。ランニングを再開できる時期は、分娩のタイプ、分娩合併症、陣痛の疲れや不快感からどれだけ速く回復できるかによって違います。出産後数日で運動を始められる人もいれば、もっと時間がかかる人もいます。帝王切開や困難な経腟分娩、広範な会陰切開の場合は、急いでランニングを再開することは避けましょう。4-6週間待てば外科的な処置の傷が癒え、骨盤底の筋肉が強くなり、会陰切開部の痛みもなくなります。合併症のない妊娠・出産の場合は、産後早々に運動を再開して悪影響が出たという結果を報告

産褥期うつ病

　出産後の女性の約13％が産褥期うつ病にかかります。3-6週間で自然に解消するのがふつうですが、およそ4人に1人は、出産の1年後にもまだうつ状態にあります。抗うつ薬、カウンセリング、運動など、一般にうつ病の治療に用いられるいくつかの治療法が産褥期うつ病の治療にも用いられています。妊娠中のランニングによい効果が認められるにもかかわらず、産褥期うつ病と、妊娠の前や妊娠中に運動をしていたこととのあいだには、はっきりしたつながりはないようです。とはいえ、一般のうつ病と同じく産褥期うつ病でも、体を動かすことで症状が和らぐことが明らかになっています。ですから、たとえ産褥期うつ病のせいでランニングをするような気にはなれなくても、思いきってやってみれば、症状を和らげるのに役立つでしょう。

している研究はありません。さらに、産後6週目の検診までランニングの再開を待たなければならないという決定的なデータもありません。また、授乳中の母親も、母乳の出を損なわないかぎり、できそうだと感じしだいすぐにランニングを再開してよいと考えられます。

　大半の女性は妊娠中に以前の調子を失ってしまっているので、徐々に運動を再開することを勧めます。少なくとも最初は、ランニングの強度や長さを減らす必要があるでしょう。妊娠合併症がなかった競技選手の場合は、出産後すぐにトレーニングを再開してもトラブルは起きないかもしれません。産褥期に運動を再開するときは、体の声によく耳を傾け、医師などに相談するようにしましょう。

授乳と運動

　産褥期の運動に関するいくつかの簡単なガイドラインを守っているかぎり、出産後に運動を再開することはあなたの健康にも気分にもよい効果がありますし、赤ちゃんにも悪影響はないでしょう。ちゃんと母乳が出るように、充分なカロリーをとるように気をつけ、あまり急激に体重を落とさないようにしましょう。授乳中は、経験上、妊娠前に体重を維持するのに必要だったのより500キロカロリー余計にとるといいことがわかっています。赤ちゃんの体重が増えていれば、カロリー摂取量は充分だと考えていいでしょう。また、1日につき1,000mgのカルシウムもとるべきです。医師からは、出産前にのんでいたビタミンを続けるように言われるかもしれません。運動の前後も運動中も、水分補給を忘れないようにしましょう。もし尿の色が薄く、便秘にもなっていないなら、水分補給は適切ということになります。

　赤ちゃんが母乳を嫌がらずに飲むかどうかで、授乳のスケジュールを調整してもいいでしょう。最大強度で運動中の女性の母乳にはラクテートが増えます（軽度から中程度の運動をした場合には、母乳中のラクテートの蓄積は起こりません）。ラクテートが乳児に何らかのリスクや悪影響を与えるという事実はこれまでのところ知られていませんが、一時的なラクテート増加によって乳児が母乳をおいしくないと感じるようになるかどうかについては、意見が分かれています。

もし運動後の母乳を嫌がるようなら、ランニングの前に授乳したり、ランニング後少なくとも1時間過ぎてから授乳したり、走る前にポンプで母乳を搾っておいたりするといいでしょう。運動の前に授乳すれば、運動中にお乳が張って不快なことも少なくなります。ラクテートは運動後60-90分で母乳から消えるので、走って少なくとも90分してから授乳すれば、母乳の味もよくなるでしょう。また、赤ちゃんによっては汗の味を嫌がるので、運動後は授乳の前に胸をすすぐか、シャワーを浴びる必要があるかもしれません。

　ランニング中、あなた自身が快適なように、綿の乳首パッドがついた支持力のあるブラで、ぴったり合うけれど胸を締めつけすぎないものを必ず着用するようにしましょう。きつすぎるブラは乳管を塞いで詰まらせ、痛みをともなう乳房の感染症、乳腺炎の原因になります。

閉経期

初経が月経の開始をさすのに対して、閉経期(更年期)は女性が最後の月経を迎える時期をさします。これは、もう充分な量のエストロゲンを作れなくなるせいで起こります。血中のエストロゲンが少なくなることで身体的・生理的変化が起こり、骨粗鬆症や心臓病のリスクが高まります。といっても、閉経期だからといって活動をスローダウンさせる必要はありませんし、楽しみにしている活動をやめる必要もありません。閉経期はひとりひとりの女性ごとに異なる、ユニークな体験です。ランニング活動にさしつかえるような症状を体験する人もいますが、ほとんど支障なく、この時期を通り抜ける人もいます。閉経期にランニングをあきらめる必要はありません。それどころか、ランニングを始めるのにうってつけの時期です。この時期は多くの女性が感情の大きな揺れを経験するものですが、そんなとき、ランニングは感情のはけ口となり、力強い達成感を与えてくれます。骨を丈夫にしてくれるという大きな利点をはじめ、ランニングには身体的な利点がありますが、さらに、心理的、情緒的、認知的、精神的にも数多くの利点があるのです。

　残念ながら、定期的なランニングがホットフラッシュのような閉経期症状に影響を与えるかどうかについては、決定的なデータはほとんどありません。現在参照可能なデータは、定期的な有酸素運動が気分と睡眠を改善させることを示唆しています。どちらも閉経期を乗り切るにはありがたい効果です。閉経がランニングにおける競技能力に影響するかどうかも、よくわかっていません。多くの女性が、閉経になったとたんにランニングのペースを維持するのがむずかしくなったとこぼします。しかしながら、そうしたペースの低下は閉経期のせいというより、加齢のせいである可能性のほうが高そうです。

　閉経期はすべての女性にとってあたりまえのことであり、人生の一部なのだということを忘れないでください。閉経期の生理学的なしくみを理解し、対処法や適したトレーニング法を知れば、閉経後もそのまま快適に走ることができるでしょう。

閉経期とは

閉経期とは、女性の一生のうち、卵巣が卵を作るのをやめ、月経が起こらなくなる時期を言います。卵巣が働きを停止すると、エストロゲンのレベルが低下します。閉経はふつう、45-55歳で起こり、平均は51歳です。月経停止前後のいくつかの段階を指す用語があります。

閉経前期は、閉経期の前、月経に変化が起こり始め、ホットフラッシュが現れる時期を指します。この移行期の初期には月経の周期が乱れ、通常の周期より7日以上ずれるのが特徴です。たとえば、4週間ではなく3週間だったり、5-6週間だったりすることもあります。胸の上部から顔にかけて突然熱くなり、その感覚が全身に広がるホットフラッシュは、この移行時期に起こります。この移行時期の後期には、月経周期の長さが増します。無月経の間隔が60日以上になることもふつうです。閉経周辺期は一般に、閉経の5-10年前から、最終月経の1年後までの時期を指します。この段階ではホルモンレベルが変動するため、ふだんと同じようには走れないときがあるかもしれません。いつもよりも疲れを感じたり、気温が高いときにはホットフラッシュのせいで走りにくかったりするでしょう。そのようなときには毎日のトレーニングや毎週のトレーニング計画を調整する必要があるかもしれません。もっと短い走りをしたり、涼しい時間帯に走ることにしたり、エアコンのある室内でトレッドミルの上でランニングしたりするのがいいでしょう。

閉経は生物学的に自然な過程で、月経と生殖能力の恒久的な終わりです。医学的な定義では、月経が連続して12カ月ないとき、閉経期を通過したことになります。閉経に先立つ数カ月から数年のあいだに、ホットフラッシュや寝汗、睡眠障害、膣の乾燥など、特徴的な症状が起こります。もしあなたが45歳以上で月経が不順なら、閉経期かもしれません。とくに、ホットフラッシュとか寝汗のような閉経期症状があるなら、その可能性が高いでしょう。逆に、40歳以下で月経が止まったなら、かかりつけの医師に相談すべきです。40歳以下で閉経すること（早発閉経と呼ばれる）もあるとはいえ、月経周期がなくなったのが閉経期のせいなのか、何か別の原因があるのか、確かめることがだいじだからです。早発閉経になると、エストロゲンの恩恵なしに過ごす年数がそれだけ長くなり、晩年に骨粗鬆症や心臓病のような問題が起こるリスクが高まります。閉経期の症状は詳しく研究されています。けれども、そうした症状がランニングにおける競技能力にどう影響してくるかは、それほどよくわかっていません。この時期に、ランニングのペースが落ちたり、痛みが増したり、疲労回復に時間がかかったり、活力が低下したり、といった経験をする人たちもいます。そうしたことがあるとやる気がなくなってしまうかもしれませんが、そのつど必要な調整を行いながらもランニングを続けることが、いちばんいい対処法なのです。多くのランナーが、競技能力への影響は閉経期が終わると消えることが多いと報告しています。心強いニュースですね。

閉経のあとの時期は閉経後と呼ばれます。この時期には加齢の影響がいっそうはっきりし始め（5章で取り上げる）、エストロゲン減少にともなう症状、たとえば膣の乾燥などが続きます。エストロゲンレベルの低下に関係のある病気にもかかりやすくなります。いちばん顕著なのが骨粗鬆症です。女性の平均寿命が80歳近い現在、あなたの人生のほぼ3分の1は閉経後の人生ということになりま

す。ひとりの人間としての総合的な健康は、身体的な健康とも心の健康とも、切っても切れない関係にあります。ランニングをすればその両方に働きかけることができます。自分の体の変化を受け入れ、おおらかな気持ちでつき合いましょう。閉経後のランニングは心の健康に役立つとともに、身体の健康も高めます。筋肉を強化して調子を整え、体重管理を助け、心臓病のリスクを減らし、骨粗鬆症の予防に役立つのです。

閉経期の生理学

　女性は生まれつき、決まった数の卵（卵母細胞）を卵巣の中に持っています。誕生の瞬間から閉経までのあいだに、この卵母細胞は一定のスピードで失われていきます。誕生時にあった200万近い卵母細胞のうち、生殖可能年齢中に排卵されるのはわずか400ほどです。残りの99%は変性を受け、ホルモンに応答しなくなります。この変性はプログラム細胞死という生物学的な現象の結果です。つまり、発生の早い段階で、後年必要になるよりも多くの卵母細胞が作られるわけです。

　2章で述べたように、正常な月経周期のあいだに、下垂体ホルモンの卵胞刺激ホルモン（FSH）と黄体化ホルモン（LH）に応答して、卵巣が複雑な過程を通じてエストロゲンとプロゲステロンを生成します。このエストロゲンとプロゲステロンの生成は、応答可能な、つまり成長可能な卵母細胞が卵巣内にあるかどうかに左右されます。初経と閉経のあいだに、応答可能な卵母細胞は減っていきます。閉経期になるころには、卵巣内にはもう、応答可能な卵母細胞は残っていません。このように、応答可能な卵母細胞の枯渇は避けられないことで、その結果、下垂体ホルモンレベルへの応答もなくなることが、閉経期とその症状をもたらすのです。一番重大な変化は、血中のエストロゲンレベルの劇的な低下です。

　エストロゲンは卵巣で作られるホルモンですが、体内ではかなり広範囲の役割を担っています。エストロゲンに対するレセプターは膣、子宮、卵巣、膀胱、皮膚、骨、心臓、血管、乳房にあります。エストロゲンが低レベルだったりまったくなかったりすると、それらの組織内の細胞が活動をやめます。いろいろな症状が起こるのは、血中のエストロゲンレベルの低下のせいで、臓器系が反応できなくなるからなのです。閉経周辺期や閉経期に体験する症状の範囲や重さは、人によってさまざまです。起こりうる症状をあなたがすべて体験するとは限らないし、もしかするとひとつも体験しないかもしれません。たとえそうであっても、いろいろな変化をよく知り、理解しておけば、いざ症状が起こったときに安心でしょう。閉経期にいちばんよく見られる症状には次のようなものがあります。

- **ホットフラッシュ**　ホットフラッシュは閉経期に関連した症状のなかでいちばんよく見られるもので、閉経前の移行時期に始まるのがふつうです。胸の上部と顔が突然熱く感じられ、それが全身に広がります。数分間続き、発汗をともなうことが多く、日に数回起こることもあります。原因はまだ完全には解明されていないものの、脳の体温調節部位である視床下部の変化によって起こると考えられています。エストロゲンは体温を制御する脳内化学物質の調節に関与してい

ます。エストロゲンレベルが低下すると、視床下部は誤ってあなたが暑すぎるのだと感じます。その結果、体を冷やすための一連のできごとの引き金が引かれます。体熱を放散させようとして、皮膚表面への血流が増えます。これが熱感をもたらし、発汗の原因にもなるのです。

　データが少なすぎて、定期的な運動がホットフラッシュに影響を及ぼすかどうか、確かなことはわかりません。女性ランナーの報告によれば、ホットフラッシュはそれほどひどくなく、ランニング中や比較的リラックスしているときより、ストレスを感じているときのほうが起こりやすい傾向があるそうです。軽い衣服を着たり、脱いで調節できるように重ね着したりすれば、ホットフラッシュによる不快感を少なくできます。1日のうちでも涼しい時間帯に走ったり、氷の入った飲み物を飲んだりするのもいいでしょう。ホットフラッシュが起こると汗をかくので、水分補給がだいじです。ホットフラッシュがひんぱんに起こる日には、飲み物を多めにとりましょう。

- **寝汗**　睡眠中に起こるホットフラッシュは寝汗と呼ばれ、ひどい発汗をもたらします。すると、暑かったり、逆に冷えたりするせいで、目が覚めてしまいます。何度も目が覚めると睡眠が中断され、疲労感やイライラの原因になることがあります。

- **睡眠障害**　閉経前後に睡眠障害を起こす女性もいます。睡眠障害とは、たとえ寝汗という問題がなくても、寝つけなかったり、途中で目が覚めてしまったりする場合をいいます。血中のエストロゲンレベルの変動と関係があると思われます。研究によれば、エストロゲン補充療法で閉経期の睡眠が改善される場合もあるようです。質の悪い睡眠は活力を失わせます。ランニングする気も起こらなくなってしまいます。トレーニングに対して柔軟な考え方をすること、元気が出ないときにはそれ相応の調整をすることがだいじです。

- **膣の乾燥**　膣の内層はエストロゲンレベルに敏感です。そのため、閉経期にエストロゲンレベルが低下すると、膣の組織が薄く乾いた状態になり、膣の過敏や乾燥、痒み、痛みなどの症状を起こすことがあります。

- **尿失禁**　加齢にともない、意図しない尿漏れ（尿失禁）がよく見られるようになります。加齢プロセスの一部として骨盤筋群、神経、靱帯が弱くなり、そうした変化が、この問題の一因となるのです。とはいえ、閉経にともなうエストロゲン生成の減少が、尿失禁のリスクをさらに高めます。エストロゲンがないと、尿道（筋肉質の短い管で、膀胱から体表面へ尿を運ぶ）の内側を覆う組織が薄く過敏になります。薄く過敏な組織は弱くなり、尿を押しとどめておけるだけの強さがありません。閉経後の女性はランニング中に尿失禁を経験することがよくあります。走る直前に排尿し、走るルート沿いにトイレ休憩の場所を確保すれば症状を抑えるのに役立ちます。ランニング中はパッドや尿漏れ防止用の下着を使うのもいいでしょう。医師に相談すればケーゲル体操を教えてもらえます。尿の流れを制御する骨盤筋の強化に役立つ体操です。

- **気分の急激な変化**　閉経にともなう移行時期に、気分の急激な変化、涙もろさ、憂うつや落胆の感情といった症状を経験する女性もいます。こうした症状はホルモンレベルの変動や睡眠障害、あるいはこれらの要因が組み合わさった結果かもしれません。閉経期が診断基準に基づいて診断されたうつ病の一因になることを支持するエビデンスはほとんどありません。とは

いえ、もしあなたが過去にうつ病と診断されたことがあるなら、閉経にともなう移行期にうつ病が再発しやすくなることも考えられます。抑うつ症状がずっと続くようなら、かかりつけの医師に相談しましょう。実は、ランニングにはあなたの情緒面の健康を改善する効果があります。研究の結果、閉経後も走っている女性は、精神的な悩みが少なく、満足度が高く、活力があり、疲労感も少ないことが明らかになっています。

心臓病と閉経

閉経前は、あなたの心臓病のリスクはランニング仲間の男性を下回っています。ところが閉経後は劇的に増大します。実際、閉経後の女性の心臓病の発病率は、閉経前の女性の2-3倍にもなるのです。この劇的な増大は、エストロゲンに何らかの心臓保護作用があることを示唆しています。実は、心臓に対するエストロゲンの恩恵には多くの要因がかかわっています。

要因のひとつはコレステロールに対するエストロゲンの作用にあるようです。コレステロールはリポタンパク質と呼ばれる分子によって、肝臓へ運ばれたり、肝臓から運び出されたりします。このリポタンパク質には低密度リポタンパク質すなわちLDLと、高密度リポタンパク質すなわちHDLがあります。LDLは、必要としている臓器に肝臓からコレステロールを輸送し、余分なコレステロールを血管内に沈着させます。それが動脈を塞ぐことがあります。コレステロールが動脈の壁にくっつくと、血液の流れるスペースが少なくなり、血圧が上がったり、心臓への血液の流れが遅くなったり妨害されたりすることがあるわけです。いっぽうHDLは、ゴミ収集車のように、使われなかったコレステロールを血管から取り除き、肝臓に戻して再利用させます。LDL対HDLの比率が高く、総コレステロールレベルが高いと、心臓病のリスクが高いとされています。エストロゲンはLDLレベルを低下させ、HDLレベルを増大させることで、あなたの心臓を護ります。閉経でエストロゲンがなくなると、このLDLとHDLの比率が変わって心臓病のリスクが増すのです。

骨粗鬆症と閉経

骨粗鬆症は閉経後の女性にとって深刻な健康問題で、米国内での主要な健康問題のひとつでもあります。骨量と骨強度の低下を特徴とする骨粗鬆症は、骨折のリスクを高めます（疲労骨折については12章と13章を参照）。世界保健機関（WHO）は、骨密度（BMD）測定値に基づく骨粗鬆症の診断基準を定めています。測定は骨密度の標準検査法である二重エネルギーX線吸収測定法（DXA）で行います。BMDは同性の若い正常成人の平均値からの標準偏差値で表します。これはTスコアと呼ばれます。

WHOによれば、50歳を超える閉経後女性の場合、BMDのTスコアが、正常な30歳女性のピーク骨量平均値より、2.5標準偏差以上低ければ、骨粗鬆症と判断します。低骨密度あるいは骨減少症とは、Tスコアが、正常な30歳女性のピーク骨量平均値より、1.0-2.49標準偏差低い場合を指

します。別な言い方をすれば、任意の年齢のBMDは、30歳までに到達したピーク骨量と、その後どれくらいの骨が失われたかの両方の関数なのです。

　たとえば、仮にある女性の大腿骨頸部のTスコアが、健康な若い成人女性の大腿骨頸部のピーク骨量平均値より1標準偏差以上低いなら、この女性には骨量の減少があり、もっとTスコアのいい人より、この部位の骨折のリスクが高いと言えます。Tスコアが骨粗鬆症の定義に合致しなければ骨粗鬆症タイプの骨折のリスクがまったくないというわけではありません。骨量が1標準偏差失われただけでも、脊椎骨折や大腿骨頸部骨折のリスクがかなり高まる場合もあるのです。

　ピーク骨量に達するのは子供時代と青年時代とのあいだが大多数で、30歳までに頭打ちになります。それ以降は徐々に骨が失われていくわけですが、閉経期にそれが加速されます。閉経の2-3年前から閉経後5年までずっと、骨量は年に2%の割合で失われます。閉経後最大の骨ミネラル損失は、閉経して5年のあいだに起こります。5年が過ぎると、損失は年に1-1.5%に低下します。80歳になるころには、ピーク骨量の30%までを失っています。骨粗鬆症のリスクを減らすには、閉経までにできるだけ多くの骨量を獲得し、閉経後は減少を最小限にすることです。

　年齢に関連した骨量の減少は家族歴、食事、運動など複数の要因に左右されますが、女性の場合は閉経にともなうエストロゲンレベルの低下が最大の要因となります。骨の再形成は生涯にわたって行われるプロセスで、古い骨が骨格から除去され（骨吸収と呼ばれるプロセス）、新しい骨がつけ加えられます（骨形成と呼ばれる）。再形成にはエストロゲン、カルシウム、運動が重要な役割を果たし、ふつうは吸収と形成のバランスが保たれています。ランニングのような体重負荷のかかる運動は、充分なカルシウム摂取とともに骨量を高めるのに役立ち、エストロゲンは骨の破壊のプロセスをゆっくりにします。

　閉経期には、血中エストロゲンレベルの低下によって、骨吸収の阻止が弱まります。そのため、骨形成の増加という埋め合わせなしに、骨の破壊が加速されることになります。その結果、骨量が減り、それが骨強度の低下と骨折リスクの増大をもたらします。BMDは骨折リスクの重要な決定因子ではありますが、さらにほかの要因が加わると、骨粗鬆症による骨折のリスクが高まります。BMD低下に加えて下記のリストにあげたリスク因子を複数持つ場合、あなたの骨折のリスクはさらに大きくなるでしょう。

- 年齢が50-90歳
- 40歳以降に骨折したことがある
- 親の大腿骨頸部骨折歴
- 現在喫煙している
- 1日にアルコールを3杯以上飲む（過剰なアルコールは、新しい骨の正常な形成を妨げることで、骨の再形成を邪魔します。これは骨の損失、骨折リスクの増大、骨折の治癒の遅れをもたらします）
- カルシウムとビタミンDの不足
- 体格指数が21未満（体格指数は身長と体重をもとに下記の式で求められます）

$$BMI = 体重kg \div (身長m)^2$$

骨粗鬆症を防ぐには、骨量の減少を遅らせるか停止させ、骨密度と骨強度を高める必要があります。そのための方法としては、定期的に荷重運動をする、カルシウムとビタミンDを充分に摂取する、骨強化薬をのむ、などがあります。

男性にエストロゲンは必要？

　女性は強い骨のためにエストロゲンが必要なのに、男性はそんなことはなさそうです。いったいなぜ？ひとつの説明は、男性の骨はもっと大きくて強いし、男性にはテストステロンがあるから、というものです。この男性ホルモンが、ピーク骨量の達成と骨量の維持に必要なものなのだというわけです。男性も女性と同じように、骨量の大部分を青年期と成人初期に蓄積します。男性のほうがたいてい骨格が大きいので、骨量がピークに達するころには女性よりも多くの骨量を蓄積しています。

　けれども、エストロゲンは男性の骨代謝も調節しています。男性のエストロゲンの大半はテストステロンが転換されたものです。ただし、無月経や閉経後の女性ではエストロゲンが急激に低下してその結果骨が失われるのですが、男性ではそれに匹敵するようなテストステロンレベルの低下は起こりません。男性のテストステロンレベルの低下はゆっくりで、ふつうはただ加齢に対する応答として、そうした低下が起こるだけです。このようにホルモンの劇的な変化がないので、骨の損失は起こらず、骨強度が維持できるわけです。ですから、答えはイエス。男性にもエストロゲンは必要です。

閉経期とランニング

　骨粗鬆症のリスクを減らすには、閉経前にできるだけ多くの骨量を獲得し、閉経後は骨が失われる速度を遅くする必要があります。ピーク骨量には遺伝的な要因が重要な役割を果たすとはいえ、骨量を最大限増やすためにできることがいくつかあります。骨は、高度なストレスがかかるような運動に最もよく反応するのです。

　骨は閉経前後の何年かに急速に失われるので、この損失を少なくする方策を講じることがだいじです。定期的なランニングは閉経後の女性の骨量の減少の速度を引き下げます。女性のマスターズランナー（40歳を超えたランナー）についての長期にわたる研究で、継続的なランニングによって骨密度を維持できることがわかりました。

閉経期と閉経後の女性の骨密度をランニングで維持することができる。

ホルモン補充療法

　ホルモン補充療法とは、ホルモン処方薬、すなわちエストロゲン単独またはエストロゲンとプロゲステロンの組み合わせからなる薬を用いて、低下していくホルモンレベルを回復させる治療法のことです。閉経期の症状を治療するためのエストロゲンの使用は、1950年代にさかのぼります。その20年後、エストロゲン療法を受けている閉経後の女性は子宮がんになるリスクの増すことがわかりました。それ以来、エストロゲンにプロゲステロンを組み合わせるようになっています。プロゲステロンは子宮の内層（子宮内膜）が肥厚化するのを防ぎ、ホルモンを使っていない人と同程度まで、子宮がんのリスクを下げます。こんにちでは、エストロゲン単独の補充は子宮切除を受けた人にだけ行われ、子宮が無傷の人にはエストロゲンにプロゲステロンを加えた治療法が用いられます。エストロゲン療法とエストロゲン＋プロゲステロン療法をひっくるめて、ホルモン補充療法、略してHTと呼びます。

　HTは閉経期症状の治療法として、またある種の病気を治療したりリスクを下げたりする

ために、長年にわたって用いられてきましたが、その使用のリスクと恩恵をめぐってはかなりの論争があります。HTの使用に注目が集まるきっかけとなった最大の、そして最もよく知られた研究のひとつが、国立衛生研究所が行った「ウーマンズ・ヘルス・イニシアチブ」です。この研究のおもな目的は、HTが心臓発作や脳卒中のような心血管系イベントのリスクを下げるかどうかを確かめることでした。その結果、HTの使用には明らかに利点のあることがわかりましたが、明白なリスクも判明し、研究は3年も早く打ち切られることとなりました。その後、HT使用のリスクと恩恵をもっとはっきりさせようと、追跡分析やさらなる研究が試みられています。閉経期症状を和らげるためのHT使用に関しては合意が得られているものの、閉経期の合併症、たとえば骨粗鬆症や心臓病を防ぐための使用についてはまだ賛否両論があります。

HTと閉経期症状

ホットフラッシュや寝汗といった閉経期に関連した症状や、そうした症状にともなう睡眠障害の治療にはHTが有効です。かなりのエビデンスが、HTが最も効果的な治療法であることを示しています。実際、もしあなたが健康で、閉経期を過ぎているなら、さまざまな症状に対する治療法のひとつとしてHTを勧めます。ただし、最新のエビデンスに基づいて考えれば、HTの使用は症状の緩和に必要な最低限の期間にとどめるべきです。一般に2-3年が適当で、5年を超えないこととされています。

HTと心臓病

以前は、HTが心臓病のリスクを下げると考えられていました。コレステロールに対する好ましい効果が、そのおもな理由でした。しかしながら、この所見を疑いの余地なく証明しようとした数多くの研究が、失敗に終わっています。いくつかの研究では、HTが心臓病や脳卒中、血栓のリスクを上げる可能性が示されました。そのいっぽうで、心臓病に対するHTの効果は、HTを開始したときの年齢の影響を受けるかもしれないと示唆する研究もあります。最近の研究は、もしHTを閉経期の始まりから間を置かずに開始すれば、心臓病になるリスクが減るかもしれないとしています。それに対して、閉経後10年以上してからHTを始めれば、心臓病のリスクは増すというのです。現在のガイドラインは慎重な立場をとっており、HTを心臓病の予防に使うべきでないとしています。

HTと骨粗鬆症

HTが骨密度に好ましい効果を及ぼすことは、充分に立証されています。閉経後の女性に対するHTの効果を評価した数多くの研究が、一貫して、骨密度の増加を報告しています。腰椎BMDの増加は3.5-6.8%だったのに対して、大腿骨頸部BMDの増加は1.7-3.7%でした。HTと筋力トレーニングまたは有酸素運動を組み合わせると、骨量がさらに増加しました。HTが閉経後の女性の骨折リ

スクを減らすという研究も数多くあり、27%の低下という大きな数字も報告されています。HTのタイプや用量、あるいは錠剤か貼付剤かに関わりなく、こうしたリスク低減効果のあることが証明されています。骨粗鬆症による骨折は閉経後何年もたってから起こるのがふつうですが、できるだけ早期に骨の健康に取り組むことがだいじです。閉経期開始後5年以内に開始すると、HTはとくに効果を発揮します。

　骨粗鬆症を防ぐための代替療法がいくつか開発されています。といっても、骨保護効果のあることが証明されているため、閉経後の骨粗鬆症の予防にはHTが認められています。閉経期症状を抑えるためにHTを使う場合はできるだけ短期間とすることが勧められているとはいえ、骨保護効果の成否は長期使用にかかっています。実際、HTをやめて1年以内に、骨ミネラルが3-6%失われることもあるのです。骨への効果という点では、やはりHTの長期の継続使用を考えるべきでしょう。ただしそれはあくまでも、恩恵とリスクをHTと代替療法について比較検討したうえでの話です。あなたにとって最善の選択肢は何かについて、かかりつけの医師と相談することがだいじです。

栄養と骨の健康

　年齢とは関係なく、女性ランナーはカルシウムとビタミンDを充分にとることがだいじですが、閉経期以降の骨の健康には、ビタミンDとともにカルシウムを充分にとることが絶対に必要です（カルシウムとビタミンDについて詳しくは14章を参照）。閉経後の女性の骨量の減少を防ぎ、骨折リスクを減らすうえで、カルシウムとビタミンDが重要な役割を果たすことは充分に立証されています。カルシウムは骨密度に対する運動の効果も高めます。閉経後の女性で、運動をし、カルシウムをとっている人は、カルシウムのサプリメントをとっているだけの人より骨量の減少をおさえられます。

　カルシウムをどれだけ利用できるかは、あなたが摂取するカルシウムの量しだいです。閉経期のカルシウム推奨摂取量は少なくとも日に1,200mgですが、閉経期女性の大半はその約半分しかとっていません。実際、女性持久走ランナーは、カルシウム摂取量が最も不足しがちなアスリートの部類に入ります。そのうえ、閉経期には腸からカルシウムを吸収する力が弱くなります。かてて加えて、閉経によるエストロゲンレベルの低下も、カルシウムの尿中への排泄量を高めます。このようにいろいろな条件が組み合わさるため、閉経期に先立って、また閉経期後も、毎日のカルシウム摂取量を増やすことが絶対に必要なのです。

　ただし、ビタミンDがなければ、どんなにカルシウムをとっても骨の健康には効果がありません。実は、ビタミンDは腸でのカルシウムの吸収に欠かせないのです。残念なことに、いくつかの研究で、閉経期後の女性のビタミンD不足が明らかになっています。ビタミンDは日光と皮膚との相互作用によって、体内で作ることができます。といっても、年齢、住んでいる場所、季節などすべてが、皮膚でのビタミンD生成に影響を与えます。北方に住む高齢の女性は南に住む若い女性より、ビタミンDを少ししか作れません。そのうえ、日焼け止めがこの化学反応を妨害して、ビタミンD不足に拍車をかけます。

　食事からのビタミンDの供給源は、強化食品と脂肪の多い魚に限られます（栄養やビタミンDにつ

いて詳しくは14章を参照）。ですから、ビタミンDを含むサプリメントを使うことが、充分なビタミンDを確保する一番いい方法です。閉経後の女性を対象としたいくつかの研究で、カルシウムサプリメントとともに日に600-800国際単位のビタミンDをとると、骨量の減少の速度と大腿骨頸部骨折のリスクが低下することがわかっています。ビタミンDサプリメントは1日あたり少なくとも800-1,000国際単位を含むものとすることが推奨されています。

トレーニングで考慮すべきこと

　ここまで見てきたように、閉経が骨密度低下の誘因となることは避けられませんが、トレーニングを調整することによって、低下を遅らせることができます。ランニングと筋力トレーニングを組み合わせれば、骨を強くすることができるのです。骨への効果を最大限にするために閉経前後の女性ランナーに勧めたいのは、次のような運動を含むトレーニングです。

- 背中、腰、太もも、上腕、前腕の大きな筋肉に重点を置いた強化運動
- 継続ランニングあるいは歩きを挟んだランニングのような、荷重運動

　たとえ骨量の減少があっても、骨の周囲の筋肉を強化すれば転倒のリスクを下げることができます。実際、筋力トレーニングとともに荷重運動をすることが、転倒とそれによる骨折のリスクを下げる最善の方法です。骨量の増加、筋力の増強、バランスの改善が同時に行えるからです。下記の総合的なトレーニングアドバイスが、閉経にともなう移行期中のトレーニングを順調に進めるのに役立つでしょう。

- **トレーニング日課は柔軟に**　調子の悪い日もあるでしょう。1日休むか、代わりにヨーガのようなほかの軽い運動をしましょう。パートナーと走ったり、音楽を聴きながら走ったりすれば、いい刺激になります。
- **体重負荷のない運動に替える**　年を重ねるにつれ、加齢にともなう変化が筋肉や関節に起こるため、損傷のリスクが高まります。一定期間ごとに、体重負荷のない運動、たとえば水泳や自転車こぎなどに替えて、体をいったん休ませましょう。骨密度の改善や維持には効果がなくても、心肺機能の健康維持には役立ちます。
- **転倒のリスクをできるだけ減らす**　骨粗鬆症でよく肩や手首の骨折が起こりますが、これは転倒のせいです。ですから、必ず、明かりの多い場所や平坦な路面を走るようにしましょう。競技場のトラックを走るのもいい方法です。もし山野の小道を走るなら、木の根や岩が多いルートは避けましょう。
- **運動や食事の記録をつける**　高齢になるにつれ、代謝がゆるやかになります。もし体重増加に悩んでいるなら、毎日のカロリー摂取量と消費量をもっとよく考え、必要な修正をするいい機会

です。
- **日々のストレスに対処する**　レースへの参加を減らしたり、ハーフマラソンの代わりに10kmにするなど、距離を短くしたりしましょう。マッサージに行って、のんびりしましょう。バランスのとれた栄養たっぷりの食事を楽しみましょう。
- **ジャンプ運動を日課に組み込む**　ボックスジャンプ（10章を参照）やスキップのような運動は骨量の増加に役立ちます。損傷のリスクを最小限にとどめるため、ボックスの高さは30cmを超えないようにします。
- **ランニングと筋力トレーニングのプログラムに継続して取り組む**　運動を中断すれば、せっかくの効果もそこで終わってしまうかもしれません。

筋力トレーニング

　できるだけ健全な骨を作るため、いつものトレーニングに筋力トレーニングを組み込みましょう。閉経後の女性の骨密度をランニングで高めることができるかどうかについては異論もあるものの、筋力トレーニングをすれば骨密度を維持し、増大させることができます。

　健全な骨を作るという目的を達成するには、肩や腕はもちろん、背中や腰、太ももの大きな筋群を標的とした運動をしなければなりません。トレーニングの強度は強めで、適切な反復回数（8-12）を含むトレーニングを、週に適切な回数（2-3）行う必要があります。マシン、フリーウェイト、抵抗バンドなどを使ってもかまいません。簡単で安全な方法として、レジスタンス（ウェイト）トレーニングマシンを使うトレーニングや、レッグプレス、レッグエクステンション、ハムストリングカール、スクワット、バックエクステンションといった運動があります。強度はしばしば、特定の運動について、1回だけ持ちあげることのできる重量のパーセンテージで表します。これを1回反復最大挙上重量（1RM）といいます。骨に対する好ましい効果は1RMの70-90%の強度のところで得られることがわかっています。たとえば、もしあなたがレッグプレスで持ちあげられる最大重量が100ポンド（45kg）なら、1RMの70%は70ポンド（32kg）になります（筋力トレーニングの個々の運動については10章を参照）。閉経後の女性は、筋力トレーニングのなかでも、上体を前に倒したり、背骨を過度にねじったりすることが必要な運動は避けるべきです。マシンを使った運動のほか、10章で述べるようなスクワットやハムストリングカール、カーフレイズなどが、閉経後の女性に適した筋力トレーニング運動です。

荷重運動としてのランニング

　閉経前と同じように、閉経期のランニングプログラムにも、頻度と強度と時間の原則が必要です。骨量を改善し、加齢の影響を和らげるには、若いころより強度を引き上げた運動を含めるべきでしょう。図4.1に閉経期と閉経後のアマチュアランナーのためのトレーニングプランを、図4.2に同じく競技ランナーのためのプランを示します。これらのプランは筋力トレーニングなどの具体的な目標に重

点を置いたもので、閉経期と閉経後のあなたのランニングにおける競技能力の維持や強化に役立つでしょう(高齢女性のための筋力トレーニングの重要性について詳しくは5章を参照)。

図4.1 閉経期と閉経後のアマチュアランナーのためのトレーニングプラン

頻度

ランニングまたは歩きを挟んだランニングを週に3-5日行う。トレーニングや経験の状況に応じて、ランニングは毎日続けてもよい。ストライド(50-100mの短距離疾走"ダッシュ")、シングルレッグホップ(10章参照)のようなジャンピングドリル、またはスキップを、週に1-2回行う。通常のスキップでもパワースキップでもよい。パワースキップは通常のスキップと動きは似ているが、前に出す膝をもっと力強く引き上げる。

強度

強度は最大心拍数の60-85%または中程度からきつめに感じられるくらいとする。

時間

少なくとも日に30-60分行う。ハーフマラソンまたはマラソンに出るつもりなら、もっと長時間のトレーニングが必要になる。

筋力トレーニング

筋力トレーニングを週に2-3回行う。背中、腰、太もも、上腕、前腕に重点を置いた8-10種類の運動を毎回行う。これらの筋肉を鍛錬する簡単で安全な方法として、レジスタンス(ウェイト)トレーニングマシンや、レッグプレス、レッグエクステンション、レッグカール、スクワット、バックエクステンション、二頭筋カール、座位チェストプレスのような運動(10章を参照)を使うやり方がある。それぞれ、1RMの70-90%で8-12回繰り返す。セットごとに1-3分の休憩を挟んで、2-3セット行って完了する。

クロストレーニング

年齢を重ねるにつれ、ランニングのストレスに対する骨格筋系の適応力が落ち、もっと休息が必要になる。サイクリング、水泳、プールランニング、エリプティカルマシンの使用といったクロストレーニング運動を取り入れれば、心肺機能や心理面での恩恵を享受しながら、同時に、ランニングから回復する時間が取れる。

1週間のトレーニング例

月曜	火曜	水曜	木曜	金曜	土曜	日曜
ストライドで30-45分走る	筋力トレーニング	ランニングまたは歩きを挟んだランニングを45-60分	休みまたはクロストレーニング	ランニングと筋力トレーニングで30-45分	ランニングとジャンピングドリルで45-60分	30分のランニングまたはクロストレーニングまたは休み

図4.2　閉経期と閉経後の競技ランナーのためのトレーニングプラン

頻度

週に5-7日走る。閉経期女性の週間走行距離の上限については、文献として報告されているガイドラインはないものの、閉経後の高齢女性はおそらく、若いころのような距離数（週に40マイル[64km]以上）は無理だと感じるだろう。ただし、もし閉経前に30-40マイル（48-64km）走っていたなら、充分に回復でき、損傷がないかぎり、同じように走ってはならないという理由はない。

強度

強度は最大心拍数の70-85％または中程度かきついと感じるくらいとする。週に2回までのインターバルワークアウトを組み込む（インターバルワークアウトの説明は6章を参照）。体力や競技目標に応じて、3分までの短いインターバルまたはマイルリピートのような長いインターバルを採用する。インターバルのペースは、もっと若いころのレースタイムではなく、現在のレースタイムをもとに決める。

時間

週間走行距離の目標で、毎回のトレーニングの長さが決まる。最低でも、日に30分はトレーニングする。マラソンのような長距離レースを目標としているなら、数時間までトレーニングしてもよい。

筋力トレーニング

筋力トレーニングを週に2-3回行う。毎回、背中、腰、太もも、上腕、前腕に重点を置いた8-10種類の運動を選ぶ。ハムストリングカール、スクワット（10章を参照）、ランジ、レッグプレス、レッグエクステンション、シングルレッグエクステンション、バックエクステンション、二頭筋カール、三頭筋エクステンション、チェストプレス、オーバーヘッドプレス、シーテッドローのような運動も行う。ランニングのための筋力トレーニングについてさらに学びたいなら、てごろな参考書として、ジョセフ・プレオとパトリック・ミルロイによる『ランニング解剖学』（鳥居俊訳、ベースボールマガジン社、2010年）がある。それぞれの運動を1RMの70-90％で8-12回繰り返す。セットごとに1-3分の休憩を挟んで、2-3セット行って完了する。

クロストレーニング

年齢を重ねるにつれ、ランニングのストレスに適応するには骨や筋肉をもっと休めることが必要になる。クロストレーニングを行えば、心肺機能や心理面での恩恵を享受しながら、ランニングの疲れを取ることができる。サイクリングや水泳、プールランニングのような運動や、エリプティカルマシンの使用を考える。

レース

レースへの参加はインターバルワークアウトの代わりにうってつけで、ほかの女性たちと交流するよい機会にもなる。あなたくらいの年齢の女性はみな同じような生理的変化を体験していることを思い出してほしい。競争相手も、競技能力に対する同じような影響を体験していることになる。年齢を重ねるにつれ、トレーニングやレースのあとの回復に時間がかかるようになる。レースとレースのあいだには必ず、充分な回復時間をとること。閉経後の女性のなかには、5kmとか10kmのような短いレースが、もっと長いレースと同じ喜びを与えてくれ、しかもトレーニングのストレスや時間が少なくて済むと気づいた人たちもいる。

1週間のトレーニング例

月曜	火曜	水曜	木曜	金曜	土曜	日曜
休み	インターバルワークアウト（総ランニング時間50分）	60-75分走る	ランニングと筋力トレーニングで45-60分	休みまたはクロストレーニング	5kmレース	ランニングと筋力トレーニングで45-60分

年配のランナー

ランニングは生涯のスポーツとして楽しむことができます。20代のころのようなスピードは無理としても、ずっと走ることは可能ですし、競技に出ることさえできます。ロードレース参加者のかなりの数を年配の女性が占め、50代、60代、70代、さらにはそれを超える年齢の女性ランナーたちが、目覚ましい走りを見せています。45歳以上の女性が、ハーフマラソンおよびマラソン参加者の22％、ロードレース完走者全体の21％を占めるまでになっているのです。このように年配の女性ランナーが増え、しかも好成績を収めるようになったことで、年配女性とトレーニングとの関係や効果的なトレーニング法についての理解が深まってきています。

加齢の生理学

　近年、加齢と運動に関する調査研究が盛んに行われています。加齢による生物学的影響に加え、食事や運動のような生活習慣要因も、加齢プロセスに影響を与える可能性があります。喫煙、運動不足、不健康な食事といった好ましくない生活習慣を選べば、加齢の影響が増幅されます。それに対して、体をよく動かしている人では加齢の影響の現れ方が遅くなります。中年以降のランニングは生理機能に好ましい影響を与え、健康と生活の質を改善してくれるのです。

　年を重ねると、一定の生理的な変化が起こってストレスに反応する力が落ち、若いころと同じようには反応できなくなります。運動能力が低下し、回復に時間がかかるようになります。体の強さやしなやかさも失われて、障害が起きやすくなります。30歳を過ぎると、大半の生理機能は年に約0.75-1％の割合で低下します。こうした生理学的な能力の低下をよく表しているのが、$\dot{V}O_2max$や最大心拍出量の減少、筋力とパワー、柔軟性の低下、それに体脂肪の増加です。

　あなたが年齢とともに衰えるのは疑いのない事実だとしても、それはどの程度、加齢プロセスのせい

なのでしょうか？　どの程度、中年になってからの運動不足のせいなのでしょうか？　なんと、この衰えの最大50%までが、加齢のせいではなくコンディション不良のせいであることを示すエビデンスがかなり報告されています。適切なトレーニングをすれば、加齢の生理学的な影響を小さくして、相当に長期間、競争力を保てるのです。

　年配者でも持久力トレーニングや筋力トレーニングに容易になじめるし、効果もあがるものです。持久力トレーニングは心肺機能を改善し、運動能力を高めます。筋力トレーニングは加齢にともなって通常起こる筋肉量と筋力の低下を防ぐのに役立ちます。さらに、筋力トレーニングと荷重運動を組み合わせれば、骨量低下を防ぎ、バランスを改善して、骨折や転倒のリスクを減らせます。ストレッチングは柔軟性を向上させ、関節をすこやかにします。4章で触れたように、ランニングは気持ちを明るくし、満足感を与えてくれます。ランニングを続けていれば、たとえ若いころのようなすばらしい走りや高速の走りはできなくても、体を動かさない同輩たちよりはずっと高レベルのパフォーマンスを達成することができるのです。

心肺機能の強さ

　1章で学んだように、最大酸素摂取量すなわち$\dot{V}O_2max$は1分間に消費できる最大の酸素量で、あなたの有酸素運動能力を表す指標となります。年齢を重ねるにつれ、有酸素運動能力は落ち始めます。体をあまり動かさない成人女性の場合、30歳を過ぎると$\dot{V}O_2max$は10年につき8-10%ずつ低下すると推定されています。ただし、加齢にともなう$\dot{V}O_2max$の低下といっても、決して一様ではありません。特に、体をよく動かしていれば違ってきます。70歳の女性ランナーたちを調べたある研究では、$\dot{V}O_2max$のレベルが、運動していない20歳女性と同等でした。ですから、性別や年齢ではなく定期的な運動こそが、心肺機能の強さを決める第一の因子なのです。体力を維持すれば、それだけ、衰える速度が遅くなるのです。

　$\dot{V}O_2max$が低下するのは、たとえ安静時心拍数は不変でも、最大心拍数が年齢とともに減少するからです。加齢によって心臓の筋肉が硬くなると、ポンプのようにして血液を送り出す力も弱まります。こうして最大心拍数が減り、心臓の収縮性が弱まるせいで、高齢者は若者よりも、1回拍出量も心拍出量も少なくなります。そのうえ、筋肉が酸素を引き出して使う力も、年齢とともに低下します。筋肉量の減少も、年齢による$\dot{V}O_2max$の低下の一因となります。

　年配のランナーでは、運動後に心拍数が元に戻るのに、若いランナーよりも時間がかかります。このように心拍数が安静時レベルに戻るのが遅いため、インターバルトレーニングでは長い回復時間が必要になり、ランニング後のクールダウンも長くする必要があります。

筋肉の量と強さ

　男女とも一般に筋力が最高レベルに達するのは20-40歳のあいだで、その後、ほとんどの筋群の強さ（筋力）は、初めはゆるやかに、50歳を超えると急速に、低下します。45歳以降、筋力は10年に

定期的な有酸素トレーニングと筋力トレーニングで、年齢による体力の衰えをかなり緩和することができる。

つき約8%低下し、男性より女性のほうが大きく落ちます。男女とも、下肢の筋力のほうが上肢よりも急速に衰えます。年配女性では筋力の低下は特に重大な問題です。ある研究によると、55-64歳の不活発な女性の40%が、10ポンド(4.5kg)の重さの物を持ちあげることができませんでした。年齢とともに筋力が失われる原因は、筋肉量が大幅に減ることにあります。

　加齢による骨格筋量の減少をサルコペニアといいます。このように筋肉量が減るのは、筋線維の太さと数が減り、また運動単位が少なくなるからです。筋肉量が減ると、結合組織や脂肪が代わりにその場所を占めるようになります。機能する運動単位が加齢によって失われると、それが筋線維の減少の一因になります。運動単位とは、運動神経とそれにつながっているすべての筋線維をひとまとめにしたものです。運動神経は年齢とともに死んでいきます。運動神経が死ぬと、運動単位のすべての筋線維が、神経とのつながりを失います。これは脱神経と呼ばれます。脱神経が起こると筋線維が駄目になり、その結果、筋肉量が減るのです。ある運動神経が死んだとき、駄目になりかかっている筋線維に、生き残っている隣の運動神経、通常はタイプⅠ運動神経がつながることがあります。このプロセスは運動単位再構築と呼ばれます。再構築された運動単位は働きが劣ります。運動ニューロンの損失は直接、筋力とパワーの損失につながるのです。

　筋線維の損失はタイプⅠ(遅筋)とタイプⅡ(速筋)の両方に起こりますが、タイプⅡのほうが損失

の程度は大きくなります。年配者では体力が低下し、激しいトレーニングが行われないため、タイプⅡ筋線維は動員されず、したがってタイプⅡ筋線維のほうが大きく減るのです。強さとスピードをもたらすのはタイプⅡ筋線維なので、筋力が低下することになります。つまり、使わなければ駄目になる、ということわざ通りの結果になるわけです。

したがって、サルコペニアと筋力低下は、運動単位が劣化したことと、定期的な筋肉負荷および筋肉活動の低下が続いたこととが合わさった結果なのです。とはいえ、このような効果は筋力トレーニングで相殺することができます。筋肉は積極的な筋力トレーニングに反応します。たとえ90歳代であっても、著しい急速な改善を遂げることができるのです。研究で、年配女性の筋力の改善には2-72%と幅のあることが明らかになっています。若い女性の場合同様に、筋力トレーニングの頻度と強度と長さが、強化の度合いを決めます。

柔軟性

柔軟性とは関節を可動域いっぱいまで動かす能力のことで、骨組織、筋肉、結合組織によって決まります。靱帯や腱を形成する結合組織の成分にコラーゲンとエラスチンがあります。靱帯や腱のコラーゲン量は年齢とともに減っていきます。すると柔軟性が失われて硬くなり、こうした構造が圧力に耐える力が弱まります。その結果、年配ランナーは肉離れや捻挫、腱断裂を起こしやすくなるのです。トレーニングプログラムが不適切だったり、トレーニングとトレーニングのあいだに充分な休憩を入れなかったりすると、特に危険です。ウォームアップを長めにとり、適切な柔軟体操をして、徐々に強度を増すプログラムを用いれば、こうしたリスクを下げることができます。

柔軟性は年齢にかかわらずきわめて調整しやすい特性で、改善が可能です。可動域エクササイズは年配女性の柔軟性を大きく向上させます。週に2-3回の定期的なストレッチングを3-4週行っただけで、可動域に改善が見られます。

体組成

年齢とともに、体脂肪量の増加や除脂肪体重の減少など、体組成の変化が起こります。代謝率が落ちるため、こうした変化が起こるのです。代謝率は20-65歳で約10%低下し、その後の年月でまた10%低下します。代謝率の低下はおもに除脂肪体重の減少によって起こりますが、これは男性より女性によく見られます。

体脂肪の増加と除脂肪体重の減少が年齢とともに起こるといっても、年配の人でも除脂肪体重が増えることもあります。50歳を超えた人1300人以上を調べたところ、20週間の筋力トレーニングで、除脂肪体重が2.2ポンド(1kg)増えました。これはわずかな増加のように見えるかもしれませんが、運動していない年配者では年間半ポンド(0.23kg)近くの除脂肪体重が失われることを考えると、かなりの増加であることがわかります。運動、特に筋力トレーニングは、年配の女性ランナーの体組成の維

持に役立っていると考えられます。年配の女性ランナーの場合、運動していない同年齢の女性より体脂肪が10-15％少ないこともあるのです。

骨量の減少

　4章で述べたように、骨量の減少は年配の女性にとって深刻な問題です。閉経後の女性では骨吸収が骨形成を上回るため、骨量の減少が起こります。女性の場合、骨量は65歳までに20％、80歳までに30％、減少します。骨粗鬆症の予防と治療には運動が大事です。骨は加えられた圧力に適応します。持久力トレーニングと筋力トレーニングを行えば、年配女性の骨量の減少を相殺できます。

体温調節

　年齢とともに、発汗反応が弱まり、遅くなるせいで、体熱を放散する能力が低下し、熱への耐性が低下します。喉の渇きの感覚も加齢にともなって鈍くなるため、脱水を起こしやすくなります。脱水に発汗の低下または遅延が重なると、いっそう熱中症にかかりやすくなります。脱水のリスクを小さくするには、走る前後も走っているあいだも、飲み物を欠かさないことが大事です。年配のランナーなら、涼しい時間帯にトレーニングし、暑い日には充分に水分を補給しましょう。明るい色の服を身につけ、脱水かどうかを尿の色でチェックし、熱中症の徴候や症状を見分けられるようにしておくことも大事です。尿は色が薄くなければなりません。濃い黄色は要注意です。熱中症の注意すべき症状には頭痛、吐き気、めまい、脱力感、運動に不釣り合いなほど速い呼吸や頻脈などがあります。

姿勢の安定性

　姿勢の安定性には、脳の感覚機能、運動機能、高次機能のあいだの複雑な相互作用がかかわっています。年齢を重ねるにつれ、バランスを保つフィードバック制御機構が損なわれ、転倒のリスクが増すと考えられます。ランニングや筋力トレーニング、柔軟体操は年配者のフィードバック制御機構に好ましい効果を及ぼし、反応時間やバランス、敏捷性を改善してくれます。

年配ランナーとトレーニング効果

　運動すれば、どんな年齢であっても、生理学的な反応が改善されます。生理学的な反応には、体力レベルや遺伝、トレーニングの具体的なタイプなど、影響を及ぼす因子がいくつかあります。かつては、筋力や有酸素能力を改善する力が加齢によって妨げられると考えられていましたが、この30年の研究で理解が深まり、そうした考えは過去のものとなりました。年配の男女の心肺機能や筋肉機能は、トレーニングで改善できるのです。

年配ランナーの$\dot{V}O_2max$の変化を長期間にわたって調べた研究がいくつかあります。それによると、年齢とともに$\dot{V}O_2max$は低下しますが、低下速度はトレーニングの強度と一貫性に左右されます。年齢について補正してみると、定期的にトレーニングしていた人たちのほうが、運動しなかった人たちよりも$\dot{V}O_2max$が大きいという結果になりました。激しいトレーニングを続けていたランナーは、トレーニングを減らしたランナーよりも$\dot{V}O_2max$の損失が小さくなりました。最大心拍数の60-80%の強さでトレーニングしたときに$\dot{V}O_2max$の損失が最小で、トレーニング強度が大きいほうが、低下の速度は遅くなりました。したがって、トレーニングの量よりむしろ一定の強度を維持することが、加齢にともなう有酸素体力の損失を最小限にとどめる鍵ということになります。年配女性の場合、激しいトレーニングはタイプⅡ筋線維を動員し、それが筋肉量の増加につながります。また、筋肉が酸素を引き出して使う能力も高めます。こうした適応が、有酸素能力を高める一因になるのです。

　たとえあなたが中年になってトレーニングを始めたとしても、ランニングが心肺機能に及ぼす好ましい効果を実感できるでしょう。持久走トレーニングは、若い女性同様に、年配女性の有酸素能力も増加させることができます。何年にもわたって、改善が期待できるのです。特に、ずっとトレーニングを続け、体調の改善に応じて運動強度を調整していけば、そうなるはずです。

たとえ中年になって始めたとしても、ランニングには健康上たくさんのメリットがある。

もちろん、60歳とか70歳になったとき、20歳でできたのと同じレベルのトレーニングを続けるのは無理です。それでも、年配ランナーたちの活躍は、ランナーとして年齢を重ねるあいだに学んだことを組み込んでいけば、高レベルのランニングを長期にわたって続けられることを示唆しています。体の声に耳を傾け、痛みをおして走るようなことはせず、トレーニングは強めで量を少なくし、必要充分な回復時間をとるように気をつければ、最高の競技能力を発揮できる年数を延ばすことができるでしょう。言い換えれば、より長くではなく、より賢くトレーニングすることで、年齢別の個人記録を更新し、新たな目標を達成することが可能となるでしょう。たとえ、あなたの目標が年齢別新記録ではなくても、より賢いトレーニングからは多くの恩恵を受けられます。賢明なトレーニングプログラムを実行すれば、心肺機能の強さを維持し、総合的な健康度を高めることができるのです。

　運動強度を維持することが有酸素体力に対する加齢の影響を減らす鍵であるのに対して、筋力トレーニングは筋肉量の減少と筋力の低下という、加齢の自然なプロセスを相殺するのに役立ちます。年配女性の筋力トレーニングが、タイプⅡ筋線維の成長も含め、筋肉量の増加に有効であることが、いくつかの研究で明らかになっています。タイプⅡ筋線維は、加齢にともなって失われたり動員されなくなったりするリスクが最も高い筋線維です。筋力トレーニングをしている年配アスリートが若いアスリートと同じような筋線維パターンを維持しているのに対して、年配の持久走アスリートで筋力トレーニングをしていない人では、タイプⅡ筋線維が失われるようです。

　トレーニング強度は、任意のエクササイズ中に1回だけ持ちあげることのできる最大重量、すなわち（1回反復）最大挙上重量（1RM）のパーセンテージで表されます。これは筋力の増強に対する重要な予測因子で、トレーニング強度が大きければ大きいほど、筋力の増強度も大きくなります。女性は1RMの60％の強度のトレーニングで筋力が増強されますが、1RMの80-90％の強度ではさらに大きな筋力を獲得できるでしょう。除脂肪体重を増やすには、トレーニングの量を増やします。レジスタンスエクササイズのセット数を増やせば、除脂肪体重の増加分もそれだけ大きくなります。筋力トレーニングの強度や（持続）時間、頻度だけでなく、反復回数やセット数も、年配女性ランナーの筋力と除脂肪体重の増加の幅を決めるのです。

トレーニングへのアドバイス

　アマチュアであろうと競技ランナーであろうと、年齢を重ねるにつれ、トレーニングプログラムを注意深く検討する必要が出てきます。トレーニングの原則は、年配ランナーも若いランナーも同じです。もしあなたが10kmを40分で走るランナーなら、25歳であろうと55歳であろうと、ほとんど違いはありません。10km 40分ランナーとしてのトレーニングをするだけです。年配ランナー向けのトレーニングのいちばん大きな違いは、ワークアウト間の回復時間を長くとること、大量トレーニングから少量高強度トレーニングに換えること、それに、速筋線維を標的とした筋力トレーニングを含めることにあります。心肺機能に好ましい影響を及ぼし、筋力や除脂肪体重、骨量を増すには、ランニングプログラムに有酸素能力や筋力、可動域、柔軟性を改善する運動を組み込むことが欠かせません。表5.1（72頁）

表5.1 年配ランナーのためのトレーニングプラン例

週	月	火	水
1	休み	●15-20分ウォームアップ ●休息：ワークを2：1としてマイルペース（または最大心拍数の90-95%）で400m×4のインターバル ●10分クールダウン ●筋力トレーニング	60分クロストレーニング
2	休み	●15-20分ウォームアップ ●休息：ワークを2：1としてマイルペースで400m×5のインターバル ●10分クールダウン ●筋力トレーニング	50分走る
3	休み	●40分走る ●筋力トレーニング	45分走る+ストライド
4	休み	●15-20分ウォームアップ ●休息：ワークを2：1としてマイルペースで400m×6のインターバル ●10分クールダウン ●筋力トレーニング	50分走る
5	休み	●15-20分ウォームアップ ●休息：ワークを2：1としてマイルペースで400m×6のインターバル ●10分クールダウン ●筋力トレーニング	50分走る
6	休み	●45分走る ●筋力トレーニング	40分走る+ストライド
7	休み	●15-20分ウォームアップ ●休息：ワークを2：1としてマイルペースで400m×7のインターバル ●10分クールダウン ●筋力トレーニング	50分走る
8	休み	●15-20分ウォームアップ ●休息：ワークを2：1としてマイルペースで400m×7のインターバル ●10分クールダウン ●筋力トレーニング	40分走る

木	金	土	日
クロストレーニングまたは休み	●20分ウォームアップ ●5kmペースでの斜面ランニング800m×4 ●10分クールダウン	●30分クロストレーニング ●筋力トレーニング	60分走る
休み	●50分ファルトレク	●30分クロストレーニング ●筋力トレーニング	60分走る
休み	●30分走るまたはクロストレーニング ●筋力トレーニング	●40分クロストレーニング	50分走る
休み	●60分ファルトレク	●30分クロストレーニング ●筋力トレーニング	60分走る
休み	●20分ウォームアップ ●5kmペースでの斜面ランニング800m×5 ●10分クールダウン	●30分クロストレーニング ●筋力トレーニング	65分走る
休み	●35分走るまたはクロストレーニング ●筋力トレーニング	●40分クロストレーニング	55分走る
休み	●20分ウォームアップ ●5kmペースでの斜面ランニング800m×5 ●10分クールダウン	●30分クロストレーニング ●筋力トレーニング	65分走る
休み	●60分ファルトレク	●30分クロストレーニング ●筋力トレーニング	70分走る

に、年配ランナーにふさわしいトレーニングプログラムの例をあげてあります。

　若いころには、ウォームアップが不充分だったり、2日連続できついランニングをしたりしても、別になんともなかったかもしれませんが、年をとるとそうはいきません。あらゆるランナーに適用される一般的なトレーニングルールを守ることが、年配の女性ランナーにはとりわけ大事になってきます。下のアドバイスを取り入れれば、安全で楽しいランニング体験ができるでしょう。

- **ウォームアップ**　軽いランニング10-15分のウォームアップを必ず行いましょう。
- **クールダウン**　エクササイズ後は必ず、心拍数が毎分100未満になるまでクールダウンしましょう。
- **回復を重視する**　これは、インターバル走のあいだに長めの休憩をとったり、高強度のトレーニング日のあいだに楽な日をもっと挟んだりすることです。1週間のうち、実際にランニングする日を減らすことを考えましょう。最も効果的なトレーニング戦略は、きついトレーニング日やきついトレーニング週のあいだにもっと回復期間を設けることです。
- **臨機応変に**　年配ランナーほど、障害のリスクが高まります。体の声によく耳を傾け、トレーニングのスケジュールは臨機応変に変更しましょう。
- **現実を見る**　自分の年齢やタイムをもとに、現実的な目標を立ててチャレンジしましょう。
- **ミックスする**　障害を減らし、心肺機能の強さを保つために、水中ランニングやサイクリング、水泳のような体重負荷のないクロストレーニングを取り入れましょう。

強度

　年配ランナーはトレーニングの強度や（持続）時間を慎重に引き上げていく必要があります。トレーニングは、量を増やすことより、強度、頻度、種類に注意を向けましょう。中程度のランニングともっときついランニングの組み合わせを、少なくとも週に3日行います。時間はあなたのトレーニング目標やレース目標に応じて、30-60分またはそれ以上とします。強度は、ややきつめから非常にきつめに感じられるくらいにします。これは最大心拍数の60-90％に相当します。

　また、年配ランナーならきついトレーニングは週に2回までに限るべきでしょう。きついトレーニングには、あなたのランニング目標に応じて、いろいろなスピードでのランニングを組み込むといいでしょう。アマチュアランナー向けのきついトレーニングの例としては、走るあるいはファルトレク（スピード走）にストライド走法を5-7回組み込んだり、きつい坂のぼりを数回行ったりすることなどがあります。競技ランナー向けには、長いインターバルや短いインターバル、アシドーシス閾値ペース、ファルトレク、坂のぼり反復などがすべて、効果的な高強度ワークアウトとなります。スピードワークの強度は常に現在の競技能力から逸脱しないようにし、連続3週にわたって強度を引き上げることは絶対にしないでください。言い換えると、強度の引き上げはゆっくり、ということです。連続2週にわたって、合計4回のインターバルまたは高強度ワークアウトで構成される段階的にきつくなるトレーニングをしたあとは、軽

いランニングで回復するための週を設けましょう。

筋力トレーニング

　年配ランナーは筋力トレーニングをすべきです。加齢にともなう筋肉量の低下は不可避なので、その減少を遅らせたり逆転させたりするために、筋力トレーニングを重視する必要があるのです。トレーニングで筋力を引き上げても、ほうっておけば、獲得した筋力はすぐに元に戻ってしまいます。ですから、筋力トレーニングをトレーニングの最優先要素とすべきです。10章で述べるスクワット、ハムストリングカール、カーフレイズあたりから始めるといいでしょう。12章に述べるエクササイズも効果があります。

　筋力トレーニングは、フリーウェイトや自重、マシン、抵抗バンドを使って行うこともできます。エクササイズは胸、肩、背中、腰、脚、体幹、腕の主要な筋群を標的として行う必要があります。年配女性ランナーの場合、安全で効果的なトレーニング負荷は1RMの75%です。各エクササイズを8-12回繰り返しましょう。これを2-4セット行うことを勧めますが、筋力トレーニング初心者の年配女性には、各抵抗エクササイズを1セット行うだけでも、充分効果があります。各セットのあいだには2-3分の休息を挟みます。どの筋群についても、少なくとも48時間休ませてから、次回のトレーニングを行いましょう。

　主要な筋群それぞれについて、週に2-3日トレーニングします。各エクササイズは、痛みを感じない程度までの可動域いっぱいに行います。筋肉を完全伸長位から完全収縮位まで動かすとき、筋力がいちばんよく発達します。経験を積み、筋力がついてきたら、徐々に抵抗や頻度を増しましょう。もしあなたが筋力トレーニングの初心者なら、強度の低いエクササイズを、反復回数を少なくして週に1-2回のペースで始め、それが楽にこなせるようになってから、だんだんにトレーニングの量と強度を増していきましょう。

ストレッチング

　関節のしなやかさは年とともに低下します。関節の可動域に関して、特に、こわばって動きにくい関節に対してストレッチングにメリットがあるかどうかを巡っては、いくらか異論もありますが、年配ランナーにはストレッチングが欠かせません。いくつかのタイプの柔軟性エクササイズで、可動域を改善できます。けれども、年配アスリートの場合、筋肉をゆっくり伸ばして張りつめさせ、その姿勢を一定の時間保つ静的ストレッチングが、ほかのタイプのストレッチングよりも、可動域を大きく引き上げてくれます。ストレッチを10-30秒保てば大半の人は可動域が増すものの、年配ランナーの場合、30-60秒保つことによってさらに大きな改善が見られる可能性があります。肩、胸、首、体幹、腰、殿部、脚の前面と後面、足首など、あらゆる筋群をストレッチしましょう。13章にさまざまなストレッチを詳しく解説してあります。

有酸素トレーニングや筋力トレーニングのあとには必ずストレッチをしましょう。独立のプログラムとして行ってもいいでしょう（ワークアウトの前に行うのに適した動的ストレッチについて詳しくは13章を参照）。目標はそれぞれの柔軟性エクササイズについて、合計60秒のストレッチング時間を達成することです。エクササイズの長さや反復回数は必要に応じて調整します。たとえば、60秒のストレッチを1回でもいいし、30秒のストレッチを2回、あるいは15秒のストレッチを4回でもいいのです。少なくとも週に2-3回はストレッチを行うべきですが、毎日行えば可動域をさらに大きく引き上げることができます。柔軟性エクササイズが最も効果的なのは、軽い運動、または温湿布や入浴のように外から温める方法によって、筋肉が温まっているときです。

栄養と水分補給

運動する年配女性のエネルギー必要量についての研究はほとんどありません。一般に、50歳を超えたランナーは、炭水化物、タンパク質、脂肪に関する食事摂取基準（DRI）をエネルギー消費について補正した数値（14章を参照）にしたがうべきでしょう。DRIでは、炭水化物の摂取量を総カロリーの45-65％、同じく脂肪を20-35％、そして残りのカロリーをタンパク質からとるように勧めています。代謝率が落ちて行くので、体脂肪の蓄積を極力少なくするためにも、必要カロリー量は若いころより少なくてもいいかもしれません。もっとも、運動を続けている年配女性では、加齢に関連した安静時代謝率の下落幅が少ない可能性があります。

とはいえ、カロリーを減らそうとして、大事なビタミンや栄養素、特にカルシウム、ビタミンD、ビタミンB類の摂取がおろそかになってはいけません。前にも説明したように、カルシウムとビタミンDは年をとっても健康な骨を維持するために欠かせない栄養素で、毎日の必要量はかえって多くなります。ビタミンB_6はタンパク質やアミノ酸の代謝など、体内でさまざまな機能を果たしており、健康維持には必須です。年配女性ではこのビタミンの要求量が多くなります。ビタミンB_{12}を含む食品の吸収力は加齢とともに落ちるため、血中のビタミンB_{12}レベルは低くなっていきます。その他のビタミンB類の必要量も、年配女性、特に定期的に運動している女性では、増えるかもしれません。バランスがとれ、バラエティに富み、さらにエネルギー必要量を考慮した食事なら、あなたに必要な栄養を充分にまかなえるでしょう。年配女性ランナーのビタミンやミネラルの必要量について確実なことがわかっていない状況を考えると、日常的にビタミンのサプリメントをとることを考えるべきでしょう。かかりつけの医師などに相談して、自分にとって何が最善か、決めましょう。

栄養に加え、水分の摂取にも特別な注意を払う必要があります。加齢は、のどの渇きを感じる感覚や発汗速度のほか、体液や電解質への腎臓の応答のしかたにも生理学的な変化をもたらします。年配女性ランナーに水分摂取を勧める公式のアドバイスはありませんが、若いランナー向けの水分摂取ガイドラインにしたがいましょう。

PART II
トレーニング

トレーニングの構成要素

片方の足をもう片方の前に出すだけですから、ランニングは実に単純です。にもかかわらず、きわめて複雑なものでもあります。正しく行えば、持久力とスピードを最大限に高める科学的な試みとなります。ランニングはきちんとした計画を立てて行うべきものです。単に変化をつけるためだけにあれこれ試しても、何の成果もあがりません。ただ走るために走っても、確かに体は引き締まるでしょう。しかし、トレーニングの構成要素をすべて理解し、それをきちんとしたトレーニングプランにまとめれば、競技会で成功を収めるための青写真が手に入ります。家を建てるとき、ここかしこと行き当たりばったりにブロックを積むのと、あらかじめレイアウトした設計図をもとに工事を進めるのとでは大違いですが、それと同じくらいの違いがあるのです。ニューヨークヤンキースのキャッチャーのヨギ・ベラが、こう言ったことがあります。「どこへ向かっているのかわからなければ、そこに行きつくことはできないだろう」

　身体機能の変化は、身体活動中にストレスを受けた器官や細胞や細胞内構造でしか起こりません。堂々とした二頭筋が欲しいなら、いくらスクワットをしても無駄です。筋肉は、そこに加えられた具体的な要求に合わせて変化するのです。とはいえ、ランニングに関係があるのは筋肉だけではありません。動きも関わってきます。ランニングによって起こる心肺系や代謝、筋肉の変化に加え、神経と筋肉との関係という側面もあり、そこでは中枢神経系が第一の役割を演じます。ランニングという特定の仕事を遂行するには、脳は筋肉との交信方法を学ぶ必要があり、筋肉は特定の関節角度で力を発生させる方法を学ぶ必要があります。その角度が、筋肉が生み出す力の量に影響を与えるのです。このプロセスは運動学習あるいは神経筋記憶と呼ばれます。したがってあなたは、個々の筋肉の強さや持久力、あるいは関節ひとつの動きではなく、運動パターン全体を訓練する必要があるわけです。

　このような理由から、すぐれたランナーになるには走る必要があるし、すぐれたサイクリストになるには自転車に乗る必要があります。ランニングをしても自転車を乗りこなす役には立たないように、自転車に乗ってもランニングの上達にはつながりません。ふたつのスポーツの運動パターンは完全に違っており、したがって運動単位(筋線維)の動員パターンも、どの筋肉がどれだけの力

を生み出すかも、違っているのです。たとえば、サイクリストが自転車をこぐときは股関節を深く曲げた姿勢になるため、股関節屈筋群と四頭筋を短い状態で動かすことになります。これに対してランナーは直立した姿勢で走るため、股関節屈筋群と四頭筋を長い状態で動かします。こうしてそれぞれの活動中に違う長さで長期間これらの筋肉を使う結果、筋肉の長さと、その長さで生み出せる力とのあいだの関係も違ってきます。

　同じことが、クロスカントリーやトレイルランニングと、トラックやロードランニングとの関係についても当てはまります。もしクロスカントリーやトレイルレースのためにトレーニングするなら、草原や未舗装の道路が含まれるクロスカントリーコースをできるだけ多く走るべきです。筋肉や腱を、目的のレースの地形に慣れさせる必要があるからです。すぐれたランナーなら、地形がどうであろうとうまく走れるかもしれません。それでも、路上マラソンに備えるランニングをすべてトレイルで行うのは、クレーやグラスのコートでのトーナメントに備えるテニス選手がハードコートで練習するようなものです。クレーやグラスのコートとハードコートでは、テニス選手の足の動き方もボールの弾み方も違います。それと同じように、トレイルでのランニングは道路でのランニングとは別ものです。出ようと思うレースと同じタイプの路面でトレーニングする必要があるのです。

　トレーニングの際の動きをレースの環境に合わせる必要があるといっても、この一致の原則が常に正しいというわけではありません。長距離ランニングのような持久力を試すスポーツのトレーニングをする際のスピードに関しては、当てはまらないのです。持久スポーツでは速さではなく量が物を言うので、レースのペースよりも遅いスピードでの大量の練習を必要とします。大きな量をこなすには、大半の時間はレースのペースより遅いスピードで走らなければなりません。10kmレースを速く走るには、できるだけ多く、10kmレースのペースで走ることが理にかなっているように思えるかもしれませんが、それは10kmタイムを向上させる最善の道ではありません。より速く走ることを練習するワークアウトをする必要はないのです。あなたがしなければならないのは、将来速く走ることを可能にしてくれるように、生理学的特性を改善するワークアウトです。では、さまざまなタイプのランニングワークアウトを見ていくことにしましょう。

有酸素能力トレーニング

　長距離ランナーにとっては有酸素系が、筋収縮のためのATPを再合成するのに用いられるおもなエネルギー系です。あなたがATPを再合成する速度は、あなたの有酸素能力の制限を受けるわけです。したがって、長距離ランナーとしての進歩は有酸素トレーニングとともに始まります。有酸素トレーニングが、トレーニングの大半を構成することになります。あなたの進歩のほとんどが有酸素能力の増強から得られるだけではありません。高い有酸素能力は無酸素ワークをするのにも有利です。よく訓練された有酸素系を持つランナーは、高レベルの有酸素能力を持たないランナーよりもすばやく回復できます。毎月、毎年、トレーニングを積み重ねていけば、有酸素能力という基礎が年ごとに大きくなり、あなたの競技能力レベルをより高いピークへと押し上げてくれるでしょう。

走行距離

　すぐれた長距離ランナーを目指すなら、毎週走る距離数が有酸素トレーニングの最も重要な構成要素になります。距離数を多く走れば、さまざまな生理学的、生化学的、分子生物学的な適応過程が刺激されます。こうした適応を、ひんぱんに走るという要求に体が対処しようとする試みと考えてみましょう。もしあなたが毎日、あるいは少なくとも定期的に走れば、あなたの体はあなたが作りだした要求を満たすためのメカニズムを発達させなければなりません。大量の距離を走ることは、あなたの体にいろいろな変化を起こさせ、有酸素能力を向上させます。それがやがて、あなたの実力を800mからウルトラマラソンへと引き上げてくれるでしょう。

生理学的適応

　距離数を増していく際に起こる初期の適応のひとつが、血液量の増加です。体内を循環する血液量が増えれば、酸素を運ぶ赤血球の数が増えます。赤血球の内部にはヘモグロビンと呼ばれるタンパク質があって、活動中の筋肉に酸素を運ぶのです。血液にこうした変化が起こると、血管系の酸素運搬能力が向上します。持久トレーニングは筋肉中のエネルギー源（グリコーゲン）の蓄えを増やしたり、筋肉内脂肪の利用を増やしてグリコーゲンを節約したりもします。また、毛細血管網をより密にするので、酸素がより迅速に筋肉に拡散できるようになります。

　さらに、持久トレーニングは遺伝子発現の複雑な活性化を通じて、筋肉のミトコンドリア密度と、ミトコンドリア内の有酸素系酵素の数を引き上げます。こうした変化は有酸素代謝能力を向上させます。ミトコンドリアが重要なのは、その内部で有酸素代謝が起こるからです。いわば有酸素工場というわけです。ミトコンドリアの酵素活性の増大とミトコンドリアの酸素消費能力の増大とのあいだに関連があることは、1967年にラットの筋肉で初めて発見されました。この発見から、骨格筋の適応能力についていろいろなことがわかっています。

適応の限界

　一般に、要求が大きければ大きいほど、適応も大きくなります。つまり、走れば走るほど、あなたの体内ではたくさんの適応が起こります。ただし、限度はあります。残念ながら、トレーニング刺激に対する適応能力は無限に発揮されるわけではありません。それぞれのランナーに固有のある地点があって、そこまで来ると、トレーニングを増やしてもそれ以上の適応は起こらず、レースタイムも速くはならないのです。たとえば、ミトコンドリアの密度は大幅に変えることができるといっても、ある閾値のあることが、研究で明らかになっています。それを超えると、トレーニング量を増やしても、ミトコンドリアの密度はそれ以上増えません。オリンピック選手とわたしたちとのおもな違いは、オリンピック選手では生理学的な適応がずっと続くことにあります。たとえ週に100マイル（161km）以上走ろうと、トレーニングをすればするだけ適応できる、遺伝的な能力に恵まれているのです。大半の人は、そのはるか手前で適応がストップしてしまうでしょう。

　トレーニング量を増やしても適応がそれ以上は大きくならないという上限があることを、多くの科学

者が認めています。とはいえ、いったいどの地点で、要求への応答がストップし、そうした適応が起こらなくなるかは、まだ明らかになっていません。どれくらいの距離数を走ればいいかという問いに対する答えは出ていないのです。その答えはいくつかの要因に左右されます。おもな要因には、遺伝的にランニング量の引き上げに継続的に適応できる能力を持っているかどうかと、肉体的・精神的にどれだけの量のランニングをこなせるかがあります。

また、損傷につながるトレーニング負荷量というものもあり、これもそれぞれのランナーに固有のものです。人間の体は、ストレスが少しずつ加えられるかぎり、すばらしい適応力を発揮します。けれども、ストレスが激しすぎたり、充分な回復がないままに新たなストレスが加わったりすると、損傷を起こすことがあります。オリンピック選手のもうひとつの特徴として、損傷を起こすことなく、きわめて高度なトレーニング負荷に耐えられるということがあります。週に100マイル（約161km）走ろうとしたら、大半のランナーは故障を起こしてしまうでしょう。

たくさん走るランナーほど、効率のいい走りをする傾向のあることが、研究で明らかになっています。このことから、週に70マイル（約113km）以上という大量のランニングをすれば、ランニング効率が改善されるのではないかと考えられるようになりました。ランニング効率とは、任意のスピードで走るのに必要な酸素の量を指します。とはいえ、因果関係を証明することはむずかしいので、たくさん走っているランナーのランニング効率がいいといっても、それがたくさん走ったせいなのか、それとも生まれつき効率がいいので、損傷を起こさずにたくさん走れるのかは、完全には解明されていません。もうひとつの可能性として、距離数を多く走ることがランニングの動きをたくさん反復することにつながり、そのせいで効率が改善されるとも考えられます。反復によって、生体力学と筋線維動員パターンが最適化されるというわけです。さらに、あなたも多くのランナーから聞かされるでしょうが、ランニングには、体重が減るというすばらしい副次的効果があります。ランニングはほかのどんな運動よりも多くのカロリーを消費するからです。体重が減れば、同じペースで走るにしても、必要な酸素量は減ります。つまり効率がよくなるわけです。最高のランナーたちがやせているのは、おもにこのためです。体重が少ないほど、効率の点で有利なのです。

持久トレーニングへの生化学的な適応の研究の多くは、動物を使って行われてきました。たとえば、ラットのミトコンドリア酵素の含有量は、日に60分のランニングを週に5日させたとき、最大の適応に達することがわかりました。1998年の*European Journal of Physiology*に掲載されたある研究によると、34週間トレーニングした馬では、筋線維断面積と線維当たりの毛細血管数の増加が、トレーニング16週後に頭打ちになりました。16週後に馬たちを対照群と過負荷トレーニング群に分け、過負荷群にはさらに距離数を高めたトレーニングをさせました。続く18週間のあいだに、どちらの群も、総走行距離数が増すにつれミトコンドリアの容積と$\dot{V}O_2max$が増加しました。しかし、34週後には、後半の18週のトレーニング量に2倍の開きがあったにもかかわらず、それらの変数にも筋線維断面積や毛細血管分布にも、ふたつの群のあいだで差がありませんでした。明らかに、トレーニングに対する筋肉の適応応答には限界があるのです。

あなたにトレーニング経験が少なければ少ないほど、距離数を増やしていくことで大きな改善が期

待できることは明らかです。週に5-75マイルの幅の差で、ランナーのあいだの$\dot{V}O_2max$の差の86.5%が説明できること、また、週に60マイル(約97km)を超えるトレーニングをしているランナーは、それ以下しか走っていないランナーより、10kmから90kmのレースでかなり速く走れることが、研究で明らかになっています。ここまで述べてきたいろいろな適応からして、距離数を多く走ることが、より高い$\dot{V}O_2max$や、より速いレースタイムをもたらす可能性があります。それどころか、ほぼ間違いないとさえ言えそうです。しかし、別々のグループのランナーを比較した横断的研究からは、因果関係があると結論づけることはできません。高い$\dot{V}O_2max$を持つ遺伝的に恵まれたランナーが、多くの距離数のランニングをこなし、レースでもより速く走れるのだと言えそうです。それでもやはり、もしあなたが週に30マイル(48km)にも満たない距離しか走っていないなら、もっと距離数を増やせば、おそらくあなたの$\dot{V}O_2max$もレースタイムも向上することでしょう。

体組成

　たくさん走ることは、ランニング成績のためにいいだけではありません。もしあなたが、もっと速くなることに加えて体重も落としたいと持っているなら、毎週の走行距離が体形にも影響を及ぼすことを考えましょう。National Runners' and Walkers' Health Studiesはランニングやウォーキングと健康との関係を調査した最大の研究シリーズですが、そのデータによれば、週に平均40マイル(約64km)を超えるランニングをしている女性は、週に10マイル(約16km)にも満たない距離しか走っていない人より、体格指数が10%低いことがわかりました。体格指数は身長と体重の関係を示す指標で、肥満度を判断する最も一般的な数値です。さらに、ウエストは8%、ヒップは7%、バストは4%小さく、ブラのカップの測定値は18%小さくなりました。これは、前にも述べたように、運ばなければならない脂肪量が少なくなるので、女性長距離ランナーにとっては有利な点となります。18-24歳から50歳超まで、調査したあらゆる年齢グループで、女性の走る距離数が多いほど、体格指数も、バスト、ウエスト、ヒップの数値も小さくなりました。

　ほかにも多くの研究が、体重と運動量には直接のつながりがあるという結果を出しています。長距離ランニングについては、「多ければ多いほどよい」というモットーが、いろいろな点で正しいわけです。とはいえ、好きなだけ走れる男性と違って、女性には女性特有の要素があります。無月経、女性アスリートの3徴(骨粗鬆症、摂食障害、月経不順、12章を参照)、妊娠、閉経といったことがらがすべて、損傷を起こさずにどれだけ多くの距離数をこなせるかに影響を与えるのです。たとえば、無月経と閉経はどちらも、骨を保護する効果のあるエストロゲンの不足を特徴としています。こうしたコンディションのときにランニングの距離数を増やそうとすれば、疲労骨折のリスクが高まるでしょう。ですから、トレーニングの量をどのように引き上げればいいか、あるいはそもそも引き上げるべきかどうかについては、慎重になる必要があるのです。

　1週間の走行距離数を多くすることにはいろいろな利点があるわけですが、もしあなたがランナーとしての上達を望むなら、毎週の走行距離の一貫性が、走行距離そのものと同じくらい重要になります。体力維持や減量のためにランニングをしていようと、オリンピック目指してトレーニングしていようと、トレー

ニングが絶えず中断されるようでは、毎週の走行距離がどれだけあっても、その価値は半減します。損傷のせいでランニングを休まなければならなかった経験があるなら、体力がどれほど急速に落ちるものか、わかると思います。一貫したトレーニングがあってこそ、絶えず適応が必要とされる状況を作りだすことができるのです。トレーニングという刺激がなくなれば、それ以上の適応が起こらないだけでなく、すでに起こった適応を維持する理由もなくなります。すると体はそれらをお払い箱にしてしまいます。今週は2日走り、翌週は4日、次の週は3日、次は6日、次はまた2日というような具合にやっていたのでは、成果が見られるまでにずっと長い時間がかかるでしょう。もし成果を得たいなら、一貫してトレーニングストレスを加えなければなりません。毎週、毎月、毎年、一定のペースで続けることが大事なのです。

ロングラン

　ロングランとは、通常の走りよりもかなり長い距離、一般にあなたの週間走行距離の3分の1ほどの走りを指します。簡単に言うと、いつもより長く走ることによって持久力を改善することを目指すものです。生理学的な面を見ると、ロングランでは筋肉に絶えず酸素が押しこまれ続けることになり、筋肉の毛細血管網の発達が促されます。既存の毛細血管床が拡張され、新しい毛細血管床が形成されるのです。またロングランは筋グリコーゲンを大幅に減少させ、脂肪にもっと依存するように促します。マラソントレーニングの場合、ロングランによって、筋肉と結合組織に、26マイル（約42km）にわたって舗装道路に足を叩きつけるストレスに対処する準備をさせることができます。また、長時間のランニングにも精神的にへこたれないように、慣らす効果もあります。

　筋肉の炭水化物（グリコーゲン）の蓄えが少なくなることは、筋肉の生存をおびやかします。炭水化物は筋肉の第一のエネルギー源だからです。人間の体はエネルギー源の供給がおびやかされる、つまり枯渇するような状況に、スマートなやり方で対応します。これまでよりもたくさん合成して蓄え、将来の活動のための持久力を高めるのです。ちょうど、いっぱいに満たされたグラスを飲み干して、代わりにもっと大きな満杯のグラスを手に入れるようなものです（カクテルパーティーでよく見かける光景ですね）。筋肉にグリコーゲンをたくさん詰め込めば詰め込むほど、持久力が増し、マラソンのペースをゴールまで維持できる可能性が高くなります。

　ロングランで速筋線維を鍛えることもできます。速筋線維は昔からスプリント向きの筋線維と考えられてきましたが、遅筋線維が疲労したときにも動員されます。もし充分に長く走れば、遅筋線維が疲労します。すると速筋線維の一部が動員されて不足を補うので、ペースを維持することができるのです。

アシドーシス閾値（乳酸閾値）トレーニング

　アシドーシス閾値（acidosis threshold: AT）を鍛えると、アシドーシスが起こるランニングスピードを引き上げ、もっと長時間、$\dot{V}O_2max$ のより高いパーセンテージで走れるようになります。ATペースが上がれば、酸素に依存しない代謝が重要な役割を演じ始める前にもっと速く走れるようになるの

母親業とトレーニングの両立

　子供がいないうちは、走りたければ、あるいは仕事に支障がなければ、いつでも走れます。子供がいれば、もちろん事情が違ってきます。子供の年齢に関係なく、走る時間がどうしても取れないときが、ときには出てくるものです。子供は病気になるし、洗っても、洗っても、洗濯物の山がなくなることはないし、少年野球からバレエまで、送り迎えという大事な仕事も忘れるわけにはいきません。たまには、走るのをパスしてもだいじょうぶです。家庭をおろそかにはできません。大事なのは、臨機応変に、なにごとも冷静に受け止めることです。ランナーはたいていそうですが、走れないとイライラがつのるかもしれません。でも、ランニングを1回のがしたからといって、落ち込んだり、1週間ずっとくよくよしたりするのはやめましょう。逆に、走る時間を設けたからといって、後ろめたく思う必要もありません。ランニングはあなたをよい母親にしてくれます。どんな母親にも、気分の捌け口や充電時間が必要です。そういうものがあってこそ、また母親の立場に戻って、子供を慈しみ、世話することができるのです。母親業とランニングを両立させる秘訣は、優先順位をつけ、計画を立てることです。次のような方法を試してみましょう。

- **計画を立てる**　配偶者またはほかの誰かとスケジュールを調整して、あなたが走っているあいだ、子供たちを見ていてもらいましょう。
- **ジョギング用ベビーカーを買う**　子供が小さいうちは子連れでランニングできます。
- **(超) 朝型人間になる**　朝、家族がまだ誰も起きない時間帯は走るのにうってつけです。早朝のランニングで1日をスタートさせるほど、すばらしいことはありません。
- **夜走る**　もし朝一番に走ることができないなら、子供たちを寝かしつけてから走ることを考えてみましょう。
- **トレッドミルを買う**　戸外でのランニングほど楽しくはありませんが、トレッドミルでランニングすれば、家を留守にすることなく、ランニングの効果を得られます。ワークアウトのあいだじゅう、子供から目を離さないでいられます。
- **ネットワークを作る**　子供を見ていてくれる人たちのネットワークを作ります。祖父母やほかの親たち、ジムのキッズクラブ、ベビーシッター、夫(または前夫)、ランニングをするほかの母親たちなどが考えられるでしょう。
- **子供を競技場に連れていく**　子供たちも走りまわれるし、子供たちの様子を見ながらワークアウトできます

で、疲れないうちに、より速く走れるようになるのです。トレーニングによって、これまでは無酸素ペースだったものが高度に有酸素なペースになるわけです。

　$\dot{V}O_2max$は同じくらいでも、ATペースの異なるふたりのランナーについて考えてみましょう。仮にふたりとも$\dot{V}O_2max$が60 (mℓ/kg/min)で、ランナーAのATが$\dot{V}O_2max$の70%、ランナーBのATが$\dot{V}O_2max$の80%だとすると、ランナーBのほうが速いペースを維持でき、ランナーAに勝つでしょう。また、$\dot{V}O_2max$が低くてもATで勝っていれば、より高い$\dot{V}O_2max$のランナーと同じか、より速いスピードで走れます。

　ランナーやコーチのあいだでは$\dot{V}O_2max$がもっぱら関心の的ですが、実はアシドーシス閾値のほうがもっと重要です。$\dot{V}O_2max$よりもこちらのほうが競技能力に大きな影響を与えるし、トレーニングにも

よく応答するからです。高い$\dot{V}O_2max$は、あなたがすぐれたアスリートであることを保証するVIPカードかもしれませんが、そのカードを持っているだけでは充分ではありません。すぐれた長距離ランナーになるには、自前の生理学的兵器庫にほかの武器も備えておく必要があります。そうして初めて、ほかのVIPメンバーのあいだで成功を収めることができるのです。わたしたちはエリートレベルの$\dot{V}O_2max$を持つ多くのアスリートを研究室でテストしましたが、エリートレベルどころか、準エリートレベルのランニングができる人さえ、ほとんどいませんでした。高いATを持っていなかったからです。実際、ATが長距離ランニングにおける競技能力の予測に最も適した生理学的因子であることが、研究で明らかになっています。

あなたが目標としているレースの距離が長ければ長いほど、トレーニングでアシドーシス閾値を鍛えることが重要になります。1マイル走はATペースよりずっと速いスピードで走るので、ATを改善しても、1マイル走のタイムの改善にはそれほど役立ちません。それに引き換え、ハーフマラソンやマラソンでの満足のいく走りはATペースよりわずかに遅いだけなので、長時間維持できるATペースを引き上げることが重要になってきます。もしあなたがハーフマラソンやマラソンを目指してトレーニングしているなら、ATをトレーニングの中心に据えるべきです。長距離レースでの成功の鍵は、(1) ATペースをできるだけ速くすること、(2) できるだけ長時間、できるだけATペースに近いスピードで走れるようになること、のふたつです。鍛えればATをより速いスピードに転換することができ、酸素に依存しない代謝（それに疲労）が重要な役割を演じ始める前に、より速く走れるようになります。ATの測り方とその改善のためのワークアウトについては、詳しくは8章を見てください。

インターバルトレーニング

インターバルトレーニングをすると、筋肉に、持続的有酸素トレーニングと同じ末梢性適応がある程度起こることがわかっています。たとえばミトコンドリアと酵素の数の増加のような効果です。とはいえ、ひょっとするとインターバルトレーニングの最高の使いみちは、個々のエネルギーシステムや生理学的変数を標的とすることができることを利用して、あなたの体力レベルの特定の面を改善できることにあるのかもしれません。インターバルワークアウトは高強度の運動と低強度の回復とを交互に設けます。ひとつのインターバルワークアウト内で、次の4つの条件を自由に設定することができます。

- 各ワークアウトの時間（または距離）
- 各ワークの強度
- 各回復の時間
- 反復回数

20世紀前半に多くのアスリートがインターバルトレーニングを用いましたが、このトレーニング法を一般に広めたのはチェコスロバキアのエミール・ザトペックでした。彼は1948年オリンピックの

10,000mの勝者であり、1952年のオリンピックでは5,000m、10,000m、それにマラソンを制しました。とはいえ、有名なスウェーデンの生理学者のペル・オロフ（パー・オロフ）・オストランドが、すでに多くのコーチやランナーが知っていたこと、すなわち、1セット量のワークを小さく分割することによって、より大量のワークをより高い強度で行うことができることを、研究室で固定式の自転車を使って発見したのは、1960年代になってからです。わざわざ調べるまでもないことのように思われますが、オストランドの単純な観察結果がインターバルトレーニングの基礎となっているのです。

オストランドの仕事の30年前にインターバルトレーニングに注目したのが、ドイツ人コーチのバルデマール・ゲルシュラーと、ドイツのフライブルク大学の生理学者、ハンス・ラインデルでした。1930年代にインターバルトレーニングを研究した彼らはその心肺機能に関わる面をおもに取り上げ、心肺機能を改善させる刺激は、活動期よりむしろそのあいだの回復期に、上昇した心拍数が低下するときに起こると考えました。したがってワークアウトでは活動期の合間（リカバリーインターバル）が重視されることとなり、ゲルシュラーとラインデルはこれを「インターバルワークアウト」または「インターバルトレーニング」と呼ぶようになったのです。彼らが考案したもともとのインターバルトレーニング法は、心拍数を毎分170-180まで上昇させる強度での30-70秒のランニングに続いて、心拍数を毎分120まで下げるのに充分な回復時間を置くものでした。心拍数120を、次のワークを行う準備が整ったしるしとみなしたのです。

回復期には速いランニングをやめているので、心拍数が急速に下がりますが、心臓へは大量の血液が戻ってきます。心拍数が急速に下がるので、戻ってくる大量の血液に対応するため、左心室を満たすのに時間がよけいにかかります。その結果、1回拍出量は短期間だけ増加します。1回拍出量の増加は心臓にとって過重な負担となり、それが心臓を強くします。また、組織の活動に伴う要求がほとんどないときに血流が増えるため、骨格筋から老廃物をすばやく除去することが可能になります。1回拍出量は回復期にピークとなりますが、インターバルワークアウト中には回復期が何回もあるため、ピークが何度も起こります。これが最大心拍出量の改善のための刺激となり、ひいては酸素輸送系の能力の改善につながるのです。

インターバルトレーニングは、無酸素代謝経路を介してATPを再合成する能力も改善し、無酸素体力とスピードを増加させます。長距離ランニングレースには有酸素系が大きな役割を演じますが、無酸素代謝もかなり関与します。ほとんどのレースは、大半のランナーのアシドーシス閾値より速いスピードで行われるからです（明らかな例外はハーフマラソン、マラソン、ウルトラマラソン）。あなたのペースが、心臓と血流が筋肉に酸素を供給できる速度を超えると、筋収縮のためのエネルギーの一部は無酸素の経路で再生されるのです。

これが起こると、筋肉内部でいくつかの問題が起こり始めます。何よりも大きな問題は、水素イオンの増加のせいで筋肉が効果的に収縮する能力が失われ、アシドーシスとなることです。1章で学んだように、アシドーシスには副作用がいくつかあります。まず、筋肉内でエネルギー分子（ATP）を分解する酵素を阻害し、筋肉の収縮力を低下させます。また、筋肉の貯蔵部位からのカルシウム（筋収縮の引き金）の放出を阻害します。さらに、解糖の最も重要な酵素を阻害することによって、解糖という

グループで走る

　長距離ランナーの孤独については、これまでいろいろ書かれています。道路や山野をひとりで何マイルもトレーニングするあいだに、あなたは自分で自分の精神科医になるすべを学ぶことができます。いわば、ワークアウトではなくワークイン。内面を見つめる方法を学べるのです。ひとりでのランニングにはそれなりの利点があるし、なにより、ひとりきりになるいい機会、たぶん1日のうちで唯一の機会かもしれません。それでも、ときにはグループでトレーニングするのもいいものです。グループトレーニングは仲間意識や責任感を育みます。ランニング関連の情報交換やネットワーク作りができます。刺激を受け、意欲が高まります。それに、ほかのランナーが周りにいると、ひとりのときよりもがんばれるので、より速く走れます。一緒に練習してレースに出る正式なグループに参加すれば、チームへの帰属意識も味わえるでしょう。正式なコーチの指導を受けられるグループまであります。

　もしグループに参加してみようと思うなら、選択肢がいろいろあります。あらゆるレベルのランナーを含む小さくて気軽なグループから、競技場に集まってコーチから正式なトレーニングを受ける、競争意識の強い大規模な会費制のクラブまで、さまざまです。マラソン人気の高まりを受け、特にマラソン向けのトレーニングをするグループが、最も急速に数を増やしています。もしマラソンに興味があるなら、寄付金で運営されている「チームイントレーニング」(www.teamintraining.org)や、会費制の「USA フィット」(www.usafit.com)などの全国規模の組織があり、米国の主要な都市のほとんどに支部を置いています。どちらもグループでの長距離走を毎週開催し、会員向けのトレーニングプランを配布しています。

　もっと気楽なグループがいいなら、全国どこにでも、地域のグループが何百もあり、定期的に集まって、メンバーの能力に応じたさまざまな距離を走っています。ひょっとすると、一緒に走るグループを見つけたいなら、インターネットで探すのがいちばん簡単かもしれません。「ランニングクラブ」と、住んでいる市と州名を入れて検索します。もっと絞り込みたいなら、「アマチュア」、「コーチ」、「会費」、「競技」、「トレイル」などの語を加えます。「ロードランナーズクラブオブアメリカ」(www.rrca.org)もチェックしてみましょう。米国全域のランニングクラブのリストが載っています。ランニングシューズの販売店の多くは、週に1度、店の前に集合して走る非公式のグループを主導しています。店のスタッフなら、地域の別のクラブやコーチも知っているかもしれません。

代謝経路からのATPの生成を阻害します。あなたが速く走っていれば、無機リン酸塩(P_i)、ADP、カリウムなど、水素イオン以外の代謝産物も溜まります。どれも筋肉内でそれぞれ固有の問題を引き起こします。筋収縮に関わる特定の酵素の阻害から筋肉の電気活動への干渉まで、いろいろな問題を起こして、ついには筋力生成とランニングスピードの低下をもたらすのです。

　酸素に依存しない代謝には疲労をもたらす多くの要因がつきものであることを考えると、有酸素能力をできるだけ発達させたら、続いて無酸素能力を開発することが重要です。無酸素能力トレーニングは、高度な筋アシドーシスを引き起こすことによって、緩衝能力を強化します。また、無酸素解糖中の化学反応を触媒する酵素の数を増加させて、解糖系が筋収縮のためのATPをもっとすばやく再合成できるようにします。さらに、速筋線維を動員することによって、ランニングスピードを高めます。アシドーシス閾値、$\dot{V}O_2max$、無酸素能力とパワーのそれぞれの改善を標的とした具体的なインターバルワークアウトについては、8章から10章で説明することにします。

インターバルトレーニングは、血管の健康増進や心血管疾患リスク因子の低減など、健康面で多くの恩恵をもたらします。代謝やカロリー消費にとても大きな影響を及ぼすので、体脂肪を落とすのに役立つ可能性も大いにあります。激しいトレーニングであるため、あなたの体の恒常性を乱しますが、ワークアウト後に恒常性が回復するとき代謝率が高まるので、代謝率を高めるという点では連続的なトレーニング（回復期間をとらないトレーニング）よりも効果的です。ワークアウトが激しければ激しいほど、ワークアウト後の代謝の上昇は大きく長くなります。回復は有酸素プロセスだからです。インターバルトレーニングはミトコンドリア膜を通して脂肪酸を輸送するタンパク質の数を増加させます。また骨格筋の酵素活性と、筋肉の炭水化物や脂肪の酸化能力も、従来の有酸素トレーニングと同じ程度かそれ以上に高めます。最後に、インターバルトレーニングによってミトコンドリア合成のための一連の反応（カスケード状に連鎖している反応）が惹き起こされます。これは従来、有酸素持久トレーニングへの応答としてしか起こらないと考えられていました。体脂肪が減ればランニングにおける競技能力の向上につながるでしょう。

その他のタイプの トレーニング

　ヒルやファルトレクのようなその他のタイプのトレーニングもプログラムに追加すれば、いっそう効果があがるでしょう。ヒルトレーニングは、坂道のあるレースに備えるため、また筋肉の力とパワーを向上させるために使うことができます。ファルトレクは、さまざまなペースを学んだり、レース戦術を研究したり、他の走者が急にスピードを変えて速く走ること（グループで行う場合）への対応を練習したり、トレーニングに変化と楽しさをつけ加えたりするのに使えます。より本格的なスピードワークに切り替えるための準備にも使えます。

ヒル

　坂の頂上で感じる胸の鼓動と息切れは、坂があなたの心肺系を鍛えてくれている証拠です。しかし、坂は骨格筋のためのすばらしいワークアウトも提供してくれるのです。ヒルトレーニングは脚の筋力を向上させます。もっと本格的なスピードワークへの移行段階として使

ヒルトレーニングの下り坂では伸長性筋収縮が使われ、筋肉の強さとパワーを鍛えるのに役立つ。

うこともできるし、坂を駆け上ると心拍数が容易に最大値に達するので、心臓の能力を向上させます。脚や腕、体幹の筋肉を、平坦な場所でのランニングとは違うやり方で使います。ヒルランニングはきつさとスピードを切り離す（つまり、たとえきついと感じていてもスピードはそれほど高くない）ので、正確なペースはそれほど重要ではありません。坂を走るときは、特定のスピードより、どれくらいきつく感じるかをめやすにしましょう。

　上り坂では、重力に逆らって働いている筋肉に血液と酸素を送るため、心臓が余分に仕事をしなければならないので、上り坂のランニングのほうがたいへんそうに見えます。ところが、深刻な問題を引き起こすのは、実は下り坂のランニングのほうなのです。もし、長い下り坂や急な下り坂のあるレースを走ったことがあるなら、下り坂のランニングが脚にどれほどこたえるものか、きっとご存じでしょう。坂を下るのがそれほどたいへんなのは、重力のせいで伸長性筋収縮が誘発され、筋線維が無理やり引き伸ばされて、裂けてしまうからです。伸長性筋収縮には、活動する筋線維がほかのタイプの筋収縮と比べて少なく、発生した力が筋肉の狭い範囲にしか分配されないという特徴もあります。より大きな力がより小さな面積にかかることは、張力がより大きくなることに等しく、それがさらに大きな損傷を引き起こします。

　衝撃とブレーキの力も、上り坂や平地でのランニングより、下り坂のランニングのほうが大きくなります。したがって、過度の使用による損傷のリスクも大きくなるわけです。筋肉が傷つくと、力を生み出す能力が低下し、レースの平坦部や上り坂部分でのペースが落ちます。また、遅発性筋肉痛につながりますが、この筋肉痛には炎症反応が含まれ、筋線維が癒えるあいだ、レース後数日にわたって筋肉痛が続きます。幸いなことに、伸長性収縮によって傷ついた筋線維は癒えると強くなり、今後は傷つきにくくなります。初めて下り坂のランニングをしたあとは筋肉痛を覚悟しなければなりませんが、次回からはそれほど痛まなくなるでしょう。適切なテクニックを使えば、下り坂のランニングのときの衝撃をいくらか和らげることができます。下り坂ではつい上体を後ろに倒してしまい、足が体のはるか前方に着地することになりがちですが、実際は、上体を前に傾けて、重力に引っ張られるままにしたほうがいいのです。足をできるだけ股関節の真下近くに着地させて、ブレーキを最小限にしましょう。

　ヒルワークアウトには、次のようなさまざまな形があります。

- **ヒルラン**　さまざまな長さや勾配の坂を含むコースを定常的に走る。
- **ロングヒルインターバル**　半マイルから1マイル（800-1,600m）の緩やかな上り坂を繰り返し走る。
- **ショートヒルインターバル**　短くて急な上り坂を繰り返しスプリントする。
- **アップヒルアンドダウンヒルインターバル**　上り坂と下り坂の組み合わせを繰り返し走る。
- **ショートダウンヒルインターバル**　短く緩やかな下り坂を繰り返しスプリントする。
- **ヒルアクセラレータ**　短い上り坂を繰り返しスプリントするもので、最後の50mと頂上に達してからの100mを加速する。
- **ヒルバウンディング**　弾むような足取りでの坂上りを繰り返す。

ファルトレク

ファルトレクは、スウェーデン語でスピードを意味する*fart*と、プレーを意味する*lek*から来たことばで、起源は1937年にさかのぼります。スウェーデンのコーチ、グスタ・ホルメが、スウェーデンの軍事教練の一部として使ったのが最初です。連続して走りながら、特定の目印のところに来たとき、あるいは純粋に自分の感覚にしたがって、ときどきペースを上げます。距離やスピード、回復時間はそのときどきで異なります。前もってきちんと組み立ててもいいし、まったくの即興でもかまいません。あなたの好きなようにしていいのです。

競技前のテーパリング

適応が最も効果的に起こるのは、トレーニングから回復し、次の過負荷に耐える準備が最も整ったときです。四六時中、激しいトレーニングをすることはできません。激しいトレーニングで体力を向上させているあいだに、疲労も増大します。トレーニング負荷の定期的な引き下げをテーパリングといい、トレーニングのストレスに適応する時間を体に与えるとともに蓄積した疲労を軽減させて、さらに高度なトレーニング負荷への準備をさせます。どの程度あるいはどれくらい長く、テーパリングをする必要があるかは、テーパリングに先立つトレーニング負荷の大きさや疲労のレベル、今回参加するレースの距離に左右されます。通常は1週間で充分ですが、レース距離が長くなれば、テーパリングも長くします。

基礎体力づくり

基礎とは、その上に何かを建てるためのものです。基礎がしっかりしていなければ、建物はばらばらに壊れてしまいます。基礎が頑丈なら、建物はしっかり安定し、高く立てても倒れる恐れはありません。ランナーとしてのあなたの基礎は有酸素能力です。有酸素能力という基礎がしっかりしていればいるほど、強力なランナーになれるのです。アマチュアランナーであろうと、エリートランナーであろうと、あるいはそのあいだのどこかに位置するランナーであろうと、それは変わりません。

トレーニング量

　一見、逆のように思えるかもしれませんが、速く走るためにも、持久力を向上させるためにも、まずゆっくり走ることに時間をかけなければなりません。あなたの競技能力を最終的に決めるのはトレーニング量ですし、大量のトレーニングをこなすには、ランニングの大半を比較的ゆっくりしたペースで走らなければならないのです。楽な有酸素ランニングを大量にすることが、どんな長距離ランナーにとっても、トレーニングプログラムの基礎となります。実際、あなたが週ごとに走る距離数(または時間数)が、トレーニングの一番肝心な部分なのです。毎週のランニング量を増やしていけば、持久力の改善という明らかな効果が得られ、より速いペースでより長く走れるようになります。それだけではありません。ランニング効率(任意のペースで走るために使う酸素量)も改善されます。ランニング効率はしばしば軽視されがちですが、ランニングにおける競技能力に影響を与える要素のひとつです。たくさん走るということは、酸素を使うのに必要とされる筋肉の代謝機構を増やすということなのです。ランニングの動きを絶えず繰り返すことで、神経にも重要な効果が現れ、より滑らかな走りができるようになります。また、たくさん走ればそれだけたくさんのカロリーが消費され、体重を落とすのにも役立ちます。体重が多ければ、その体重を運ぶためにそれだけ多くの酸素が必要ですから、体重が落ちれば、同じペースで走るにしても、必要な酸素量は少なくなります。

最初はゆっくりランニングするというのは、多くのランナーにとって、なかなか理解しがたい考え方のようです。スピードワークをやればやっただけの効果は得られますし、ただ距離数を多く走るより、すぐに競技能力が向上します。とはいえ、短期間での成功は、長期にわたる進歩や競技能力の一貫性を損ねてしまいがちです。有酸素代謝の質の向上にしっかり取り組めば取り組むほど、その後のスピードワークから得られる成果も結局は大きくなるし、競技能力の向上幅も大きくなるものです。

　トレーニングを一種のピラミッドと考えてみましょう。ピラミッドの基礎部分はあなたの有酸素能力レベルにあたります。有酸素能力という基礎が大きければ大きいほど、その基礎に押し上げられて、ピラミッドの頂上は高くなります（図7.1を参照）。ランニングを改善するにあたって、年々積み重なるあなたのトレーニングに最大の違いをもたらすのは、基礎のサイズなのです。スピードワークをもっと追加したり、ワークアウトをもっと速く走ろうとしたりして、ピラミッドの高さにもっぱら意識を集中しても、最初に基礎を重視した場合ほどすぐれたランナーには、決してなれないでしょう。女性であるあなたにとって、基礎部分を重視することにはさらに多くの利点があるかもしれません。女性は持久力トレーニングへの適応力が高いからです。有酸素能力は回復にも影響を与えます。ランニングのスピードを落とした際の回復は有酸素プロセスなので、有酸素能力が高いほど、インターバルワークアウトの回復期でも、各ワークアウト後の休息期でも、よりすばやく回復できることになります。

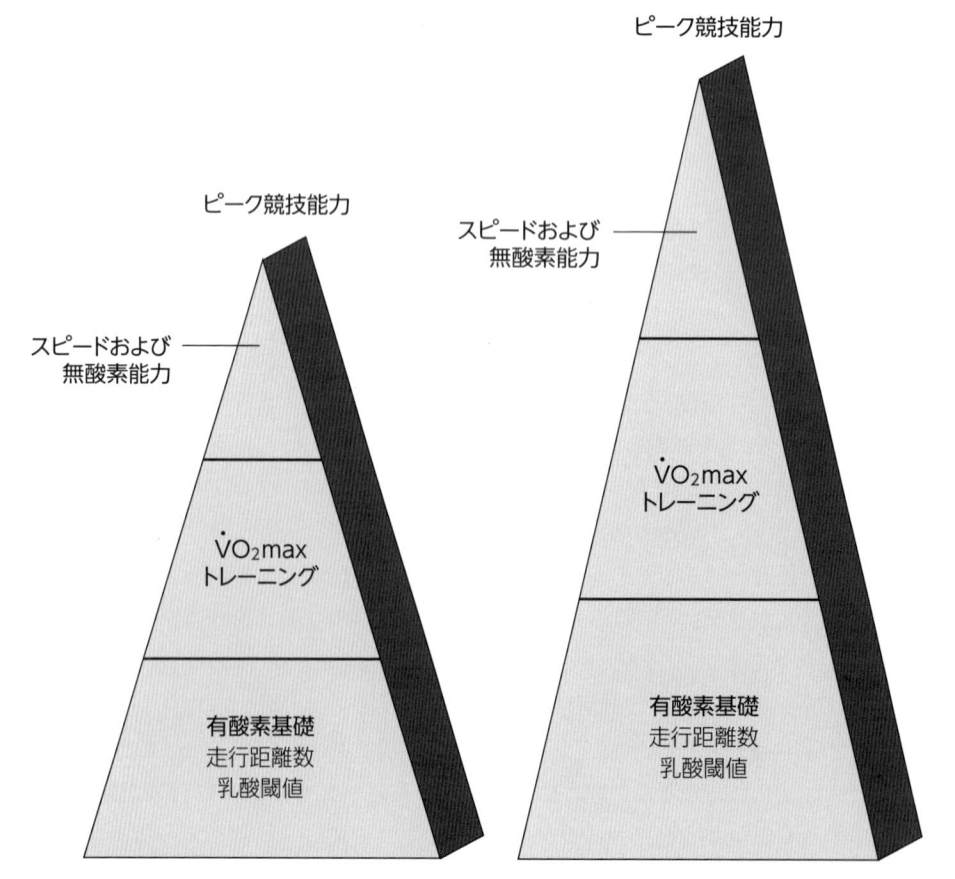

図7.1　有酸素基礎が大きいほど、競技能力は高くなる。

ペースと強度を決める

　努力を要する活動の持続時間の長さが、生物学的なシグナルを喚起する重要な要因のひとつです。そのシグナルによって、適応が起こります。そしてその適応が、やがてあなたのランニング競技能力の改善につながります。ですから、ランニングに費やされる時間（または走行距離）のほうが、走るペースよりも重要なのです。というわけで、毎週の走行距離をしだいに増していけるように、充分に楽なペースで走らなくてはならないわけです。競技ランナーが犯しやすい最大の過ちが、楽な日に速く走り過ぎることです。そんなことをしても、その分余計に効果が得られるわけではありません。脚に不必要なストレスがかかるだけです。それに、きつい日にそれと同じ質の走りをしようとしても、できなくなってしまいます。スピードタイプのランナー（短距離レースを得意とするランナー）は、持久タイプのランナー（長距離レースを得意とするランナー）より、レースペースと、トレーニング時の楽なランニングペースとの落差を大きく感じるでしょう。

　有酸素トレーニングにともなう細胞レベルの適応の多くが、トレーニングの強度ではなく量に左右されるため、楽な走りの際のスピードは、走りの持続時間ほど重要ではありません。楽な走りのスピードを落とすことには、(1) 損傷の機会が減る、(2) 疲労が少ししか残らないので、きつい日のトレーニングの効果を高められる、(3) 週の総合的な走行距離を増やせるという、少なくとも3つの利点があります。適応を促す主要な刺激となるのは有酸素ランニングの量であって、スピードではないことを、肝に銘じてください。手元に心拍計があるなら、あなたの最大心拍数の70-75%で走れば、有酸素ランニングとなります。毎日同じ量を走るのではなく、日によって長さを変えます。たとえば、1週間に30マイル（約48km）走るなら、5マイル（約8km）を6日間走るよりも、それより長めの日と短めの日を交互にしたほうがいいのです。ストレスが少し多めの日もあれば、少なめの日もあるという具合にするわけです。

どれくらい走るかを決める

　それでは、充分な有酸素基礎を得るには、どれくらいの走行距離が必要なのでしょうか？　そういう質問をよく受けますが、答えはいくつかの要因に左右されます。有酸素トレーニングへの適応を継続できるかどうかを決める遺伝的な素質、あなたが走らなければならない時間数、目指すレースの距離、あなたのランニング目標（どれくらいのレベルのランナーになりたいのか？）などです。目指すレースの距離が長ければ長いほど、多くの走行距離をこなす必要があることは明らかです。

　ところがおもしろいことに、週間走行距離とレース距離とのあいだには、比例関係はいっさいありません。つまり、ハーフマラソンのためにトレーニングしているからといって、マラソン向けにトレーニングするときの半分だけ走ればいいと思ってはいけないということです。たとえマラソンはハーフマラソンの2倍、10kmレースの4倍以上の距離があるとしても、マラソンランナーの週間走行距離がそれと同じ割合で長いわけではありません。たとえレース距離が短くても、たくさん走る必要があるのです。世界的な5kmランナーは、すぐれたマラソンランナーと同じくらいたくさん走ります。なぜなら、走るのに3分より長くかかるレースはどんなものであれ、主として有酸素系の影響を受けるからです。レース

ランニングブラを買う

　女性ランナーと言っても、ほっそり型からぽっちゃり型まで、あらゆる体形の人がいます。胸も、小さい人からたっぷりある人までさまざまです。よいランニングシューズとともに、質のよいスポーツブラは快適なランニングに欠かせません。特に長い距離を走っている人には必須です。いまは素材や作りが大幅に進歩しているので、どんな体形の人にもぴったりのスポーツブラが見つかるでしょう。

　ランニングは大きく体を動かす、衝撃の激しいスポーツなので、女性ランナーには支持と安定と快適さを提供してくれるブラが必要です。伸縮性のあるスパンデックスや、湿気を逃がし、肌を乾いた状態に保ってくれる透湿素材のクールマックスやサプレックスのような繊維が、快適さをいっそう高めてくれます。

　胸が小さめから中くらいの女性には、圧迫タイプのスポーツブラが最適です。バストを胸壁に密着させ、ランニング中の動きを抑えてくれます。バストが大きめの女性は包み込むタイプのスポーツブラを選ぶといいでしょう。このタイプのブラは、それぞれの乳房をぴったり包み込み、分離することで、動きを抑えます。

　一番いいのは、スポーツ用品かランニング用品の専門店で購入することです。ランナー向けにデザインされたものを買えば、間違いありません。いくつかのサイズを試着して、体に一番合うものを見つけましょう。ストラップの幅が広く、底辺のバンドも幅広いものを選べば、しっかり支えて、走る際の揺れも最小限に抑えてくれます。エクササイズの際の肌への食い込みもないでしょう。レーサーバックブラやT-バックブラは体の動きを一番妨げません。内側に縫い目があるものは避けましょう。走るとこすれて、皮膚がすりむけることがあります。よいスポーツブラは、基礎トレーニングからレース当日まで、あなたのランニング体験をいっそうすばらしいものにしてくれます。

が短いほど、無酸素トレーニングが重要になってきますが、あらゆる距離のレースにおいて、最大の役割を演じるのは何といっても有酸素代謝なのです。

　あなたにどれくらいの有酸素トレーニングが必要かを決める一番いいやり方は、毎月、毎年、走行距離をゆっくりと計画的に増やして、トレーニング刺激に自分がどのように反応するかを注意深く観察することです。もしあなたがすでにたくさん（週に40マイル［約64km］を超えて）走っているなら、これまでのトレーニングやレースの経験からして、もっと距離数を増やしても改善が続くと確信できるのでないかぎり、増やさないでください。週に40マイル（約64km）走っている段階で競技能力がまだ頭打ちになっていないなら、50マイル（約80km）に増やすべき理由はありません。

　多くのランナーが信じているのとは違い、多ければ多いほどいいとは限らないのです。多いほうがいいのは、多くすればそれに応じて適応も続く場合だけです。一般に女性ランナーは多く走ればそれなりに適応するとはいえ、走行距離数の引き上げは計画的に、またちゃんとした理由に基づいて、行うようにすべきです。女性ランナーのなかには、多くのスピードワークをこなし、長距離よりも短距離レースを得意とする人もいますが、一般に女性ランナーは有酸素トレーニングによく適応し、よい成果があがるものです。ただしそれには、鉄を充分に摂取し、月経不順に注意し、充分なカロリーをとるといった、損傷を避けるための予防策を取っているかぎり、という条件がつきます。ジェイソン博士がコーチした女性はほぼすべてが持久タイプで、スピードよりも持久力を強みとしていました。そのため、基礎を作る長い有酸素トレーニングと長距離レースに向いていました。

中距離(800m、1,500m、1マイル)を得意とする女性も確かにいますが、たとえエリートレベルであっても、最高の女性長距離ランナーは、より長いレース(5kmからマラソン)のランナーである傾向が強いようです。女性ランナーは持久走が得意というこの特徴は代謝と関係があるらしく、エストロゲンがエクササイズ中の脂肪の利用を増加させることに原因があるようです。ですから、速くなりたいとスピードワークをしたくなる気持ちはわかりますが、最初はもっと有酸素的なトレーニングに重点を置きましょう。そのほうが、持って生まれた資質を生かせるからです。もし、かなり長いあいだランニングをしていなかったのなら、しばらくは有酸素基礎トレーニングだけに専念すべきでしょう。

週間走行距離を引き上げる

　基礎となる有酸素能力を築く際、走行距離の引き上げは慎重に行いましょう。多くの女性ランナーが、週間走行距離を引き上げるときに損傷を起こしています。強度を引き上げるときより多いのです。1週間につき、1日当たり1マイル(約1.6km)を超える引き上げはしないようにします。たとえば、現在は週に20マイル(約32km)を4日で走っているなら、翌週は24マイル(約39km)を超えないようにします。4日間それぞれに1マイルずつ加えるわけです。同じ24マイル(約39km)にするのでも、4マイルをたった1日で増やしてはいけません。もしあなたが訓練を積んだ健康なランナーなら、もっと多く、もっと急速に増やしても大丈夫かもしれません。特に、もっと多くの距離を走った経験があるなら、問題はないでしょう。初心者や年配のランナー、あるいは損傷を起こしやすい人なら、3-4週間は同じ走行距離で走ってから、増やしましょう。ランニングのレベルを引き上げる前に、それぞれのレベルに脚が適応し、慣れる時間を与えるのです。

　数週間、同じ走行距離で走る場合も、数週間かけて走行距離をわずかに引き上げる場合も、トレーニング負荷を増す前には回復の期間を1週間設け、トレーニング量を3分の1ほど減らしましょう。たとえば、これまで3週間、週に30マイル(約48km)走ってきたなら、1週間だけ20マイル(約32km)に落としてから、次の週に30マイル(約48km)より上に引き上げるのです。これを、次のトレーニングサイクルで2歩前進するために、各サイクルの終わりで1歩後退する戦略と考えてください。通して見ると、週の走行距離の増加のようすは次のようになるでしょう。

> 1週目から4週目：30-30-30-20マイル (約48-48-48-32km)
> 5週目から8週目：35-35-35-23マイル (約56-56-56-37km)
> 9週目から12周目：40-40-40-26マイル (約64-64-64-42km)

　一見してわかるように、週間の走行距離は時とともに増えていますが、そこにはきちんとした計画性があります。それが、適応を促し、損傷を防ぐ鍵なのです。

　ランニングの成功にとって有酸素能力の発達が重要であることを考えると、基礎を築く段階をあなたのトレーニングプログラムの一番長い部分とすべきでしょう。持久力を発達させるには、スピードを

発達させるよりも長い時間がかかります。あなたの出発点とランニング目標しだいで、基礎づくりにかけたい時間は8週間（経験者）から16週間（初心者）と、違ってくるでしょう。もしあなたがマラソンを目指してトレーニング中で、これまで走ったことがないなら、基礎づくりに1年まるごと、かけたほうがいいかもしれません。

ロングラン

　6章で述べたように、ロングランは筋肉でのグリコーゲンの合成と貯蔵を促進し、持久力を高めます。基礎づくりの段階はあなたのトレーニングのいわば第一段階です。この段階ではロングランに重点を置きましょう。基礎づくりのあいだは毎週、通常の走りよりもかなり長い走りを1回、設けます。長距離レースを目指している場合は、特に忘れてはなりません。もしあなたがマスターズランナー（40歳より上）なら、回復には余計に時間が必要でしょうから、次のロングランまで2週間以上あける必要があるかもしれません。ロングランは週間走行距離の約30%を超えないようにすべきですが、もしあなたが週にわずか2、3回しか走らないなら、必要上、この原則を破ってもかまいません。ただしくれぐれも慎重に。ランナーが損傷を起こす主な理由は、トレーニングのストレスをどう利用するかについて、ちゃんとした計画を立てていないからなのです。決して、ロングランを週のほかの走りの3-4倍もの長さにはしないでください。週末にロングランをしたいなら、その週のあいだにそれに見合うだけの走行距離数を稼いでおかなければなりません。アメリカ中のマラソントレーニンググループで、週間走行距離をそれに見合うだけ増やさずに、ロングランの長さを引き上げることがよく行われています。そうしたグループに所属するランナーの損傷がこれほど多いのは、

どんなレースであれ、3分より長いレースのためにトレーニングするなら、大量に走って、有酸素能力というしっかりした基礎を作る必要がある。

それが主な理由のひとつです。

　ロングランの際は、会話のできる快適なペース（5kmレースペースより1マイルにつき約2分遅いか、最大心拍数の約70-75％）で走りましょう。ロングランの距離を毎週1マイル（約1.6km）ずつ、3-4週間にわたって長くしていき、その後1週間は、いったん減らして回復のための週とします。もしあなたが初心者なら、距離を増やす前に、同じ距離を少なくとも2-3週間走る必要があります。もし週に約40マイル（約64km）より多く走っているか、1マイル8分より速いペースで走っているなら、ロングランの距離を1度に2マイル（約3.2km）ずつ増やしてもいいでしょう。脚には距離の概念はありません。脚にわかるのは強度と持続時間だけですから、あなたが走りに費やす時間の量のほうが、走るマイル数よりも、脚にとっては重要です。最大強度以下のエクササイズ中、女性はグリコーゲンにあまり頼らず、より脂肪に頼ります。したがって、より多くのグリコーゲンの合成と貯蔵を促すくらい、大幅に筋グリコーゲンを低下させるには、男性より長く走る必要があるかもしれません。

　たくさん走れば疲れます。走行距離数を増やすときは、必ず充分な回復を心がけてください。興味深いことに、トレーニングで得られる適応はすべて、トレーニングからの回復期間中に起こります。トレーニングそのもののあいだに起こるのではありません。あなたが年配であればあるほど、トレーニングからの回復には時間がかかるので、トレーニング量を引き上げる前に時間を置く必要があります。若いランナーは高度なトレーニング負荷からもすばやく回復するので、トレーニングに誤りがあっても切り抜けられるでしょうが、年配のランナーはもっと注意深くしなければなりません。トレーニング負荷をいつ、どのように増やすべきかについて、もっと慎重になる必要があるのです。

ヒルとファルトレク

　走行距離数を増やしているとき、ヒルやファルトレクを基礎作りに組み入れることもできます。走行距離が目標とする距離数に達したら、基礎作りの最後に、こうしたタイプの走りを利用しましょう。たとえば、基礎作りの後半に、起伏のあるコースを週に少なくとも1回走ったり、ロングヒルインターバル（6章を参照）をしたりします。楽なランニングの日のひとつをファルトレクに置き換え、長短さまざまな時間でのいろいろなスピードの走りを組み合わせて、楽しむこともできます。もし上記の大まかなトレーニングプランにこれを加えれば、あなたの基礎作り段階は次のようになるでしょう。

> 1週目から4週目：30-30-30-20マイル（約48-48-48-32km）
> 5週目から8週目：35-35-35-23マイル（約56-56-56-37km）
> 9週目から12周目：40-40-40-26マイル（約64-64-64-42km）
> 13週目から16週目：40-40-40-26マイル（約64-64-64-42km）、
> 週替わりでヒルかファルトレクを組み入れる

特に注意すべきこと

　女性の場合、基礎づくりの際に考慮すべきことがいくつかあります。エストロゲンが骨の健康にきわめて大きな影響を及ぼすことから、考慮すべき第一点は、月のうちのどの時点で走行距離数を引き上げるかということになります。週間の走行距離を、月経中（卵胞期の初期；1-5日目）や黄体期の後半（第4週）に引き上げることはやめましょう。1カ月のうちでもエストロゲン濃度が低くなる時期だからです。週間走行距離を引き上げるのによい時期は、エストロゲン濃度が高い卵胞期の後半（第2週）と黄体期中期（第3週終りから第4週初め）です。

　もしあなたに女性アスリートの3徴（骨粗鬆症、摂食障害、月経不順；12章を参照）のうち1つ以上があるなら、基礎のサイズを大きくしようとしてはいけません。女性アスリートの3徴がある場合、トレーニングの最大のリスクは骨に対するリスクになります。週間走行距離を増やそうとすると、疲労骨折を起こすかもしれません。もうひとつ、基礎の拡充を試みてはいけない状態が妊娠です。妊娠中に運動しても、あなたにも胎児にも害がないばかりか、妊娠中と分娩後の両方に好ましい効果さえあるとはいえ、妊娠中は現状の有酸素能力を維持する時期とみなすべきです。トレーニング負荷を引き上げるべき時期ではありません。

　あなたのランニング目標に充分見合うだけの基礎が獲得できたら、今度はほかの形のトレーニングも組み入れて、ランニングにおける競技能力に影響を与えるその他の要因に働きかけることにしましょう。

アシドーシス閾値
（乳酸閾値）トレーニング

閾値とは、変化の起こる地点のことです。強度が充分に高いエクササイズをしている場合、筋肉が必要とするだけの酸素を心肺系が供給できなくなる地点が、それにあたります。酸素に対する需要が供給より大きくなるのです。すると、無酸素代謝を促す力が大きくなって解糖への依存度が増し、それにともなって筋肉や血液へのラクテートの蓄積が起こります。アシドーシス（乳酸）閾値とは、そこを超えるとラクテートの蓄積とアシドーシスが起こる、ぎりぎりのランニングスピードを指します。ほぼ純粋に有酸素のランニングと、かなりの無酸素代謝を含むランニングとの分岐点にあたるわけです。アシドーシス閾値とは、有酸素状態を維持できる最速のスピードを表すと言えるでしょう。そう考えると、トレーニングでアシドーシス閾値を引き上げることの重要性がわかります。有酸素的に1マイル6分30秒のペースで走れるほうが、7分で走るより有利なことは明らかです。疲れが起こる前に、1マイルにつき30秒速く走れるということだからです。

　アシドーシス閾値はエネルギー源の利用における変化も意味します。アシドーシス閾値ペースよりも遅いランニングスピードでは、脂肪と炭水化物の組み合わせをエネルギー源として使います。スピードが上がるにつれ、脂肪の寄与が減り、炭水化物の寄与が増えます。アシドーシス閾値より速いスピードでは、主に炭水化物（血中のグルコースと筋グリコーゲン）を使います。というわけで、男性よりも脂肪への依存度が高く、炭水化物への依存度が低いという女性特有の資質が関わるのは、アシドーシス閾値より遅いスピードで走っているときだけということになります。それを超えるスピードでは、どうしても炭水化物を利用しなければならなくなるからです。

アシドーシス閾値を測定する

　アシドーシス閾値はふつう、$\dot{V}O_2max$の検査中に測定します。指先穿刺か腕の静脈に設置したカテーテルから血液を採取し、ラクテート濃度を調べます。アシドーシス閾値は、血中のラクテート濃度が急速に増加し始めるスピード（または$\dot{V}O_2$）と定義されます。ラクテートの増加曲線の右方への移動（図8.1の破線曲線を参照）は、乳酸閾値の上昇（ラクテート増加が、より速いスピードのところで起こるようになる）と持久力の向上を表します。測定しているのがラクテートであることから乳酸閾値と呼ばれますが、重要なのは乳酸ではなくアシドーシスなので、アシドーシス閾値という用語のほうがふさわしいと思います。疲労を起こさせるのはアシドーシスだからです。

　この検査の際、血液を採取する代わりに呼吸ガスを採取し、換気の変化を測定して乳酸閾値を知ることも、よく行われます。換気と代謝のあいだには密接な関係があるからです。スピードが上がるにつれ無酸素代謝への依存度が増します。すると酸素消費に比べて二酸化炭素の産生が大きく増加していくため、これを排出するための換気が盛んになります。換気閾値は、この血中二酸化炭素の急速な増加によって酸素消費量に対する二酸化炭素排出量の比が急激に上がり始めるランニングスピードを示すわけです。あるいは、スピードを段階的に上げながら、一連の定スピードの走りを行って、乳酸閾値を測定することもできます。それぞれの走りの間に一定の間隔で血液サンプルを

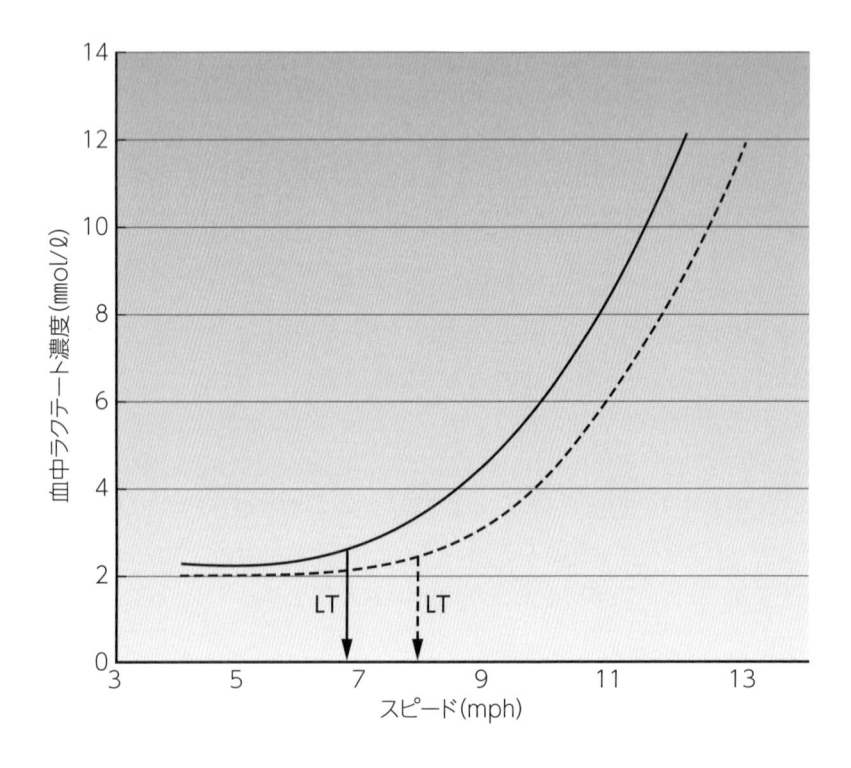

図8.1　あるランナーの乳酸閾値の上昇

採取します。スピードが遅いとき、ラクテートはわずかに増加し、頭打ちになります。しかしアシドーシス閾値ペースを超えると、ラクテートは横ばいにならず、連続的に増加します。$\dot{V}O_2max$に対してより高いパーセンテージのところにアシドーシス閾値があるほど、あなたの有酸素能力は高く、どんなレースでも、より速く走れます。

　トレーニングの目標としているレースの距離が長いほど、アシドーシス閾値の鍛錬が重要になってきます。なぜなら、長距離になるほど、レースペースがあなたのアシドーシス閾値に近くなり、揺るぎないペースを長時間維持できる能力がそれだけ重要になってくるからです。したがって、ハーフマラソンやマラソンを目指すなら、アシドーシス閾値の鍛錬をトレーニングの中心に据えるべきです。これは、ハーフマラソンやマラソンを走ってみたいと思っているアマチュアランナーの大半にとっては、未知のトレーニング領域でしょう。大きなマラソントレーニンググループのほとんどは、アシドーシス閾値トレーニングを完全に無視しているか、通り一遍の注意しか向けていないかのどちらかです。週末のロングランが最大の関心事なのです。けれども、長いレースで成功を収めるには、長時間のきつい走りを快適にこなすことに慣れている必要があります。長いレースでの成功の鍵は、アシドーシス閾値ペースをできるだけ速くしておくことと、そのアシドーシス閾値にできるだけ近いペースで、できるだけ長く走れることです。ただし、マラソンを完走することだけが目標で、タイムは関係ないというなら、アシドーシス閾値トレーニングはそれほど重要でなくなります。

アシドーシス閾値を鍛錬すれば、エリートランナーもアマチュアランナーもアシドーシス閾値ペースが上がって、長いレースをより速く走れるようになる。

　アシドーシス閾値を鍛錬すると、そこに達するとアシドーシスが起こるというスピードが上がっていき、より長時間、$\dot{V}O_2max$のより高いパーセンテージで走れるようになります。アシドーシス閾値ペースを引き上げれば、疲労が起こる前に、より速いスピードで走れます。無酸素代謝（とそれによる疲労）が重要な役割を演じ始める前に、より速く走れるからです。

　アシドーシス閾値ペースまたはそれに近いスピードでランニングすれば、アシドーシス閾値を鍛錬することができます。研究によって、アシドーシス閾値を鍛錬するワークアウトをしているランナーは、イ

ンターバルトレーニングだけをしているランナーよりも、きついペースを維持する能力に大きな改善を示すことが明らかになっています。インターバルトレーニングとは違って、アシドーシス閾値トレーニングには、ワークアウトがずっと有酸素状態のまま行われるという大きな利点があります。つまり、そのあいだは疲労が起こらないわけです。アシドーシス閾値トレーニングをすれば、非常に大きな見返りがあるのです。

アシドーシス閾値ペース

　アシドーシス閾値ワークアウトは、正しいペースで走るのが最もむずかしいワークアウトです。多くのランナー、特に若いランナーやこうしたワークアウトの経験がないランナーは、ペースを抑えて、持続可能な最速の有酸素ペースを見つけることがなかなかできません。実際にやってみて慣れることが必要です。アシドーシス閾値ワークアウトは全力疾走ではありません。有酸素での最高性能の走りなのです。

　アシドーシス閾値ペースは、10kmレースのタイムが約40分より遅いランナーにとっては、5kmレースペース（または10kmレースペースより1マイル当たりおおよそ10-15秒遅いスピード）になります。訓練を積んだすぐれたランナーでは、5kmレースペースより、1マイル当たり25-30秒遅い（または10kmレースペースより1マイル当たり15-20秒遅い）スピードになります。主観的には、きついけれど苦しくはないペースでしょう。

　レースのデータがない場合、アシドーシス閾値ペースを決めるうえですぐれた手段となるのが、心拍数と血中ラクテートレベルです。どちらも、努力の強度と密接な関係があるからです。大半のランナーは血中ラクテート分析器など利用できないので、残るは心拍数ということになります。心拍モニターの普及によって、心拍数は手軽に測定できる生理学的な数値になっています。アマチュアランナーの場合、アシドーシス閾値ペースは最大心拍数の約80-85%にあたりますが、すぐれたランナーでは約85-90%にあたります。

　多くのランナーやコーチが、ワークアウトのためのトレーニングペースを設定する際にアシドーシス閾値の微妙な意味合いを見過ごしています。雑誌や書籍の多くには、アシドーシス閾値ペースは5kmレースペースより1マイル当たり25-30秒遅く、10kmレースペースより1マイル当たり15-20秒遅く、10マイル（約16km）とハーフマラソンの中間のペースだと書いてあります。しかしながら、こうした指針が正しいのはすぐれたランナーの場合だけです。5kmを15分で走るランナーなら、その15分をアシドーシス閾値ペースよりも1マイル当たり30秒速いペース（アシドーシス閾値ペースの110%に等しいペース）で走れるでしょう。しかし、5キロを25分で走るランナーが、同じようにアシドーシス閾値ペースよりも1マイル当たり30秒速いペース（アシドーシス閾値ペースの106%に等しいペース）で25分間、つまりすぐれたランナーより10分（66%）も長く走れそうにないことは、明らかです。持久力がすぐれていればいるほど、アシドーシス閾値ペースを長く維持することができるし、アシドーシス閾値ペースより速いペースをうまく持続することができるのです。

注）　1マイル＝1.609344km

10kmを50分で走る人は、アシドーシス閾値ペースよりも遅いペースで走っている可能性が高いでしょう。アシドーシス閾値ペースより1マイル当たり20秒速いペースで走っているとは思えません。それに、ハーフマラソンを1時間45分で走る人がアシドーシス閾値ペースにはほど遠いペースで走っていることは確かです。肝心なのは、その距離を走るのにどれくらいかかるかであって、距離そのものではありません。あなたの体は時間が経つにつれ強度に敏感になることを忘れないでください。時間が長くなるほど、強度は低下せざるを得ないのです。

アシドーシス閾値ワークアウト

　ジェイソン博士がランナーをコーチする際に使うアシドーシス閾値（AT）ワークアウトには、5つのタイプがあります。これらのワークアウトで肝心なのは、あなたのATペースで走ることです。上達するにつれ、走るスピードではなく、ATペースで走る量を引き上げてください。

ATラン

　ずっとATペースで走ります。約3マイル（5km；15-20分）からスタートして、6マイル（9.6km；約45分）まで増やしましょう。これは最も簡単なATワークアウトですが、アシドーシス閾値の改善に効果があります。このワークアウト中はATペースをできるだけ厳密に維持し、ペースがほとんど上下しないようにします。大事なのは、血中ラクテートレベルを閾値まで上昇させ、その値をワークアウト中、維持することです。血中ラクテートレベルが閾値に達するのが、アシドーシスの開始のしるしです。

ロングATラン

　ATペース付近で長時間走ることに慣れる必要があるマラソン走者には、ATペースよりわずかに遅いスピードで継続して走るこのワークアウトが適しています。ATペースよりも1マイル当たり10-20秒遅いスピードで、6-10マイル（9.6-16km；45-60分）走ります。ときには、ATペースよりわずかに遅いスピードにして、長距離を組み入れられるようにすることが有益なのです。長距離走には、きついけれど苦しいほどではないペースを長時間維持する精神的な強さが要求されるからです。

ATインターバル

　このワークアウトは、ATペースでの短い走りと短い回復インターバルからなります。たとえば1分の回復期を挟んでATペースで4×1マイルとか、1分の回復期を挟んでATペースで8×1,000mといったぐあいです。このインターバルワークアウトをすれば、ATランが身体的にも精神的にも容易になり、ATペースで走れる距離が伸びます。ワークタイムが短いと速く走りたい誘惑に駆られますが、このワークアウトの目的は連続的なATランと同じく、アシドーシス閾値を引き上げることにありま

す。したがって、ATインターバルを行う際は、絶対に、ATランのときより速く走ってはいけません。やはりATペースで走らなければならないのです。各回とも、まったく同じペースで走り、すべての回をできるだけ同一タイムで完了しましょう。

AT⁺インターバル

　これはATインターバルをATペースよりわずかに速いスピード（すなわちAT⁺）で、きわめて短い休息を挟んで走るものです。ATペースより1マイル当たり5-10秒速いスピードでの800-1,000mの走りを、45秒の回復期を挟んで3-4回。これを1セットとして、2分の回復期を挟んで2セット。というようなぐあいです。ATランやATインターバルを数回完了したあとにこのワークアウトをすれば、ATインターバルにわずかながらさらにストレスが加わることになります。ATペースの変化をさらに刺激して、より速いスピードに達するようにするひとつの方法となるのです。

ATと低速中距離ランの組み合わせ

　これはマラソン走者向けの上級ワークアウトで、中距離（12-16マイル、19-26km）を、一部ATペースで走ります。たとえば次のようになります。

- ATペースで4マイル（約6.4km）＋楽に8マイル（約13km）
- 楽に5マイル（約8km）＋ATペースで3マイル（約5km）＋楽に5マイル（約8km）＋ATペースで3マイル（約5km）
- 楽に10マイル（約16km）＋ATペースで4マイル（約6.4km）

　慣れるにつれ、1回のワークアウトの量を増やすか、毎週のアシドーシス閾値ワークアウトをもう1回増やして、トレーニング負荷を引き上げましょう。両方やってもいいでしょう。ほんとうに速くなったことがレースで確認された場合だけ、ワークアウトのペースを引き上げます。同じワークアウトをするなら先週のタイムを上回れるかどうか試したいと思うのは無理もありませんが、アシドーシス閾値で行うトレーニングの量を徐々に増していくことで、あなたのアシドーシス閾値は改善されるのです。ワークアウトのスピードを上げて、ペースを無理矢理速くしようとすることによってではありません。これはランナーが犯しやすい大きな過ちです。あなたのアシドーシス閾値を、一定スピードでの有酸素ランニングの天井と考えてください。天井でのランニングを続ければ続けるほど、生理学的な適応が進み、それが最終的に天井を押し上げることになります。女性ランナーは、有酸素トレーニングに向いていることからしても、こうしたアシドーシス閾値ワークアウトをうまくこなし、よく適応すると考えられます。ですから、このタイプのトレーニングをぜひ取り入れてください。すばらしい結果が得られるはずです。

$\dot{V}O_2max$のための有酸素パワートレーニング

長距離ランナーにとって、酸素を取り込んで使う能力を示す$\dot{V}O_2max$は、生理学上重要な数値です。遺伝に大きく左右されるとはいえ、$\dot{V}O_2max$を高めることは可能です。特に、あなたがまだ高度な訓練を受けていないなら、改善の余地があります。$\dot{V}O_2max$を高めるにはいくつかのやり方があります。まず、毎週の走行距離を上げていく方法。たくさん走れば、ミトコンドリアと毛細血管の量が増え、有酸素系代謝酵素の活性が高まるため、酸素を引き出して使う能力が改善されます。ミトコンドリアとその酵素が筋肉内にたくさんあればあるほど、酸素を使う能力が大きくなるのです。ただし、訓練を積むにつれ、$\dot{V}O_2max$を改善するにはトレーニングの強度が重要になってきます。

$\dot{V}O_2max$を測定する

最大運動負荷テスト中に$\dot{V}O_2max$を直接測定すれば、有酸素パワーを最も正確に評価できます。$\dot{V}O_2max$の定義は1分間に消費される酸素の最大量となっていますが、多くの研究室ではもっと短時間(ときには呼吸ごと)に呼気サンプルを採取し、それを外挿して1分当たりの値を出します。

たいていはトレッドミルが使われます。低速(あなたの通常の楽なランニングペース程度)でスタートして、ステージ(通常2-4分)ごとに徐々にきつくしていきます。まずスピードを上げ、次に勾配を増して、完全に消耗してもはやトレッドミルのペースについていけなくなるまで行います。鼻にクリップをつけて鼻からの呼吸を防止し、口で呼吸します。口につけたスノーケルのようなマウスピースが呼気ガス分析器につながっていて、吸い込んだ酸素量と吐き出した二酸化炭素量を測定します。$\dot{V}O_2max$はこのテスト中に達成された最高の$\dot{V}O_2$値と定義されますが、この最高値は最後に完了できたステージで得られるのがふつうです。テスト全体で10-15分かかります。

$\dot{V}O_2max$の単位は、1分当たりのリットル数か、1分当たり体重1kg当たりのミリリットル数（mℓ / kg / min）です。体格の違うランナーを比較できるよう、体重に対応した単位を使うのがふつうです。女性の一流長距離ランナーの$\dot{V}O_2max$は60mℓ / kg / minを超えますが、男性の一流長距離ランナーは70mℓ / kg / minを超えます。男性は心臓の心拍出量が大きく、より多くの血液と酸素を筋肉に送れるからです。つまり、大量の血中ヘモグロビンが、より多くの酸素を、酸素を消費する筋肉に送るわけです。男女の筋肉量の違いを考慮に入れて、$\dot{V}O_2max$を除脂肪体重に対する数値に換算して表したとしても、やはり男性のほうが$\dot{V}O_2max$は高くなります。しかし、一流女性ランナーを対象とした研究から、男性より高い$\dot{V}O_2max$を持つ女性長距離ランナーもたくさんいることがわかっています。ある研究によれば、$\dot{V}O_2max$の絶対値も相対値も、月経周期の卵胞期よりも黄体期のほうがわずかに低いそうです。これは、$\dot{V}O_2max$ペース付近で走るインターバルワークアウトやレース（800mから5km）は、黄体期のほうが困難であることを示唆しています（卵胞期と黄体期については2章を参照）。

$\dot{V}O_2max$を鍛錬すれば酸素を取り込んで使う能力が増し、ランニングにおける競技能力を改善できる。

$\dot{V}O_2max$トレーニング

有酸素能力を鍛えれば鍛えるほど、$\dot{V}O_2max$の改善にはトレーニング強度が重要になってきます。心肺系の能力、特に、活動中の筋肉に血液と酸素を送り込む心臓の能力を向上させる最善の方法のひとつは、3-5分のワーク時間と、同等またはわずかに短い回復時間からなるインターバルトレーニングです。インターバルトレーニングによって、左心室の肥大、1回拍出量の増加、心拍出量の増加といった心肺系の適応が起こり、$\dot{V}O_2max$が増大するとともに、有酸素能力の限界が引き上げられるのです。

$\dot{V}O_2max$に達するのは1回拍出量および心拍数が最大になったときなので、各ワーク時間に最大

心拍数が出るような強度で、ワークを行います。このタイプのトレーニングはたいへんきついものですが、心肺機能の改善には最適の方法のひとつです。有酸素パワートレーニングでは、ワーク時間は少なくとも3分は必要です。$\dot{V}O_2$が最大値に達するには、走り始めてからある程度時間がかかるからです。ただし、きわめて短く活動的な回復インターバルを用い、ワークアウト中ずっと$\dot{V}O_2$を高いままにしておけるなら、もっと短いワーク時間でも$\dot{V}O_2$maxを改善することができるでしょう。$\dot{V}O_2$maxトレーニングのワーク時間の最長は5分とします。これより長いと、ワークを繰り返すにはスピードを落とさなければならなくなってしまいます。

$\dot{V}O_2$maxペース

$\dot{V}O_2$maxペースとは、自分の$\dot{V}O_2$maxに達したときのランニングスピードです。このペースを7-10分維持できなければなりません。したがって、大半のランナーでは$\dot{V}O_2$maxペースは1マイルと2マイル（約1.6-3.2km）のレースペースのあいだに来ます。高度な訓練を積んだすぐれたランナーの場合、$\dot{V}O_2$maxペースは3,000mまたは2マイルのレースペース（5kmレースペースよりも1マイル当たり約15秒速い）に当たります。

レースのデータがない場合は心拍数を用いて$\dot{V}O_2$maxワークアウトをモニターできます。アマチュアランナーであろうとエリートランナーであろうと、各ワークの最後には最大心拍数の少なくとも95％に達しているようにしましょう。1回拍出量と心拍数が最大になったときが、$\dot{V}O_2$maxに達したときだからです。最大心拍数を知るには、心拍数モニターをつけて1マイル（トラック4周）を走ります。楽なペースでスタートし、1周するごとにスピードを上げて、最終ラップは可能なかぎり速く走ります。最終ラップ中に心拍数を数回チェックします。一番高い数値があなたの最大心拍数となります。

$\dot{V}O_2$maxワークアウト

下記は$\dot{V}O_2$maxインターバルワークアウトの例です。各ワークアウトの前には、必ず充分なウォームアップを行います。ウォームアップの最後には$\dot{V}O_2$maxペースでの100mストライドを数回行い、速いランニングに脚を慣らすとともに、ワークアウトに切れ目なく移れるようにします。スタート時のスピードが速すぎないように気をつけましょう。主観的には、$\dot{V}O_2$maxペースはきついけれども対処できると感じられるくらいの速さとなります。下記の例で、回復インターバルはワークの時間と同じか短くします。短いワーク（200-400m）に対しては、ワークよりも短い回復インターバルを用います。

> $\dot{V}O_2$maxペースで800mを5または6回
> $\dot{V}O_2$maxペースで1,000mを4または5回
> $\dot{V}O_2$maxペースで1,200mを3または4回
> $\dot{V}O_2$maxペースで400mを15-20回

- $\dot{V}O_2$maxペースで200mを35-40回
- $\dot{V}O_2$maxラダー：$\dot{V}O_2$maxペースで800、1,000、1,200mを2セット
- $\dot{V}O_2$maxカットダウン：1,600、1,200、1,000、800、400mを1または2セット。1,600は$\dot{V}O_2$maxペースよりわずかに遅く（5kmレースペース程度）、1,200、1,000、800は$\dot{V}O_2$maxペース、400は$\dot{V}O_2$maxペースよりわずかに速くする。
- $\dot{V}O_2$maxピラミッド：$\dot{V}O_2$maxペースで800、1,000、1,200、1,000、800m

もしあなたが3,000mを11分15秒で（または2マイルを12分で）走れるなら、前記のワークアウトは次のようになります。

- 2分30秒から3分の回復ジョギングを挟んで、3分での800m走を5または6回
- 3分から3分30秒の回復ジョギングを挟んで、3分45秒での1,000m走を4または5回
- 3分30秒から4分の回復ジョギングを挟んで、4分30秒での1,200m走を3または4回
- 45秒の回復ジョギングを挟んで、1分30秒での400m走を15-20回
- 22秒の回復ジョギングを挟んで、45秒での200m走を35-40回
- 3分から3分30秒の回復ジョギングを挟んで、800m 3分、1,000m 3分45秒、1,200m 4分30秒を2セット
- 3分から3分30秒の回復ジョギングを挟んで、1,600m 6分15秒、1,200m 4分30秒、1,000m 3分45秒、800m 3分、400m 1分26秒を1または2セット
- 3分から3分30秒の回復ジョギングを挟んで、800m 3分、1,000m 3分45秒、1,200m 4分30秒、1,000m 3分45秒、800m 3分

走る距離が違っても、すべてのワークアウトが同じペースであることに注目してください。大半のランナーは最初の2回を速く走りすぎて、続く繰り返しはスピードが落ちてしまいます。最後まで同じ速さで走れるように、ワークアウトの最初から必ず正しいペースで走るように気をつけましょう。もしあなたが2マイル（約3.2km）12分程度よりも遅いランナーなら、2マイルレースペースよりもほんの少し速いペースでワークアウトをします。回復期には軽いジョギングで体を動かし続け、酸素消費（$\dot{V}O_2$）をワークアウト中ずっと高めておくことが重要です。こうすれば、次のワーク期にすぐに$\dot{V}O_2$maxに達することができ、より多くの時間を$\dot{V}O_2$maxで走れます。ワークアウトで使う距離数はそれほど正確である必要はありません。走るのに3-5分かかればいいのです（もっと短い距離を選んで繰り返し回数を多くする場合は別です）。大事なのは、トレーニングプログラムの進行につれ、距離と繰り返し回数を増やしていくことです。

ワーク期については、長いほうが心肺系にかかる負荷は大きくなるものの、短いほうが、1回のワークアウト中に$\dot{V}O_2$maxで走る距離数を多く稼げます。したがって、ごく短い回復期で繰り返しを多く行うかぎり、3分よりもかなり短いワーク期を使ってもいいでしょう。ワーク期が短いと速く走りた

くなりがちですが、ワークアウト全体を通じて、ペースは同じでなければなりません。目標はひとつ、$\dot{V}O_2$maxの改善だからです。アシドーシス閾値ワークアウトのときと同様に、$\dot{V}O_2$maxワークアウトで体力が向上するにつれ、走るスピードを上げるのではなく、繰り返し回数を増やすか、回復時間を減らすかすることによって、トレーニング負荷を増してください。レースで速く走れるようになったときが、ワークアウトのペースを上げていいときです。それは体力レベルが向上したことを示すサインだからです。ワークアウトをするたびに、前回より速く走りたいという誘惑にかられるでしょうが、$\dot{V}O_2$maxを改善する道は、$\dot{V}O_2$maxで行うトレーニングの量を増やすことにあるのです。ワークアウトのランニングスピードを上げることによって無理やりペースを上げるようなことはしないでください。血液を送り出す能力の最大限度で繰り返し走ることは、心肺系を脅かします。脅かされると、体はその脅威を和らげるような生理学的適応を開始し、その結果、能力が高まります。ですから、目標が$\dot{V}O_2$maxの引き上げにある場合、$\dot{V}O_2$maxペースより速く走っても、$\dot{V}O_2$maxで走るのに比べて、何もいいことはないのです。

　図9.1に、インターバルワークアウト中の酸素消費のようすを示します。最初のワーク期に、$\dot{V}O_2$はまず急速に上昇し、その後はワーク期の終わりに向けてもっと緩やかに上昇します。図9.1の例では、2番目のワーク期に短時間$\dot{V}O_2$maxに達しています。3番目のワーク期にもっと速やかに$\dot{V}O_2$maxに達したのは、3番目のワーク期の初めに$\dot{V}O_2$が高い状態にあったからです。回復イン

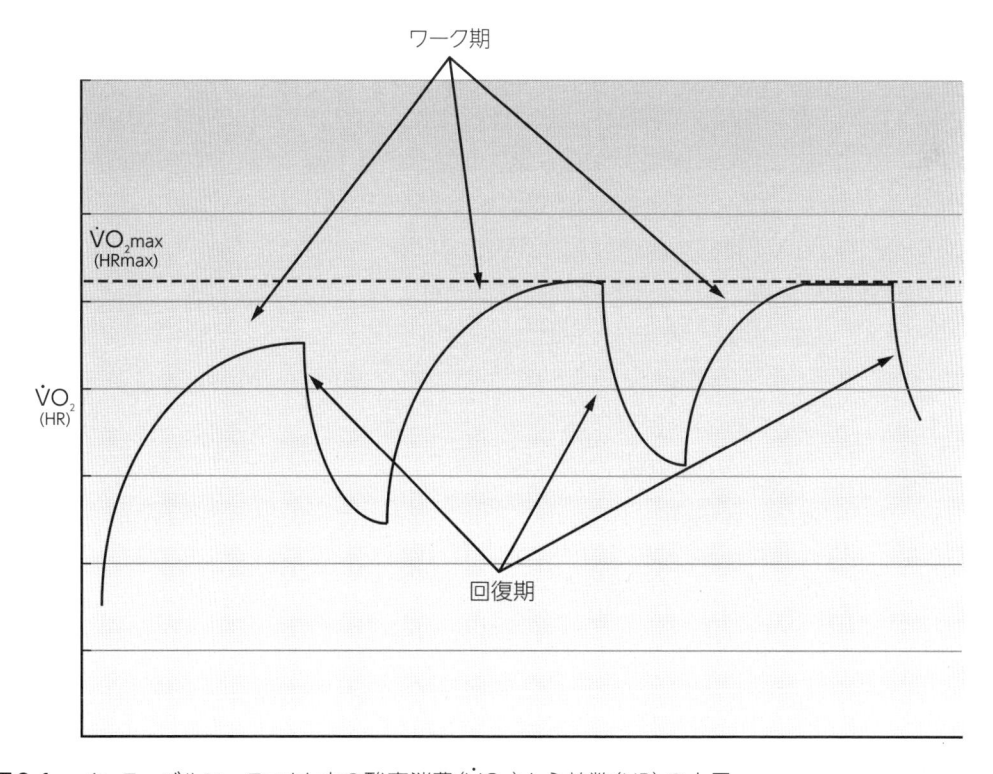

図9.1　インターバルワークアウト中の酸素消費($\dot{V}O_2$)と心拍数(HR)の上昇。

ターバル中は筋肉の酸素需要が低いので、$\dot{V}O_2$は下がります。もし回復インターバルが短ければ（ランニングの時間と同じか少ない）、$\dot{V}O_2$はそれほど下がらないでしょう。そうすれば、$\dot{V}O_2$が高い状態で次のワーク期を始められるので、それだけ有利です。続くワーク期に$\dot{V}O_2$は再び上昇し、最初のワーク期よりも高い地点に達します。トレーニングプランが適切なら、2回のワーク期のあと、$\dot{V}O_2$は$\dot{V}O_2$maxに達するでしょう。それがワークアウトのゴールです。このタイプのワークアウトがきついのは、酸素が最大速度で消費されるだけでなく、酸素に依存しない代謝の関与がかなりあるからです。

　アシドーシス閾値トレーニングのときと同じく、月経周期中で$\dot{V}O_2$maxワークアウトへの適応反応が最大になる時期に走りましょう。個人差が大きいとはいえ、多くの女性はエストロゲンレベルが低い時期（月経に始まる月経周期の第一週）のほうが、高強度の走りを楽に感じるようです。この時期は心拍数と呼吸数が低いので、つらさを感じにくいのです。逆に、月経周期の終わりの2週はきついランニングをするのがむずかしいと感じる女性が多いようです。ですから、1カ月のうちでエストロゲンレベルの低い時期が、$\dot{V}O_2$maxワークアウトには最適ということになります。

スピードトレーニングと筋力トレーニング

一見、長距離ランニングと太くて強い筋肉とはそれほど関係がないように見えます。実際、世界的に有名なランナーたちはとても小柄で、ハリウッド女優がよだれを垂らしそうなほっそりした手足をしています。とはいえ、一般に強さやパワーというと太い筋肉を連想しがちですが、いつもそうした関係が成り立つとはかぎらないのです。大事なのは、筋肉がどう見えるかではなく、何をするかです。正しく鍛錬すれば、筋肉はすばらしい働きをします。細い脚をしたケニアやエチオピアのランナーを見れば、一目瞭然でしょう。

　大量の有酸素ワークで土台を作ったあとは、スピードトレーニングで屋根をかける番です。スピードを改善する最善の方法は、当然のことながら、速いスピードでトレーニングすることです。多くのランナーが、スピードトレーニングというとおじ気づいて敬遠します。なんといっても、肉体的にきついからです。短く速く走るより、長くゆっくり走るほうが、肉体的にも心理的にも楽です。しかし、短く速く走ることは多くの恩恵をもたらします。特に女性の場合、無酸素トレーニングはより強くて形のよい筋肉を創ってくれます。

　スピードトレーニングと筋力トレーニングが重要だといっても、一番重要なのは両者の組み合わせ、すなわちパワーです。パワーは力（強さ）と速度（スピード）の積に等しいのですが、長距離ランニングにおける競技能力に関わる特性のなかでこれほど見過ごされているものもありません。筋肉がパワフルであるためには、強くなければならないし、速くなければなりません。スピード、強さ、あるいはその両方が増せばパワーが増すとはいえ、ランナーにとってより重要なのはスピードです。あなたの足が地面に接触しているのは1秒のほんの何分の1かであって、最大の力を発揮するほどの時間はないからです。力を生み出す速度を上げるほうが、はるかに重要です。すぐれたランナーになるうえで鍵となる要因は、筋線維の動員と収縮にかかわるステップを強化して、筋肉が力を生み出すスピードを向上させることなのです。運動成績を決めるのは結局、どれだけの

量の筋力とパワーを生み出して維持できるかです。力とパワーに影響を与える生理学的な特性には、神経筋協調、骨格筋の力学およびエネルギー学、代謝パワーを機械的パワーに変換する効率、骨格筋の有酸素および無酸素代謝能力などがあります。

　トレーニングにスピードワークを含め始めるときには、週間の走行距離を減らすか、スピードワークを加える前の距離数を維持しましょう。決して、ランニングの量と強度を同時に増してはいけません。

無酸素能力トレーニング

　無酸素能力とは、無酸素解糖エネルギー系を通じてエネルギー（ATP）を再生する能力のことです。短いレースであればあるほど、エネルギーを得るために無酸素解糖に頼る度合いが大きくなります。といっても、800mから10kmのあいだのレースはどれも、無酸素解糖の寄与がかなりあるので、無酸素能力トレーニングが重要なトレーニング要素になるわけです。無酸素能力を改善するには、無酸素解糖を優勢なエネルギー系として使用する必要があります。それには、走る時間の1-3倍の回復インターバルを挟んで、45秒から2分間、高速で走ります。このワークアウトで筋肉中の解糖系酵素の活性が増し、解糖系が筋収縮のためのATPをよりすばやく再生できるようになります。また、無酸素代謝への依存が大きいときに起こる筋アシドーシスに対する緩衝作用の能力も改善されます。

　無酸素能力ワークアウトのペースは、無酸素解糖に大きく依存してアシドーシスを引き起こすのに充分なだけ、また速筋線維を動員するのに充分なだけ、速くなければなりません。適切なペースは、アマチュアランナーで400-800mレースのペース、訓練を積んだ競技ランナーで800mから1マイルレースのペースです。

　下に無酸素能力ワークアウトの例を挙げます。これらのワークアウトは高速ですが、全力疾走ではありません。無酸素能力トレーニングでは、正確な距離は重要ではありません。重要なのは、2分を限度として少なくとも45秒、非常に速く走ることです（無酸素解糖の関与を最大にして、有酸素系への依存を最小にするため）。距離はこの時間内に収まるように決めます。

> 1マイルレースのペースで400mを6-8回、ワークと休息の比は1：1
> 1マイルレースのペースで600mを4-5回、ワークと休息の比は1：1
> 1マイルレースのペースで1分の回復を挟んで400、800、400mを2セット、セット間の回復は5分
> 800mレースのペースでワークと休息の比を1：2として300m×4を2セット、セット間の回復は5分

注）**1マイルレース**：トラック上を1マイル（1.609344km）走るタイムを競う種目。メートル法を採用している日本ではそれほど盛んではないが、ヤード・ポンド法を採用している国ではよく行われる。

> 無酸素能力ラダー：1マイルレースのペースでワークと休息の比を1：1.5として、300、400、600mを2-4セット、セット間の回復は3-5分
> 無酸素能力ピラミッド：1マイルレースのペースでワークと休息の比を1：1.5として、300、400、600、800、600、400、300mを1-2セット、セット間の回復は5分

もしあなたが1マイル（約1.6km）を6分で走れるなら、上記のワークアウトは次のようになります。

> 1分30秒の回復ジョギングを挟んで400m1分30秒を6-8回
> 2分15秒の回復ジョギングを挟んで600m2分15秒を4-5回
> 1分の回復ジョギングを挟んで、400m1分30秒、800m3分、400m1分30秒を2セット、セット間の回復は5分
> 2分の回復ジョギングを挟んで300m1分を4回、これを2セット、セット間の回復は5分
> 1分40秒から3分20秒（ワーク期の長さに応じて長く）の回復ジョギングを挟んで、300m1分7秒、400m1分30秒、600m2分15秒を2-4セット、セット間の回復は3-5分
> 1分40秒から4分30秒（ワーク期の長さに応じて長く）の回復ジョギングを挟んで、300m1分7秒、400m1分30秒、600m2分15秒、800m3分、600m2分15秒、400m1分30秒、300m1分7秒を1-2セット、セット間の回復は5分

多くの高校や大学のクロスカントリーや陸上競技のチーム、ランニングクラブなどでは、男性と一緒にトレーニングすることもあるでしょう。そんなときは、ワークアウトを少し変更してストレスを同等にする必要があります。男性のほうが一般に速く走る傾向があるからです。たとえば、チームで走っていて、コーチが男女に同じワークアウト、仮に1マイルレースのペースで400mを指示したとします。男性は75秒（5分ペース）で走るのに対して、女性は85秒（5分40秒ペース）かかるかもしれません。すると、女性は同じ相対強度でより長く走ることになり、このワークアウトで受けるストレスがより大きくなります。そこで、男性と同じ400mの代わりに、350m走ることにするのです。そうすれば、男性と同じく75秒で済むでしょう。

無酸素パワートレーニング

無酸素パワーとは、ホスファゲン（ATP-CP）系を通じてATPを再生する能力のことです。無酸素パワーのトレーニングにはそれほど時間を割かない長距離ランナーがほとんどですが、800mや1マイル（それにメートル制でこれに相当する1,500m）といった中距離のレースでは、このトレーニングが重要になります。そうしたレースでは長時間のスピードが要求されるからです。無酸素パワーを改善するには、ホスファゲン系を優勢なエネルギー源として使用するようなトレーニングをします。たとえば、3-5分の回復インターバルを挟んで5-15秒のスプリント走をすれば、筋肉中のクレアチンリン酸

が完全に運動(ワークアウト)前のレベルに戻ります。

　下記は無酸素パワーワークアウトの例です。これらのワークアウトは筋肉のパワーを増強し、クレアチンリン酸の分解に関与するクレアチンキナーゼの活性を増加させ、中枢神経系による速筋運動単位の活性化を強めます。無酸素能力ワークアウトはほぼ全力疾走に近いスピードで行います。ただし、アシドーシスが起こらないように、きわめて短時間とします。

> 3分の回復期を挟んで最高速度付近で100mを6-8回
> 3分の回復期を挟んで最高速度付近で50m5回を2セット、セット間の休息は5-10分
> 3分の回復期を挟んで最高速度付近で100、50、25mを2-3セット、セット間の休息は5-10分

　回復インターバルが長いほど、クレアチンリン酸量の回復が多くなり、次のスプリント中のエネルギー源として、ホスファゲン系をそれだけ多く利用できることになります。$\dot{V}O_2max$トレーニングや無酸素能力トレーニングで用いた活動的な回復インターバルとは対照的に、無酸素パワートレーニング中の回復インターバルは非活動的(立ち止まり、ゆっくり歩くだけで、ジョギングはしない)で、筋肉中のクレアチンリン酸を回復させるようにします。

　有酸素競技能力の特定の面には月経周期が影響を及ぼしますが、無酸素能力や、パワフルな、すなわち高強度の断続ランニングには影響はないようです。したがって、スピードやパワーのトレーニングについては、1カ月のうちで特定の時期が適しているということはありません。

プライオメトリックトレーニング

　プライオメトリックトレーニングはジャンプや跳躍を含み、伸長性および短縮性筋収縮をすばやく反復することによって筋肉のパワーを向上させます。筋収縮が伸長と短縮のサイクルを繰り返すとき、もし短縮性収縮の直前に伸長性収縮が行われれば、短縮性収縮中により大きな力が生み出されます。このようなことが起こるのは、伸長性収縮中に筋肉が弾性エネルギーを貯め込み、それをそのあとの短縮性収縮中に使うからです。プライオメトリックトレーニングは筋肉のこの弾性特性を利用して、筋肉がより爆発的にパワフルに力を発揮できるようにするのです。

　このトレーニングでは、筋肉のパワーの改善のほかに、ランニング効率の改善もできます。筋肉が力を生み出す速度を増加させることで、神経筋メカニズムを通じた改善が可能となるのです。正しく行えば、プライオメトリックトレーニングは強度が高く、腱に多くのストレスを与えます。ですから、行う前に基礎的な筋力がついていなければなりません。

パワーは持久力よりはるかにすばやく発達するので、プライオメトリックトレーニングは数週間しかする必要がありません。表10.1にプライオメトリック・プログラムの一例を挙げ、それぞれのエクササイズの適切な反復回数とセット数を示します。この6週間プログラムは2つのエクササイズで始まり、ほぼ毎週、いくつかのエクササイズを追加していきます。以下に述べるプライオメトリックエクササイズは、筋肉のパワーを高めるのに役立ちます。パワーが高まれば、より滑らかな高速の走りができるようになるでしょう。

表10.1 プライオメトリックトレーニング・プログラムの例

週	片脚ホップ	外野席ホップ	両脚跳び	脚替え跳び	スクワットジャンプ	デプスジャンプ	ボックスジャンプ
1	2×10	2×10					
2	2×10	2×10					
3	2×10	2×10	2×10	2×10			
4	2×10	2×10	2×10	2×10	2×10		
5	2×10	2×10	2×10	2×10	2×10	2×10	2×10
6	2×10	2×10	2×10	2×10	2×10	2×10	2×10

片脚ホップ

片脚で立ち、もう片方の脚は曲げて床につかないようにして、ぴょんぴょん跳びます。反対側の脚で同じように繰り返します。この跳躍の焦点は足関節で、パワーはふくらはぎの腓腹筋から来ます。バリエーションとして、片脚で前後に跳んだり左右に跳んだりすることもできます。

外野席ホップ

外野席の階段の下に片脚で立ち、そのまま階段をぴょんぴょんと跳んで上がります。歩いて下り、反対側の脚でまた跳んで上がります。

両脚跳び

足を肩幅に開いて立ち、膝を曲げてスクワット姿勢をとって、腿が床と平行になるようにします（写真a）。両脚で前方へできるだけ大きく跳び、スクワット姿勢で着地します（写真b）。これを繰り返します。

脚替え跳び

誇張されたランニングの動きで、脚を交互に動かして前方へ跳びます（ランニングとジャンプを組み合わせたように見えます）。後方の脚を伸ばし、親指の付け根で強く押し出します。膝を持ちあげることで、前方の脚を前に動かします。

スクワットジャンプ

スクワット姿勢をとり、両手を股関節に置いて（写真a）、できるだけ高くジャンプします（写真b）。膝を柔らかく曲げて着地し、一続きの滑らかな動きでスクワット姿勢に戻ったら、またすぐにジャンプします。

デプスジャンプ

30cmの高さの箱の上に立ち（写真a）、跳び下りてスクワット姿勢で着地します（写真b）。この姿勢からできるだけ高くジャンプします（写真c）。

ボックスジャンプ

60cmほどの箱を前に、両足を肩幅に開いて膝を曲げ、スクワット姿勢をとります（写真a）。両足で箱に跳び乗ります（写真b）。すぐに箱の反対側にジャンプして下り、スクワット姿勢に戻ります（写真c）。慣れたら、片足でジャンプします。

プライオメトリックトレーニングを安全に行い、最大限の効果を上げるため、以下の注意点を守りましょう。

- プライオメトリックエクササイズは常に、草地や人工芝、ラバーマットのような、足場のしっかりした柔らかい面の上で行いましょう。
- どのエクササイズも1-2セットから始め、セットとセットのあいだに完全に回復できるようにしましょう。
- プライオメトリックワークアウトの前には、しだいに強度を上げる通常のウォームアップを行いましょう。
- 貯め込んだ弾性エネルギーを最大にするため、跳躍やジャンプのあいだの着地時間をできるだけ短くしましょう。こうすれば、伸長性収縮の直後に短縮性収縮を起こさせることができます。
- デプスジャンプやボックスジャンプのような高強度のプライオメトリックエクササイズを取り入れるのは、低強度や中強度のエクササイズ（片脚ホップ、両脚や脚替え跳び、スクワットジャンプなど）をマスターしてからにしましょう。

筋力トレーニング

　ランナーのための筋力トレーニングについては、これまでにいろいろなことが書かれています。たとえば、両手にダンベルを持ってランジをする、階段の端でカーフレイズを行う、巨大な黄緑色のエクササイズボールの上でバランスをとりながら腹筋運動を果てしなく繰り返す、といった具合です。こうしたトレーニングの指示が本当に5kmレースとかマラソンの個人記録の更新につながるのだろうか？　そう思ったことはありませんか。これまでの各章の記述からたぶんおわかりでしょうが、すぐれたランナーになるには、心肺系と筋系を鍛えて、酸素を運んで使う能力を最大限に高めなければなりません。

　興味深いことに、中程度のウェイトとともに1セット当たり多くの回数をこなそうと（筋持久力プログラム）、重いウェイトで1セット当たりの反復回数を少なく行おうと（筋力強化プログラム）、筋力トレーニングが酸素の筋肉への輸送や筋肉による使用を高めることを証明した研究はありません。酸素輸送を担っているのは心肺系であり、酸素の使用を担っているのはミトコンドリアです。どちらも、筋力トレーニングの影響はそれほど受けないのです。

　大体において、筋力トレーニングと持久力トレーニングとでは、トレーニングによって起こる生理学的な変化は正反対になります。たとえば、量と強度が充分に高度な場合、筋力トレーニングは筋線維の肥大（線維の太さの増加）を刺激します。テストステロンのレベルがはるかに高い男性のほうが筋肉量を増やすのは簡単ですが、女性も筋肉量を増やすことができます。これは体重増加につながることがあり、そうなればランニングの代謝コストは増大します。そのうえ、筋肉が大きくなれば、単位面積当たりの毛細血管やミトコンドリアが少なくなるかもしれず、持久力が損なわれるでしょう。持久力トレーニングは筋肉にこれと反対の応答を引き起こします。毛細血管を増やし、ミトコンドリアの量と密度を

増加させて、酸素の拡散と使用を促進するのです。多くの距離を走れば体重も減り、ランニング効率が改善されます。持久力トレーニングは心臓に「容積効果」も及ぼし、左心室の内径を増大させます。その結果、1回拍出量と心拍出量を最大にすることができます。これに対して筋力トレーニングは心臓に「圧力効果」を及ぼし、左心室壁の厚みを増加させます。

　筋力トレーニングと持久力トレーニングは生理学的適応が異なるにもかかわらず、多くのランナーが依然としてレジスタンス（ウェイト）トレーニングをしています。そうすれば損傷を防げる、あるいはもっと速く走れるようになると思っているのかもしれませんし、その両方の理由からかもしれません。損傷の予防については、おびただしい数の雑誌やコーチやランナーが、筋力トレーニングの損傷予防効果を信奉しているものの、筋力トレーニングがランナーの損傷をふせいでくれるかどうかは、まだ完全に解明されてはいません。いくつか例外はあるでしょうが、ランニングでの損傷のほとんどは、トレーニングのやり方が最適とはいえない（たとえば距離数を急激に伸ばしすぎる、スピードワークの導入が時期尚早、距離数と強度を同時に引き上げる）から起こるのです。筋力が足りないからではありません。ランニング関連の損傷の最大のリスク因子は、損傷をする前にあります。それは週間の走行距離なのです。筋力トレーニングによって骨密度が明らかに増加したことを示す研究は数多くありますが、その増加はわずか1-2%にすぎません。はっきりした効果がなかったという研究結果さえ、いくつかあります。そのようなわずかな増加が、女性ランナーによくあるランニング関連の骨損傷を防ぐのに充分なのかどうかは、まだわかっていません。

　もっと速く走れるようになることについては、これまでトレーニングしていなかった人や若く経験不足のランナー、筋肉が落ちた年配ランナーなら、筋力トレーニングで長距離ランニングにおける競技能力を改善できるでしょう。全般的な体力レベルが上がるからです。筋力トレーニングには骨密度と筋肉量の両方を増大または維持する力があるため、このトレーニングは、若くて、正常な月経のあるランナーより、閉経後の年配のランナーにとって、より重要となります。ただし、もっと経験豊富な高度な訓練を積んだランナーには、筋力トレーニングの恩恵はそれほどなく、かえって害になることさえあります。特に、ランニングの量や強度を増すことを犠牲にしてまで行うのは、よくありません。答えを出すべき問いは、「見返りが大きいのはどれか？　ランニングトレーニングの量または質を引き上げることか、それとも筋力トレーニングか？」ということになります。答えは時と場合によりけりです。たとえば、5kmを25分で走るランナーは筋力トレーニングをすればランニングにおける競技能力が上がるかもしれません。ランニングと筋力トレーニング両方をするとき、総合的なトレーニング刺激（したがって総合的な体力の向上）が大きくなるからです。とはいえ、このランナーの場合、ランニングにもっと時間をかけて、持久力に関係のある心肺特性や代謝特性を改善したほうが、効果があるでしょう。

　筋力トレーニングでは長距離ランニングにおける競技能力に関連のある心肺因子や代謝因子が改善されないこと、またランニング関連の損傷のリスクを軽減できるかどうか決着がついていないことを考えると、「女性ランナーは競技能力向上のために筋力トレーニングをする必要があるか？」という疑問が残ります。あなたの年齢にもよりますが、もし正しく行い、ランニングとレーニングの代わりにではなく補うものとして行うなら、答えはたぶん、すべきだということになるでしょう。5章で述べたよう

に、筋力トレーニングは年配の女性ランナーにはとても大きな効果を及ぼすことがあります。年配ランナーの重要な特徴のひとつは筋肉量の減少だからです。特に、速筋線維が失われます。そうした線維はスピードとパワーのもとなので、筋力トレーニングをすれば、強さとパワーをある程度取り戻すことができるでしょう。

　有酸素トレーニングという土台をしっかり築いたうえで、筋持久力（最大限度に近い力を維持したり反復したりする能力）ではなく筋力（筋肉が生み出せる力の最大量）の増大に適したプログラムで行うのであれば、筋力トレーニングはあなたがより速くなるのを助けてくれます。皮肉なことに、長距離ランナーに最適の筋力トレーニングは、フットボール選手が行うものと似たようなタイプのトレーニングとなります。研究によれば、持久力の必要な選手が重いウェイトを持ってトレーニングすると、神経系の適応を通じて最大筋力とランニング効率を改善することができるそうです。筋力をつけ、すぐれたランナーになるには、実は重いものを持ち上げたほうがいいわけです。そうは言っても、最初に筋持久力トレーニングをしないで、いきなり重いウェイトの持ち上げを始めてはいけません。まず基礎となる有酸素トレーニングをしないで、スピードトレーニングにとりかかってはいけないのと同じです。重いものを持ちあげ始める前に、数週間、軽いウェイトを使って何度も繰り返し、筋肉と結合組織に準備をさせましょう。

　女性ランナーのほうが男性ランナーよりも筋力トレーニングからの恩恵は大きいかもしれません。男性のほうがすでに筋肉量が多いため、力とパワーを生み出す能力も、もともと女性よりすぐれています。テストステロンの量が約10倍も多い男性に比べ、女性が筋肉量を大幅に増やすのは容易ではありません。ですから、筋肉もりもりになる心配はいりません。そんなふうにはなりそうもないからです。あなたの筋力トレーニングの鍵は、筋力に関連した神経筋特性をもっぱら改善することによって、筋力をつけることです。表10.2に、以下に述べるエクササイズを用いた筋力トレーニングの例を挙げます。筋力がつくにつれ、2、3週間ごとに自分の1RMを見直し、それに応じてウェイトの量を調整しましょう。

表10.2 筋力トレーニングプログラムの例

最初の3週間は力の要素に重点を置き、次の3週間はスピードの要素に重点を置く。これを1週当たり2回から始める。1RMは（1回反復）最大挙上重量（1RMの求め方は4章、60ページを参照）。

週	スクワット	ハムストリングカール	カーフレイズ	パワークリーン	デッドリフト
1	1RMの90%以上で反復3-5回を4-6セット、休息5分	1RMの90%以上で反復3-5回を4-6セット、休息5分	1RMの90%以上で反復3-5回を4-6セット、休息5分	1RMの90%以上で反復3-5回を4-6セット、休息5分	1RMの90%以上で反復3-5回を4-6セット、休息5分
2	1RMの90%以上で反復3-5回を4-6セット、休息5分	1RMの90%以上で反復3-5回を4-6セット、休息5分	1RMの90%以上で反復3-5回を4-6セット、休息5分	1RMの90%以上で反復3-5回を4-6セット、休息5分	1RMの90%以上で反復3-5回を4-6セット、休息5分
3	1RMの90%以上で反復3-5回を4-6セット、休息5分	1RMの90%以上で反復3-5回を4-6セット、休息5分	1RMの90%以上で反復3-5回を4-6セット、休息5分	1RMの90%以上で反復3-5回を4-6セット、休息5分	1RMの90%以上で反復3-5回を4-6セット、休息5分
4	1RMの30-40%で反復20-50回を3-5セット、休息2-3分	1RMの30-40%で反復20-50回を3-5セット、休息2-3分	1RMの30-40%で反復20-50回を3-5セット、休息2-3分	1RMの30-40%で反復20-50回を3-5セット、休息2-3分	1RMの30-40%で反復20-50回を3-5セット、休息2-3分
5	1RMの30-40%で反復20-50回を3-5セット、休息2-3分	1RMの30-40%で反復20-50回を3-5セット、休息2-3分	1RMの30-40%で反復20-50回を3-5セット、休息2-3分	1RMの30-40%で反復20-50回を3-5セット、休息2-3分	1RMの30-40%で反復20-50回を3-5セット、休息2-3分
6	1RMの30-40%で反復20-50回を3-5セット、休息2-3分	1RMの30-40%で反復20-50回を3-5セット、休息2-3分	1RMの30-40%で反復20-50回を3-5セット、休息2-3分	1RMの30-40%で反復20-50回を3-5セット、休息2-3分	1RMの30-40%で反復20-50回を3-5セット、休息2-3分

スクワット

両足を肩幅またはそれよりわずかに広く開き、ラックに置かれたバーベルに向かって立ちます。バーベルが首の後ろにくるようにして、肩幅よりわずかに広い位置で後方から握ります。バーベルをラックから持ち上げ、肩と背中の上部に載せます（写真a）。脊中をまっすぐにしたまま膝を曲げ、腿が床と平行になるまでしゃがみます（写真b）。このとき、椅子に腰を下ろすような感じに腰を突きだします。脚を伸ばして立ちあがり、最初の姿勢に戻ります。安全のため、誰かに介助してもらってもいいでしょう。

筋力トレーニング 127

ハムストリングカール

床に腹這いになり、動かない物につないだ抵抗バンドに足首を引っかけます。その脚を殿部の方向へ曲げます。ハムストリングカールマシンを使うこともできます。ふくらはぎの下にパッドを当て、腰を伸ばしてベンチに平らに寝て、両膝がマシンの回転軸と一直線になるように、体の位置を調整します。

カーフレイズ

両足を揃えて立ち、片足を床から離します。もう片方の足でつま先立ちをします。もっと難易度を上げるには、両手にダンベルを持つか、バーベルまたは重りのついたバーを肩と首の背後に載せてかつぎます。階段または台の端で、踵が端より下がるようにして、行うこともできます。

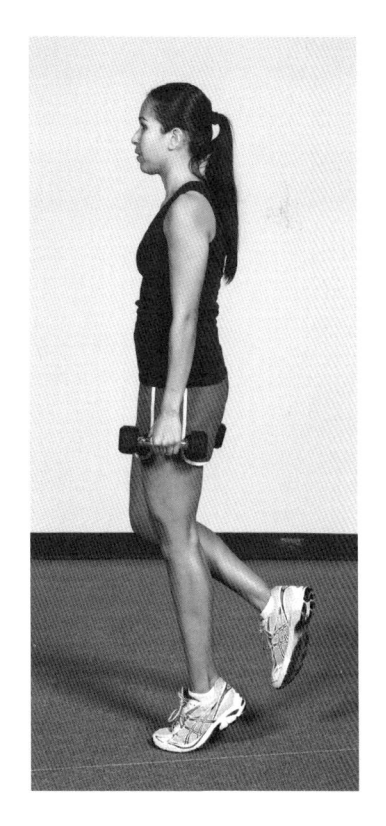

パワークリーン

両足を腰または肩幅に開いて立ちます。脚を曲げ、バーベルをオーバーハンドで、肩幅よりわずかに広い位置で握ります(写真a)。このとき腿は床にほぼ並行とし、肩は直角で、バーの真上に来るようにします。バーベルを持ち上げるには、脊中をまっすぐにしたまま、バーをできるだけ体に引きつけて、股関節と膝を力強く伸ばします。肩はまだバーの上方にあり、肘は完全に伸ばしたままです。膝と股関節が完全に伸展したとき、肩を上方にすぼめます。肩が最高位に達するとき、肘を曲げて手を持ち上げ、バーを胸の高さに持ってきます(写真b)。肘は両側に突き出ています。次いで腕をバーの下に回転させ、同時に股関節と膝を再び曲げて、体をバーの下に動かします。肘を体の正面に持ってきて、上腕が床とほぼ平行になるようにし、バーを肩の前面に載せます(写真c)。体が安定したら、股関節と膝を伸ばして立ちあがり、完全な直立姿勢になります(写真d)。直立姿勢から再び脚を曲げて腕を下げ、バーを最初の位置に下ろします。

デッドリフト

両足を腰幅から肩幅に開いて立ちます。しゃがんで、バーベルをオーバーハンドで、肩幅よりわずかに広い位置を握ります(写真a)。バーベルを持ち上げるには、脊中をまっすぐにしたまま、脚を伸ばします(写真b)。脊中を伸ばし、膝が足と同じ方向を向くようにしたまま、しゃがんでバーベルを床に下ろします。

筋力トレーニングは、有酸素持久力トレーニングの段階より、スピードトレーニングの段階で行いましょう。筋力と持久力より、スピードと筋力とパワーのほうが、生理学的なつながりが密接だからです。同じように、有酸素ランニングをする日より、スピードワークをする日に、筋力とパワーのワークアウトをしましょう。

　エストロゲンとプロゲステロンが持久系パフォーマンスに明らかに生理学的な影響を及ぼすのに対して、これらのホルモンが女性の筋力の発達に影響するかどうかは、それほどはっきりしていません。月経周期は筋力に影響しないという研究もあれば、影響するという研究もあります。

　スピードトレーニングや筋力トレーニングをする能力が性ホルモンの影響を受けないとしても、エストロゲンは高強度のワークアウト後に起こることに対しては、重要な役割を演じます。エストロゲンには筋組織を保護する効果があり、ワークアウト後の骨格筋の損傷を減らし、炎症を抑えます。また、損傷を受けたあとの筋組織の修復を助けるサテライト細胞の活性化や増殖にも影響を与えます。このようにエストロゲンはあなたがすばやく回復するのを助けるので、エストロゲンレベルが高いときは、スピードや筋力のワークアウトをひんぱんにできることになります。

　エストロゲンが筋肉の損傷と修復に果たす役割や、筋力の発達にも一定の役割を演じている可能性を考えると、エストロゲンレベルが低い女性ランナー、すなわち月経不順や無月経あるいは閉経後の女性ランナーはスピードトレーニングや筋力トレーニングのワークアウトからの回復に時間がかかったり、筋力がなかなか増加しなかったりするかもしれません。経口避妊薬やホルモン補充療法による骨保護効果についてはすでに述べましたが、無月経や閉経後のランナーは、回復を早めるという意味でも、そうした方法の採用を考えたほうがいいかもしれません。かかりつけの医師に相談してみましょう。

11

トレーニングプログラムを組み立てる

トレーニングとは、ワークアウトを無秩序にばらまいただけのものではありません。より速く走ることを可能にしてくれる特定の生理学的変化を引き起こすように、科学と研究に基づいてワークアウトをデザインすることはもちろん、ワークアウトすべてを、漸進的で体系的なトレーニングプログラムとして編成することが必要です。女性特有の生理学的特性を生かして、最適の体力を獲得し、最善の競技能力を発揮できるようなプログラムにすべきです。主としてエストロゲンの効果によるものですが、大半の女性ランナーは持久力トレーニングに向いており、うまく適応できます。とはいえ、無月経や閉経後のようなエストロゲン不足の状態で大量の持久力トレーニングを行えば、損傷を起こすリスクがあります。ですから有酸素トレーニングに時間をかけるべきだといっても、あくまでも計画的に行いましょう。

　トレーニングプログラムのデザインにあたって、女性だけの秘密のやり方というようなものはありません。有名な制汗剤のコマーシャルを引用するなら、「男性も使えるほど強力でありながら、女性向けの製品」ということです。トレーニングプログラムの構成要素は男女とも同じです。基礎作り、アシドーシス閾値トレーニング、有酸素パワー（$\dot{V}O_2max$）トレーニング、スピードおよび筋力トレーニングとなります。ただしプログラムの繊細さに違いがあります。疲労や適応速度、ランニング以外の環境（仕事、家族など）に基づく調整しか必要でない男性ランナーのトレーニングプログラムとは違い、女性ランナーのトレーニングプログラムには、ホルモンの変動をはじめとする女性特有の条件が組み込まれるのです。

　トレーニングプログラムはいつでも自由に変更できるようでなくてはなりません。あなたがどう感じるかによってワークアウトをあちこち動かしたり、無月経とか妊娠、貧血といった条件が生じたときはトレーニング負荷を完全になくしたりというような変更が可能でなくてはならないのです。もし、あるワークアウトがうまくできなくても、そのことで自分を責めないでください。月経周期の

身体的な影響、ホルモンの感情的な影響、日々の生活で求められるさまざまな役割のバランスをとる心理的なストレスなどのせいで、うまくいかないこともあるのです。秘訣は、トレーニングにかかわる変数をいつ、どのように操作すれば、ワークを最適化し、効果を最大限にして、投資に対して最大の見返りが得られるかを知ることです。ですから、男性と同じタイプのワークアウトをする場合にも、見返りが最大になり、損傷を避けられるようなやり方で行いましょう。何かに焦点をしぼってトレーニングを行ってもいいでしょう。

ピリオダイゼーション（期分け）プラン

　昔から長距離ランナーは、異なる時期を段階的にたどる構造のトレーニングを用いています。まず量をこなし、次いで量を減らして強度を増すプログラムです。この構造は男性同様に女性にも有効であるとはいえ、大半の女性ランナーは、量にもっと時間をかけ、高強度のトレーニングよりも有酸素トレーニングを重視したほうが有益でしょう。

第1段階：基礎作り

　目標が1マイルレースであろうとマラソンであろうと、基礎作りがトレーニングの最初の段階であり、最も長い段階となります。この段階ではトレーニングの量を重視します。女性ランナーは距離数の積み上げに適応しやすいので、これは女性であることの強みを生かせる領域です。持久力を目一杯、働かせましょう。損傷を起こすことなく肉体的・心理的に対処できるかぎり、できるだけ多く走ります。ただし計画的に走りましょう。カロリー消費に追いつけるよう、充分なカロリーを摂取するように気をつけてください。貧血にならないよう、食事から適切な量の鉄分をとることも忘れないでください。

　月経周期に応じて、距離数を増やしましょう。表11.1の8週間のトレーニングサイクルでは、第1、3、5、7週が、エストロゲン上昇期である月経周期の2週目と4週目に当たり、週間走行距離を増やすのによい時期です。エストロゲンが低下する月経周期の1週目と3週目は、週間走行距離を維持するか（トレーニングサイクルの第2および6週）、減らします（トレーニングサイクルの第4および8週）。回復週（トレーニングサイクルの第4および8週）が、エストロゲンの低い週（月経周期の1週目と3週目）に一致していることに注目してください。月経中（月経周期の1週目の最初の数日）は多くのランナーが倦怠感や生理痛、腹部の膨満感その他の症状を経験するので、この時期を、距離数を後退させる時期（トレーニングサイクルの第4および8週）とすることもできます。

　この最初の8週間でしっかり体力を高めたら、基礎作りの次のサイクルでは、表11.2に示すようにヒルやファルトレクを加えて、ランニングプログラムにもっと質の高い有酸素ランニングを追加することができます。住んでいる地域に丘がない場合は、傾斜をつけたトレッドミルを使って、ヒルワークアウトをすることができます。基礎作り段階でファルトレクを行うときは、スピードはアシドーシス閾値ペースまでとして、有酸素状態を維持することが大事です。有酸素系基礎体力を鍛えているあいだは、無酸

表11.1 基礎作りプログラム例

トレーニングサイクルの週	月経周期の週	月	火	水	木	金	土	日	計
		\multicolumn{8}{c}{1日当たりのマイル数}	
1	4または2	3	5	6	4	5	休み	7	30
2	1または3	3	4	6	4	5	休み	8	30
3	2または4	4	5	7	4	6	休み	9	35
4	3または1	2	3	5	3	4	休み	6	23
5	4または2	4	5	7	4	6	休み	9	35
6	1または3	4	5	7	4	6	休み	9	35
7	2または4	5	6	8	5	6	休み	10	40
8	3または1	2	4	5	3	5	休み	7	26

表11.2 ヒルとファルトレクを取り入れた基礎作りプログラム例

トレーニングサイクルの週	月経周期の週	月	火	水	木	金	土	日	計
9	4または2	5	ヒル ● 1マイルのウォームアップ ● 5kmレースペースで800mヒル×4、回復は800mをジョギングで下る ● 1マイルのクールダウン	5	8	6	休み	10	40
10	1または3	6	ファルトレク ATペース*までのスピードで5マイルのファルトレク	5	8	6	休み	10	40
11	2または4	5	ヒル ● 1マイルのウォームアップ ● 5kmレースペースで800mヒル×5、回復は800mをジョギングで下る ● 1マイルのクールダウン	4	8	6	休み	10	40
12	3または1	3	ファルトレク ATペース*までのスピードで4マイルのファルトレク	3	5	4	休み	7	26

*ATペースとはあなたのアシドーシス（乳酸）閾値のこと。詳細は8章を参照。

素ワークをしてはいけません。無酸素ワークはもっとあとのために取っておきましょう。

　トレーニング目標のレース距離がどうであれ、基礎作り段階のパターンは全員同じです。目的が同じ、つまり有酸素能力の増強だからです。違うのは、走行距離をどこまで高めるか、この段階をどれくらい長く続けるかだけです。レース距離が長いほど（ハーフマラソンやマラソン）、短いレース（5kmや10km）に比べて、多くの距離数と長い期間が必要になります。といっても、こうした違いはあなたが思うほど重要ではありません。走るのに3分より長くかかるレースはすべて、有酸素系に大きく左右されるからです。1,500mや1マイル（約1.6km）でさえ、大きな有酸素系基礎体力が必要なのです。トレーニングプログラムが大幅に違ってくるのは、有酸素系基礎体力作りの段階が完了してからです。ですから、仮にあなたが5kmレースのためにトレーニングしていて、友人がマラソンのためにトレーニングしているとしても、基礎作り段階では一緒にトレーニングしてかまわないわけです。

第2段階：アシドーシス閾値トレーニング

　距離数を積み上げたら、次はアシドーシス閾値ワークアウトを取り入れて、もっと本格的で質の高い有酸素トレーニングをする第2段階に進みます（表11.3を参照）。目標とするレース距離が長いほど、アシドーシス閾値トレーニングが重要になり、この生理学的変数に多くの時間をかける必要が出てきます。女性ランナーはアシドーシス閾値トレーニングに非常によく反応します。たぶん、アシドーシス閾値は有酸素強度を維持できる最高スピードを表すからでしょう。女性ランナーの大半は、エストロゲンのせいでもともと有酸素トレーニングに適しているのです。こうしたワークアウトをトレーニングに取り入れる際は、計画的に行いましょう。週にひとつのワークアウトから始め、うまくできるようになったら、もうひとつ加えるようにします。

　基礎作り段階のトレーニングプログラムの場合と同じく、月経周期に応じてトレーニング週を編成し、エストロゲンレベルの高い卵胞期後半に、トレーニング量の引き上げを持ってくるようにします。むずかしいアシドーシス閾値ワークアウトを月経期間中に行うのは避けましょう。特に、気分がすぐれなかったり、黄体期から卵胞期への移行に伴う急激なプロゲステロン低下のせいで腹部の膨満感があったりする場合は避けます。たとえば、もしあなたの月経周期が28日で、それが月曜から始まり、月経期間がその1日目から3日目（月曜から水曜）なら、アシドーシス閾値ワークアウトはその週の木曜か金曜に行うように計画します。もしワークアウトを2つ計画しているなら、木曜と土曜に行うか、月経のある週は1つだけにして、ほかの3週に2つ行うことにすればいいでしょう。月経が5日続く場合は、その週はワークアウトを1つ行い、ほかの3週に2つ行うようにします。もし月経の影響をあまり受けないタイプで、たいした不快感がないなら、ワークアウトをしても問題はありません。やってみて、ようすを見てください。

表11.3 アシドーシス閾値（AT）トレーニングプログラム例

各ワークアウトの前後にウォームアップとクールダウンを行う。他の日は週の走行距離の目標に達するようにランニングする。

週	ATワークアウト1	ATワークアウト2
サイクル1		
1週目	1分の休息を挟んでATペースで1マイル（約1.6km）×3	
2週目	ATペースで3マイル（約5km）	
3週目	1分の休息を挟んでATペースで1マイル（約1.6km）×4	
4週目（回復週）	1分の休息を挟んでATペースで1マイル（約1.6km）×3	
サイクル2		
5週目	1分の休息を挟んでATペースで1マイル（約1.6km）×4	
6週目	2分の休息を挟んでATペースで2マイル（約3.2km）×2 またはATペースで4マイル（約6.4km）	
7週目	1分の休息を挟んでATペースで1マイル（約1.6km）×5	
8週目（回復週）	1分の休息を挟んでATペースで1マイル（約1.6km）×3	
サイクル3		
9週目	1分の休息を挟んでATペースで1マイル（約1.6km）×5	ATペースで4マイル（約6.4km）
10週目	45秒の休息を挟んでATペースより5-10秒／マイル速く1,000m×3、これをセット間の休息を2分として2セット	ATペースで4マイル（約6.4km）
11週目	45秒の休息を挟んでATペースより5-10秒／マイル速く1,000m×4、これをセット間の休息を2分として2セット	ATペースで5マイル（約8km）
12週目（回復週）	1分の休息を挟んでATペースで1マイル（約1.6km）×3	

ATペースとはあなたのアシドーシス（乳酸）閾値を指す。詳細は8章を参照。

第3段階：有酸素パワー（$\dot{V}O_2max$）トレーニング

　トレーニングの次の段階では、$\dot{V}O_2max$の改善を目指すインターバルトレーニングに進みます。$\dot{V}O_2max$には、ミトコンドリア容積や毛細血管分布の増加といった重要な末梢（筋肉）要素があり、これらは血液からの酸素の抽出を増加させます。したがって、あなたはすでに有酸素ワークで$\dot{V}O_2max$に取り組んできたわけですが、$\dot{V}O_2max$を改善する最も強力な刺激となると、1回拍

表11.4 有酸素パワー($\dot{V}O_2$max)トレーニングプログラム例

各ワークアウトの前後にウォームアップとクールダウンを行う。他の日は週の走行距離の目標に達するようにランニングする。

週	$\dot{V}O_2$maxワークアウト1	$\dot{V}O_2$maxワークアウト2
サイクル1		
1週目	$\dot{V}O_2$maxペースでワークと休息の比を1:1として800m×4	
2週目	$\dot{V}O_2$maxペースでワークと休息の比を1:1として800m×5	
3週目	$\dot{V}O_2$maxペースでワークと休息の比を1:1として1,000m×4	
4週目（回復週）	$\dot{V}O_2$maxペースでワークと休息の比を1:1として800m×3	
サイクル2		
5週目	$\dot{V}O_2$maxペースでワークと休息の比を1:1として1,000m×4	
6週目	$\dot{V}O_2$maxペースでワークと休息の比を1:1として1,000m×5	
7週目	$\dot{V}O_2$maxペースでワークと休息の比を1:1として1,200m×3-4	
8週目（回復週）	$\dot{V}O_2$maxペースでワークと休息の比を1:1として1,000m×3	
サイクル3		
9週目	$\dot{V}O_2$maxペースでワークと休息の比を1:1として1,000m×5	$\dot{V}O_2$maxペースでワークと休息の比を1:0.5として400m×15
10週目	$\dot{V}O_2$maxペースでワークと休息の比を1:1として800、1,000、1,200、1,000、800m	$\dot{V}O_2$maxペースでワークと休息の比を1:0.5として400m×17
11週目	$\dot{V}O_2$maxペースでワークと休息の比を1:1として1,200m×4	$\dot{V}O_2$maxペースでワークと休息の比を1:1として800、1,000、1,200を2セット
12週目（回復週）	$\dot{V}O_2$maxペースでワークと休息の比を1:1として1,000m×4	

出量と心拍出量の最大化を目指すインターバルトレーニングとなります。もしこれまで毎週2つのATワークアウトをしてきたなら、その1つを$\dot{V}O_2$maxワークアウトに替えましょう。そうすれば、アシドーシス閾値にも$\dot{V}O_2$maxにも、同じように力を入れることができます。そしてやがては2つ目の$\dot{V}O_2$maxワークアウトを追加して、毎週2つ行うようにします。表11.4に、こういったワークアウトをトレーニングにどう組み込めばいいか、1例を示します。

表11.5 無酸素能力トレーニングプログラム例

各ワークアウトの前後にウォームアップとクールダウンを行う。他の日は週の走行距離の目標に達するようにランニングする。

週	無酸素能力ワークアウト1	無酸素能力ワークアウト2
サイクル1		
1週目	1マイルレースペースでワークと休息の比を1：1として400m×6	
2週目	1マイルレースペースでワークと休息の比を1：1として400m×7	
3週目	1マイルレースペースでワークと休息の比を1：1として600m×4	
4週目（回復週）	1マイルレースペースでワークと休息の比を1：1として400m×4	
サイクル2		
5週目	1マイルレースペースでワークと休息の比を1：1として600m×4	800mレースペースでワークと休息の比を1：2として300m×3、これをセット間回復5分で2セット
6週目	1マイルレースペースでワークと休息の比を1：1.5として300、400、600、800、600、400、300m、これをセット間回復5分で1-2セット	800mレースペースでワークと休息の比を1：2として300m×4、これをセット間回復5分で2セット
7週目	1マイルレースペース、回復1分で400、800、400m、これをセット間回復5分で2セット	800mレースペースでワークと休息の比を1：2として300m×4、これをセット間回復5分で2セット
8週目（回復週）	1マイルレースペースでワークと休息の比を1：1.5として300、400、600m、これをセット間回復5分で2セット	

第4段階：スピードトレーニング

　プログラムの最終段階、そして最も短い段階は、無酸素能力と筋肉のパワーを発達させるためのスピードトレーニングです。$\dot{V}O_2max$トレーニングのときと同じく、まず週に1回の無酸素能力トレーニングを導入し、その後、週に2回に増やします（表11.5を参照）。もしあなたがパワータイプの筋力強化プライオメトリックトレーニングをやってみようと思うなら、この段階がふさわしい時期です。強さとパワーのトレーニングは、持久力トレーニングとよりも、スピードトレーニングと相性がいいからです。パワータイプの筋力強化プライオメトリックトレーニングの前に基礎作り段階の筋力トレーニングを行って、損傷を防ぎましょう。スピードトレーニング段階では強さとパワーのトレーニングを重視し、スピードトレーニングをする日にはそれも行います。

　基礎作り、アシドーシス閾値トレーニング、有酸素パワー（$\dot{V}O_2max$）トレーニング、無酸素能力ト

レーニングという各トレーニング要素のどれをどの程度重視すべきかは、いくつかの要因に左右されます。あなたの強みと弱点、トレーニング目標のレースの長さ、レースまでの週数などで変わってくるのです。ある段階から別の段階に進むとき、そのトレーニングサイクルでは2番目に重視していた要素（1番目の要素よりもワークアウト回数が少なかった要素）が、次のサイクルでは最も重視すべき要素になります。たとえば、アシドーシス閾値トレーニングから$\dot{V}O_2max$トレーニングに移るときには、週に1回のATワークアウトから2回に進み、次いで週にATワークアウト1回と$\dot{V}O_2max$ワークアウト1回、そして最終的に週2回の$\dot{V}O_2max$ワークアウトへと進みます。$\dot{V}O_2max$トレーニングから無酸素能力およびスピードトレーニングへと移る際にも、これと同じパターンに従います。こうすればトレーニングプログラムが切れ目なくつながって、強度が突然変化することがなくなります。

回 復

　トレーニングプログラムの重要な構成成分のひとつが回復です。ひょっとするとトレーニングそのものより重要かもしれません。あなたがなんとかして達成しようとしているトレーニングへの適応はすべて、回復中に起こるからです。ですから、すぐれたランナーになるには、プログラムに回復を盛り込まなければなりません。特に、走行距離が長かったり、高強度のトレーニングを行ったりしているときには必須です。トレーニングを3-5週からなるサイクルで構成し、最初の2-4週を使ってどんどんトレーニングをして、ストレスを導入します。サイクルの最後の週は回復週として使います。それまでに行ったトレーニングを吸収し、必要な適応を起こさせ、次のトレーニング負荷に対処できるように回復するための週です。トレーニングのプロセスを、2歩前進して1歩後退、また2歩前進して1歩後退というふうに考えてください。トレーニングを二極化させましょう。楽な走りで体を完全に回復させる日と、体にストレスを与えるきつい日に分けるのです。こういうふうにデザインすれば、ストレスにも回復にも等しく注意を向けて取り組むことができ、効果抜群のすばらしいシステムとなります。

　ワークアウトからどれだけすばやくまた完全に回復するかは、いくつかの要因の影響を受けます。年齢、トレーニング強度、栄養、環境、ストレス、心肺機能のレベルなどが考えられます。このうち、最も重要なのは年齢です。5章で述べたように、若いランナーのほうがワークアウトとワークアウトのあいだの回復がすばやく、ハードなワークアウトをひんぱんに行うことができます。次に大きいのがワークアウト強度です。ワークアウトの強度が高いほど、長い回復期間が必要になります。環境も関係があり、標高が高かったり気温が低かったりすると、回復は遅くなります。回復は有酸素プロセスなので、心肺能力が高ければ、回復が速くなります。循環系がそれだけすばやく、栄養を送り届けたり代謝老廃物を除去したりできるからです。栄養と水分補給も回復に影響を与える大きな要因で、炭水化物とタンパク質が最も重要な栄養素です（14章を参照）。

　エストロゲンはエクササイズ中だけでなく、回復にも影響を及ぼすかもしれません。エストロゲンが、炎症を抑え、激しいエクササイズ後の筋修復と再生の促進に重要な役割を果たすことが、研究で明らかになっています。エストロゲンが骨格筋の損傷や炎症、修復に影響を及ぼす正確なメカニズムは完

全に解明されてはいないものの、少なくとも3つのやり方で保護効果を及ぼしていると考えられています。抗酸化物質としての作用、筋膜の安定化、遺伝子調節の制御の3つです。

月経周期とレース

　月経周期とレースとの関係はなかなか複雑です。月経周期によって、持久力エクササイズ中のパフォーマンスが変動するという結果を報告している研究がいくつかあるものの、月経周期のどの時期にあたるかによって持久系パフォーマンスの差がないことを明らかにした研究も同じくらいあります。

　月経周期を通じて持久系パフォーマンスが変動するのは、エストロゲンとプロゲステロンの濃度変動に刺激された運動代謝の変化によるところが大きいかもしれません。月経前後の数日にはランニング成績が振るわないとこぼす女性が多いようです。もし「その期間」にレースに出たことがあるなら、それがどんなに嫌な経験か、わかると思います。月経中にレースに出ることはなるべく避けたほうがいいことは、かなり明らかです。経血量、ということはあなたが失う血液と鉄分の量も、月経後の週にあなたがどう感じるかに影響を与えるでしょう。出血量が多い女性は、月経後、動きが鈍いように感じるかもしれません。そうなると、月経後はレースに不利な時期となるでしょう。

　もしほんとうに、1カ月の特定の時期に持久系パフォーマンスがよくなるとしたら、それは一般に、月経周期の卵胞期後期で、排卵の前になるように思われます。この時期は排卵前のエストロゲンの急上昇とプロゲステロン濃度の抑制を特徴とします。黄体期中期（排卵の1週間後）にも成績はよくなるかもしれません。この時期もエストロゲンの上昇を特徴としますが、プロゲステロンも高レベルとなります。プロゲステロンは体温や体液バランス、呼吸にいくらかマイナスの影響を及ぼすので、卵胞期に比較すると、持久系パフォーマンスが改善するのは、黄体期中期でもエストロゲンのプロゲステロンに対する比が高い（つまりエストロゲン濃度の増加がプ

エストロゲンはエネルギー生成のための脂肪の使用を促進し、筋グリコーゲンを取っておくので、長距離レースでの女性の成績を向上させる可能性がある。

ロゲステロン濃度の増加と比べて高い)ときだけになるのかもしれません。

　エストロゲンは貯蔵量にかぎりがあるグリコーゲンを取っておいて、エネルギー生成のための脂肪の使用を促進するとともに、筋グリコーゲンの貯蔵量の増加を促します。どちらの働きも、長いレースには重要な因子です。もしマラソンまたはウルトラマラソンといった、骨格筋に蓄えられたグリコーゲンの量に大きな影響を受けるレースに出る計画があるなら、月経周期の黄体期中期にレース日がくるようにしてみましょう。2007年に『インターナショナルジャーナル・オブ・スポーツヌートリション・アンド・エクササイズメタボリズム』に発表されたある研究が、ふつうの食事(体重1ポンド当たり1日2.4gの炭水化物)を3日間、または高炭水化物食(体重1ポンド当たり1日3.8gの炭水化物)を3日間摂ったあとの女性について、月経周期の異なる時期のあいだの筋グリコーゲン含量を比較しています。どちらの食事でも、黄体期中期に筋グリコーゲン含量が最大になりました。筋グリコーゲンが最低になったのは卵胞期中期でしたが、この時期の筋グリコーゲン量は高炭水化物食のあとのほうが多くなりました。

　黄体期の高いエストロゲン濃度が、代謝とグリコーゲンの貯蔵に対する効果によって持久系パフォーマンスを改善するのに対して、黄体期の高いプロゲステロン濃度は、体温を上げ、体液バランスに悪影響を与えて、水分と電解質の減少を引き起こします。これはマラソンのような長いレースにとっては、好ましいこととは言えないでしょう。体温の上昇も脱水も、心臓の1回拍出量および心拍出量に対する影響を通じて、マラソン中に疲労を起こさせるからです。したがって、もしマラソンの日程がプロゲステロン濃度の高い黄体期に重なるなら、適切な方法を用いて体を冷やしたり水分を補給したりすることが、ふだんより重要になるでしょう。プロゲステロンは呼吸速度も増加させますが、これは走りをよりつらく感じさせることがあります。ランナーは呼吸の速さで、どれくらいきついかを判断しがちだからです。こうしたことを考え合わせると、黄体期中期によい成績を収めようと思うなら、上昇するエストロゲンの効果が、上昇するプロゲステロンの効果を上回るようにしなければならないようです。

PART III
健康とウエルネス

女性アスリートの3徴

体組成は多くの身体活動の成績に影響を与えます。ランニングもそのひとつです。体を前に進めるには強さと持久力が要求されます。ですから、脂肪に対する除脂肪体重の比が高いことは、女性長距離ランナーにとって、良好なランニング成績の重要な決定因子となります。持久力トレーニングで体脂肪を減らすことができるとはいえ、体脂肪20％のアマチュア女性ランナーが、エリートランナー並みの12-14％まで体脂肪を落とせば、成績は改善するでしょうか？ これはむずかしい質問です。

　女性ランナーのなかには、体組成を操作して成績を引き上げようとする際に、体重を減らすことが体脂肪を減らすことにつながると、誤って思い込んでいる人たちがいます。コーチやランニンググループが、体重が低いほうが成功に近づけるという、この誤った考え方をさらに広めています。しかしながら、すでにスリムなアスリートの成績が減量によって改善されるというエビデンスはほとんどありません。ちなみに、ランナーやクロスカントリースキーヤーのような持久型アスリートは体脂肪が平均して12-18％であるのに対して、マラソンランナーの中には6-8％の人もいます。おわかりでしょうが、こうした数値は個人差が大きく、またランナーの生理学的プロフィールのたったひとつの側面にすぎません。余分な体重を抱えている女性ランナーが減量すればランニングの改善につながるのは事実ですが、比較的ほっそりした女性ランナーの減量は脂肪以外の体組織の減少をもたらし、成績の点からも関節の健康の点からも、望ましいことではありません。成績の悪化につながる恐れがありますし、健康にも有害です。こうした好ましくない結果につながるにもかかわらず、理想的な体組成を手に入れて成績を向上させたいという欲求がすたれることはなく、長距離ランナーが女性アスリートの3徴（3つの落とし穴）に陥る主な要因となっています（もし余分な体重を落とそうとしているなら、14章の減量とカロリー摂取の部分を参照してください）。

女性アスリートの3徴とは

　女性アスリートの3徴は、気づかずに放置すれば取り返しのつかない結果を招く恐れがある重大な健康問題です。1992年に初めて記述されたときは、摂食障害、無月経、骨粗鬆症の3つからなる状態が、こう呼ばれました。それまで考えられていたよりはるかに多くの女性アスリートがこの症候群を発症するリスクを持つことがわかって、2007年に定義が広げられ、消費カロリーより摂取カロリーが少ないことによる利用可能エネルギーの不足、月経異常、低骨密度の3つを指すと定められました。骨密度（BMD）は骨のカルシウム量を反映する測定値で、ふつうは平方センチメートル当たりのグラム数で計算されます。骨密度がその年齢の予想範囲を下回る場合を低BMDと言います。

　3徴を構成する各要素は互いに関連があり、その深刻度は健康から疾病まで切れ目なくつながっています（図12.1を参照）。健康なほうの端にいる女性ランナーは適切なエネルギー（カロリー）を摂取し、毎月の月経周期は正常で、骨の健康状態も良好です。逆に不健康なほうの端にいるランナーはエネルギー不足が続き、摂食障害のある場合もあり、月経周期がない（無月経）か、ほかのタイプの月経機能障害があり、治療しないと骨粗鬆症に進行するような骨密度低下があります。骨粗鬆症は骨密度と骨強度の低下を特徴とする病気で、ささいなけがで骨折しやすくなります。

　女性アスリートの3徴に関連した健康問題は、そうしたスペクトルの一番端でなくても起こり得ます。例えば月経周期のわずかな変化でさえ、骨密度に影響を及ぼすことがあり、疲労骨折につながる場合があります。スペクトルに沿った悪化の進む度合いは人によって異なるとはいえ、身体的活動レベルに対して栄養が不充分だと、悪化のサイクルが始まります。ですから、利用可能なエネルギーの不足が、一番重要な要素となります。女性長距離ランナーはほかのアスリートに比べて、無月経（月経周期がない）の率もエネルギー摂取不足の割合も高く、3徴の存在する可能性がそれだけ増します。このあとの節で、女性アスリートの3徴のそれぞれをさらに詳しく見ていきましょう。

```
不健康 ←                                              → 健康
         継続的なエネルギー不足        適切なエネルギー摂取
         無月経または月経機能障害       正常な月経周期
         骨量低下または骨粗鬆症        健康な骨
```

図12.1　女性アスリートの3徴の連続体。

利用可能なエネルギーの不足

　利用可能なエネルギーの減少は、食事からのエネルギー摂取の不足か、運動によるエネルギー消費の増加によって起こります。いずれにしろ、カロリー摂取がエネルギー消費に見合っていないと、エネル

ギー不足が起こるわけです。日常生活に必要なエネルギーに加えて運動のためのエネルギーも必要なのに、摂取するカロリーがあまりにも少なすぎるのです。たとえば、仮にあなたが週に30マイル（約48km）走るとします。スピードやきつさのレベルによって、週に2,000-3,000カロリー、余分に摂取する必要が出てくるでしょう。毎週それだけランニングすることで、必要なエネルギーが増え、それに見合うだけのカロリーを摂取しなければならないからです。もし週に80マイル（約129km）ランニングしているなら、スピードやきつさのレベルに応じて、週に5,000-8,000カロリーを追加する必要があります。

運動によるこうした追加のエネルギー要求を満たしてやらないと、エネルギー不足に陥ります。不足の度合いがあまりにも大きいと、体は健康に不可欠な特定の生理機能を抑制するという反応を示し、たとえば下垂体からの黄体化ホルモン（LH）の規則的な分泌を変更します。これはエストロゲン生成の減少をもたらし、その結果、月経機能障害が起こります。エストロゲンレベルの低下は骨吸収と骨蓄積にも影響を与えます。これらの生理機能の抑制はエネルギー不足を緩和し、解消さえするかもしれませんが、利用可能なエネルギーを増加させるわけではありません。もし、利用可能なエネルギーの低い状態が続くなら、ランニング成績が損なわれ、重要な栄養素（カルシウム、ビタミンD、鉄、亜鉛など）の欠乏が起こり、生殖機能や骨の健康が危険にさらされます。

エネルギー不足には、意図せずにそうなってしまった場合と、意図的に何かを選択した結果である場合とがあります。女性ランナーが、うっかりして、日常生活とランニングに必要なエネルギーを充分みたすには少なすぎる量しか食べないというのは、珍しいことではありません。いっぽう、意図的に充分なエネルギーを摂取しない原因の筆頭にくるのが、やせたいとかスマートになりたいと、ダイエットすることです。ダイエットやその他の異常な摂食行動には、食事からのエネルギー摂取の制限、食物のタイプの限定、絶食、ひんぱんな欠食、ダイエットピルの使用などがあります。ときには、やせたいという思いから摂食障害になってしまうこともあります。

拒食症や過食症など、診断基準に基づいて診断された摂食障害は、健康上深刻な結果をもたらす病気です。拒食症の女性は自分の身体に対して歪んだイメージを持っており、ひどい低体重であるにもかかわ

エネルギー不足による健康への悪影響を避けるため、ランナーは適切なカロリー摂取を維持しなければならない。

らず、体重が増えたり太ったりすることに強い恐怖感を抱いています。カロリーをきびしく制限し、しばしば取りつかれたように運動します。過食症は、一度に大量の食物を食べるむちゃ食いの発作を特徴とします。その後罪悪感に襲われ、不適切な行動（自己誘発嘔吐、利尿薬や下剤や浣腸剤の使用、絶食、過度の運動など）で埋め合わせて、体重増加を防ごうとします。カロリー摂取量が少なすぎる原因はどうであれ、摂食障害のような極端な状態にまで至らなくても、食事行動のせいで、3徴のほかの2つに陥るリスクが高まる可能性があります。

　カロリー制限は月経不順と低骨密度の両方に関連がありますが、必ずしも両方同時に起こるわけではありません。もしあなたの食習慣が必要なカロリーを充分に満たせないようなものなら、月経周期は正常でありながら骨密度が低いということもあり得ます。何マイルものランニングに費やされるカロリー数の大きさを考えると、その高いカロリー消費量を充分に埋め合わせるだけのカロリーを必ず摂取するように気をつける必要があります。多くのランナーが、ただ食べる量が不充分なせいで、カルシウムやビタミンDのような特定の栄養素の必要量を満たせず、骨折のリスクを高めています。利用可能なエネルギーの不足が、女性ランナーのあいだの疲労骨折の主なリスク因子なのです。少なくとも、日に1,500mgのカルシウムと、日に400-800国際単位（IU）のビタミンDを摂る必要があります。

　ビタミンDは日光と皮膚の相互作用によって体内で作ることができるため、日光ビタミンと呼ばれることもあります。充分な量のビタミンDを作るには、直射日光（午前10時から午後3時）に毎日15分あたるだけでいいのですが、住んでいる地域や走る場所、走る時間帯、日焼け止めの使用などの状況が、ビタミンDの摂取必要量に影響を与えます。たいていの女性ランナーは、日光にあたることで必要量の少なくとも一部は満たせるでしょう。といっても、たとえば10月から3月のあいだアメリカの北部に住んでいたり、早朝または夕方に走ったり、屋内でトレーニングしたり、SPF8以上の日焼け止めを使っていたりすれば、必要量を作るのに充分なほどは、日光を浴びていないかもしれません。そのような場合は、ビタミンDのサプリメントを使えば充分な量を確保できます。

月経異常

　正常月経、つまり月経が正常でエストロゲンレベルが正常な状態から、無月経、つまり月経が連続3カ月以上なく、エストロゲンレベルが顕著に低下している状態までは、連続的に変化するひとつながりのスペクトルとなっています。両端のあいだにあるのが、低いエストロゲンレベルとその結果である月経不順を伴う状態です。こうした状態には、黄体機能不全、無排卵（排卵がない）、過少月経（周期が不規則で頻度が低い）などがあります。女性ランナーは月経不順の発生率が高いものです。発生率の高さはともかく、月経周期が不規則だったり、まったくなくなったりするのは、何かがまずいと、体が伝えているのです。ほかの女性ランナーやコーチからどんな話を聞かされていようと、正常な月経以外はすべて、女性ランナーにとって異常なことです。エストロゲンのレベルが継続的に低くなる結果、骨に厄介な問題を引き起こすリスクが高まります。

　黄体機能不全とは黄体期（排卵から月経まで）が短くなることです。プロゲステロンの生成が不充

分になり、卵胞期（2章を参照）が長くなります。周期全体の長さは通常変わらないので、多くの女性はこうした問題があることに気づきません。妊娠出産を考えるようになり、妊娠を試みて不妊の問題が見つかって初めて、気づきます。

　無排卵、つまり排卵の欠如は、エストロゲンおよびプロゲステロンレベルの低下によって起こります。無排卵の結果、月経の出血が予測できなくなります。周期は短く（21日以下）なることもありますが、間隔が35日以上になることのほうが多く、これは過少月経と呼ばれます。このように周期が不規則で回数も少なくなることが、女性ランナーにはよく見られます。女性長距離ランナーで疲労骨折の既往のある人は、過少月経の既往もあることが多いようです。

　少し前までは、きつい運動によって無月経やその他の月経不順になっても、別に害はないと広く信じられていました。ランナーはいまだに、体重減少や月経周期の欠損を成績改善の前触れと見がちです。実際、正常な月経機能の維持には体重の少なくとも22％の体脂肪が必要だと言われたこともあります。しかしながら、数多くの研究で、正常な月経のあるランナーの体脂肪が22％未満であることが、明らかになっています。そうは言っても、正常な月経機能のためには一定の体脂肪パーセンテージが必要だと思われます。ただし、そのパーセンテージは人によって大幅に差があるでしょう。いまでは、運動だけでは月経異常が起こらないし、低体重だけでは月経異常の発現を説明できないこともわかっています。体格指数（BMI）が同じでも、月経周期が運動にどう反応するかは、女性によってさまざまなのです。

　月経異常は、消費するエネルギー量に対して、摂取するカロリーが少なすぎるときに起こります。月経機能の維持に支障をきたすのは除脂肪体重1kg当たり1日30キロカロリー以下の場合であることが、研究の結果わかっています。除脂肪体重とは、骨、器官、筋肉、血液、水分など、体の脂肪以外の部分の重量の推定値です。除脂肪体重を計算するには、体脂肪パーセンテージの推定値が必要です。体脂肪パーセンテージを推定する簡単な方法として、皮膚のひだの厚みの測定と胴回りの測定の2つの方法があります。どちらの方法も、体組成評価の訓練を受けた人が行うべきです。地域のYMCAやヘルスクラブ、大学のレクリエーション施設、プロのトレーナーなどがそうしたサービスを提供していないかどうか、確かめてみましょう。

　体脂肪パーセンテージの推定値がわかったら、全体重のkg値も必要です。次に、下記の式を使って除脂肪体重を算出します。

$$全体重kg \times (体脂肪\% \div 100) = 体脂肪kg$$
$$全体重kg - 体脂肪kg = 除脂肪体重kg$$

　次にこの除脂肪体重に30キロカロリーを掛ければ、月経機能に支障をきたさない最低の限度である1日当たりのカロリーが求められます（測定には一般にキロカロリーという単位が使われますが、値はカロリーと表現されます）。

　例をあげると、もしあるランナーの体重が57kgで除脂肪体重が45kgだとすると、月経機能を維持するための1日当たり最低のカロリーは1,350カロリー（30kcal×45kg）となります。ただし、ここで

挙げたカロリー限界値は、月経機能を維持するのに必要な最低カロリー数であり、ランニングのエネルギー消費をまかなうには、さらに多くのカロリーを毎日摂取しなければなりません。

2章で述べたように、正常な月経周期は性ホルモンの調和のとれたフィードバックによって生じます。エネルギーバランスが悪化するとホルモン生成が抑制されるため、このシステムが乱れて、月経異常が引き起こされます。排卵や月経周期を犠牲にしてエネルギーを節約することによって、体が事態に適応しようとするのです。したがって、トレーニングに食事制限が加わるようだと、あなたの月経周期は中断されかねません。幸いなことに、適切な栄養とカロリーの摂取で、月経周期は回復できます。

骨の健康

3徴の最後の要素は骨の健康に関することがらです。骨の健康度も、適切な骨強度から低骨密度（BMD）、そして低骨密度を放置した場合の骨粗鬆症まで、連続して変化します。骨密度とは骨のミネラル（たとえばカルシウム）の密度のことで、4章で述べたようにDXAスキャンで測定できます。骨粗鬆症は骨量の低下と骨組織の微細構造の劣化を特徴とします。この劣化のため、骨折のリスクが増します。骨粗鬆症は、ピーク骨密度年齢の女性の平均より、骨密度が2.5標準偏差低い状態と定義することもできます。低いエストロゲンレベルと不充分な栄養が、骨密度に影響を与えます。

血中のエストロゲンレベルが正常なとき、骨の除去と形成は均衡状態にあり、骨格の強度と完全性が維持されます。骨の再形成は生涯にわたる能動的なプロセスで、骨吸収（破壊と除去）と骨形成（構築）という2つの異なる段階からなります。エストロゲンレベルが低いと、骨吸収が増加し、骨形成が追いつかなくなります。その最終的な結果が骨密度の低下なのです。カロリー摂取が不充分だと、カルシウム摂取が不充分な場合同様に、さらに骨吸収を促進し形成を抑えることになり、問題に拍車をかけます。女性では30歳前後で、骨吸収が骨形成を上回り始めると考えられます。通常45-55歳で起こる閉経の後は、骨吸収が形成をかなり上回るようになり、女性はいっそう急速に骨を失い始めます。このため、骨粗鬆症になったり、骨折を起こしたりするリスクが高まります。

ピーク骨量の大部分は子供時代に獲得され、残りは思春期から成年時代初めにかけて獲得されます。骨密度は30歳ころから年に0.3%の率で下がり始めます。ただしこれは無月経や過少月経、あるいは閉経後でない場合の話で、閉経すると骨密度は年に2%も低下します。月経機能障害のあるマラソンランナーの症例報告では、年に7%という高い骨密度低下も明らかになっています。

というわけで、女性の場合、骨密度の最も重要な決定因子は血中のエストロゲン濃度になります。エストロゲン濃度を低下させるような状況はどんなものであれ、骨の再形成に悪影響を及ぼします。骨粗鬆症や骨折のリスクが無月経や閉経で劇的に上昇するのは、それで説明がつきます。無月経のときも閉経後も、エストロゲン不足になるのです。実際、無月経によって引き起こされるエストロゲン不足が、活動的な女性が骨粗鬆症になる最大のリスク因子なのです。いくつかの研究で、無月経のアスリートでは特に腰椎の骨密度が明らかに低下していることが見つかっています。同じランナーたちを追跡研究したところ、正常な月経が再開した人は腰椎骨密度が増加したのに、月経不順が続いた人は

女性アスリートの３徴、あなたは大丈夫？

　リスクがあるかどうか知るために、下記の問いに答えてみましょう。あなたの答えと判定基準を比べて、異常の可能性があるときは、トレーニングを調整し、カロリー摂取を増やして、かかりつけの医師の助言を求めましょう。

月経歴

- 一番近い月経はいつでしたか？　正常な周期は21-35日で、平均28日です。一番近い月経がこの範囲内になければなりません。
- 月経の始まりから次の月経の始まりまで、通常は何日ですか？　間隔が35日より長いのは異常です。
- 去年は何回、月経がありましたか？　12カ月で10-13回の月経周期があるのが普通です。
- 去年、月経の間隔が一番長かったのは何日でしたか？　3カ月以上月経がないのはエストロゲンレベルが低下しているしるしで、骨が危険にさらされます。

食事歴

- 食べる量を抑えたり、特定の食物群を制限したりしていませんか？　女性アスリートはあらゆる食物群から、毎日の必要量を満たすのに充分なだけのカロリーを摂取する必要があります。食べるものに制限を設けると、栄養やカロリーが不足する危険があります。
- 食事をひんぱんに抜いていませんか？　食事を抜くと、毎日のカロリーが少なくなり過ぎる恐れがあります。
- 体重や体組成について悩んでいませんか？　過度の懸念は、自分の身体イメージに不満があることを示唆しています。これはもっと深刻な問題のあるしるしかもしれません。
- ダイエットピルを使ったり、わざと嘔吐したり、下剤を使ったりしていませんか？　こうした異常なやり方で体重を落とそうとするのは、身体イメージに関する問題が根底にあることを示唆しています。

筋骨格歴

- これまでに疲労骨折を起こしたことがありますか？　低骨密度が、疲労骨折の主要な要因です。
- 骨粗鬆症の家族歴がありますか？　骨粗鬆症の家族歴があると、あなたも骨粗鬆症になるリスクが高まります。骨密度を増すための方策を積極的に講じましょう。

さらに骨密度が低下しました。
　ランニングのような荷重運動は骨によい影響を与えます。調査の結果、ランニングや跳躍を含むスポーツ、たとえばサッカーや長距離ランニング、バスケットボール、体操、バレーボールなどをしている女性は、運動をしていない人たちよりも骨密度が高いことがわかりました。さらに、水泳やサイクリング、クロスカントリースキー、ボート漕ぎなど、衝撃の少ないスポーツをしている人たちよりも、高かったそうです。ただし、荷重スポーツのアスリートの骨密度が高いといっても、運動自体が原因だと断定するのはむずかしいでしょう。骨密度は遺伝の影響も受けるからです。骨密度に対する荷重スポーツの効果を判断するには、もっと長期にわたる調査が必要です。正常な月経のある女性ランナーは、ラ

ンニングをしていない女性より、骨密度が5-15%高いのが普通です。骨の健康に最大限の好ましい効果を及ぼすには、骨格が成熟する30歳になる前にランニングをすべきでしょう。年齢が上がるにつれ、骨がストレスに反応する力は落ちていきます。ですから、青春時代にランニングをすれば、骨を最大限、鍛えることができます。青春時代に獲得した骨密度は、成年になってからも維持されます。

　骨密度がいくらなら骨折リスクがあると、正確に予測できるような数値があるわけではありませんが、女性ランナーの骨密度がその年齢の予想範囲より下にある場合は心配です。すでに栄養不足ならびに月経機能障害によるエストロゲン不足のあるところにこれが加わると、疲労骨折が起こる舞台が整います。無月経のアスリートは正常月経のアスリートより2-4倍も疲労骨折を起こしやすいことが、研究で明らかになっています。こうした骨折は複数の場所で起こる傾向があり、大腿骨頸部、脊椎、骨盤など、治りにくく、予後のよくないことが多い部位に起こりやすいのです（疲労骨折について詳しくは13章を参照）。

　ある程度のランニングは骨にとって好ましいものですが、必ずしも、たくさん走るほどよいというわけではないようです。女性の骨密度に対するさまざまなランニング量の効果を調べた横断的調査で、ランニング距離数と骨密度のあいだに負の関連のあることが明らかになりました。ただし、これはそう簡単な問題ではありません。女性の場合、トレーニング量は月経とそれに伴うエストロゲンレベルに負の効果を及ぼし、エストロゲンレベル自体が骨密度に影響を与えるからです。18-44歳の女性長距離ランナーを対象とした横断的研究で、腰椎および大腿骨の骨密度と週間ランニング距離とのあいだにわずかに負の相関関係のあることがわかりました。特に、ほかのランナーよりも週に10km多く走るランナーでは、腰椎骨密度が1%低く、大腿骨頸部骨密度が2%低くなりました。ある長期にわたる研究では、カレッジのクロスカントリーランナーで、週に40マイル（約64km）以上走る6カ月のトレーニング期間中、腰椎と大腿骨近位部の骨密度に低下傾向が見られました。

　骨密度が低く、疲労骨折を起こしたランナーの治療には、経口避妊薬が用いられてきました。経口避妊薬は月経周期を正常化し、エストロゲンを供給するかもしれませんが、骨密度の低いランナーの骨を健康にしてくれるとはかぎらないようです。経口避妊薬とその骨に対する効果に関する調査では、まちまちの結果が報告されています。経口避妊薬の使用で骨密度が増加したという研究もあれば、なんの効果もなかったという研究もあります。好ましくない影響があったという研究さえあるのです。特に、青年期後期あるいは成年期初期に摂取した場合に、悪影響があったようです。経口避妊薬の使用で骨密度が増加するのは、閉経期の初めにのんだ場合だけのように思われます。閉経前の女性で、月経周期が正常で骨密度も正常なら、経口避妊薬が骨の健康にとって恩恵になることはなさそうです。安全のため、経口避妊薬を使う前にはかかりつけの医師に相談しましょう。

　無月経のランナーを対象とした研究で、続いて体重の増加が起こった場合、骨密度が年に5%増加しました。月経機能の回復には除脂肪体重1kg当たり1日30キロカロリーが必要なのに対して、骨密度の増加とその後の体重増加には、除脂肪体重1kg当たり1日45キロカロリー以上が必要です。前に出した例を続けると、体重57kgで除脂肪体重が45kgのランナーは、骨密度を増加させるには最低でも1日2,025カロリー（45kcal×45kg）を摂取する必要があるわけです。骨密度を増やすには体

骨密度を高めて骨の健康を維持する

次のエクササイズを用いて骨の健康を維持しましょう。
- 高強度の筋力トレーニングをする。
- 腰椎の筋肉と股関節の前後の筋肉に焦点を絞った筋力トレーニングをする（この章と10章のエクササイズなど）。
- ボックスジャンプ、デプスジャンプ、バウンディングのようなプライオメトリックエクササイズをする（10章を参照）。
- 多様な方向への動きを重視する。
- 骨格が成熟する前の青年期に荷重エクササイズをする。

栄養については次のような対策が考えられます。
- 日に1,500mgのカルシウムを摂る。
- 日に400-800IUのビタミンDを摂る。
- 毎日、消費した分のカロリーを摂る。
- 過度の飲酒を避ける（女性は日に1杯まで、男性は日に2杯まで）。

重を増やさなければならないのかどうかを判断するには、さらに研究が必要です。

　利用可能なエネルギーを増加させれば、月経を再開させ、骨密度を改善することができます。それには、ただ、トレーニングを減らすと同時にカロリー摂取量を増やすだけでいいのです。登録栄養士に手伝ってもらえば、自分の必要とするエネルギー量を推定できます。カルシウム（1日1,500mg）やビタミンD（1日400-800IU）のような骨を作る栄養素を充分に摂ることも欠かせません。炭酸カルシウムやクエン酸カルシウムのサプリメントは吸収がよく、体の負担にもなりません。ほとんどのランナーは喫煙しませんが、低骨密度の治療には禁煙と節酒も含めるべきでしょう。低骨密度の女性ランナーは、お酒は日に1杯までにすべきです。大量のアルコールは骨形成を担う細胞の働きを妨げます。過度の飲酒（日に3杯以上）をする人はさらに骨を失い続け、骨粗鬆症の発症が早まるでしょう。

　どれくらい走れば走りすぎになるかがはっきりしないとはいえ、運動（荷重運動と筋力トレーニングの両方）と充分な栄養の組み合わせが、骨密度を改善する最善の道のひとつです。高速での高負荷（すなわち、プライオメトリックエクササイズのように大量の力を瞬時に骨に向ける）をもたらす動きを取り入れ、前後左右の動きなど、多様な角度を組み込んだ動きを用いて、さまざまな方向から骨に負荷を与えましょう。跳躍のように重力に逆らったエクササイズもいいでしょうし、ウェイトや抵抗ベルトを用いて、抵抗に逆らったエクササイズをしてもいいでしょう。ただし、エクササイズは骨密度を増加させたいと思う特定の骨を標的にして行わなければなりません。10章で紹介したエクササイズに加え、以下のエクササイズも効果的です。

抵抗のあるヒップフレクション（股関節屈曲）

ストレングスバンド（または弾性チューブ）の一方の端をしっかりした構造物に引っかけます。この固定した端に背を向け、バンドに抵抗が生じる距離に立ちます。バンドまたはチューブのもう一方の端を片方の足首に引っかけます。バンドをかけていないほうの足に体重をかけます。この片足立ちの姿勢で骨盤を水平に保つには、膝をわずかに曲げる必要があります。この姿勢になったら、バンドまたはチューブをかけたほうの脚の太腿前面の筋肉を引き締めて、膝を伸ばしたまま、脚を前方に動かします。10回を1セットとして3セット行い、脚を替えて繰り返します。

抵抗のあるヒップエクステンション（股関節伸展）

ストレングスバンド（または弾性チューブ）の一方の端をしっかりした構造物に引っかけます。この固定した端に向きあって、バンドに抵抗が生じる位置に立ちます。バンドまたはチューブのもう一方の端を片方の足首に引っかけます。バンドがかかっていないほうの足で立ち、膝をわずかに曲げて、骨盤を水平にします。膝を伸ばしたまま、バンドのかかっている脚をまっすぐ後ろに引きます。体が前に傾かないようにします。最初の姿勢に戻ります。10回を1セットとして3セット行い、脚を替えて繰り返します。

抵抗のあるヒップアブダクション（股関節外転）

ストレングスバンド（または弾性チューブ）の一方の端をしっかりした構造物に引っかけます。この固定した端が横にくるようにして、バンドに抵抗が生じる位置に立ちます。バンドまたはチューブのもう一方の端を、構造物から遠いほうの足首に引っかけます。構造物に近いほうの足に体重をかけて、片足立ちになります。膝を伸ばしたまま、バンドのかかっている脚を外側に伸ばします。最初の姿勢に戻ります。10回を1セットとして3セット行い、脚を替えて繰り返します。

抵抗のあるヒップアダクション（股関節内転）

ストレングスバンド（または弾性チューブ）の一方の端をしっかりした構造物に引っかけます。この固定した端が横にくるようにして、バンドに抵抗が生じる位置に立ちます。バンドまたはチューブのもう一方の端を、構造物に近いほうの足首に引っかけます。構造物から遠いほうの足に体重をかけて、片足立ちになります。膝を伸ばしたまま、体重を支えている脚の前を横切るようにバンドを引き伸ばして、バンドのかかった脚を体に交差させます。最初の姿勢に戻ります。10回を1セットとして3セット行い、脚を替えて繰り返します。

下肢負荷

30cmのマスキングテープ2本で、床に十字の印をつけます。十字の作る区画のひとつに、両足を接触させずに揃えて立ちます。膝をわずかに曲げ、脊筋を伸ばして、上体をわずかに前に倒します。腕は体側に沿わせます。足の親指の付け根を使って、横の線を両足で低くすばやく、前後に飛び越します（写真a）。高さはテープの線に触れない位であればよく、コントロールされたすばやい動きを重視します。15秒続け、15秒の休息を挟んで3回繰り返します。同じように、縦の線を低くすばやく、左右に飛び越します（写真b）。セット間の休息を15秒として、15秒の飛び越しを3セット行います。

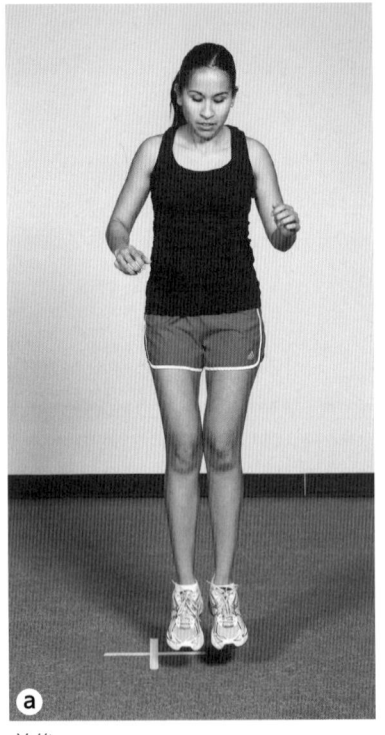

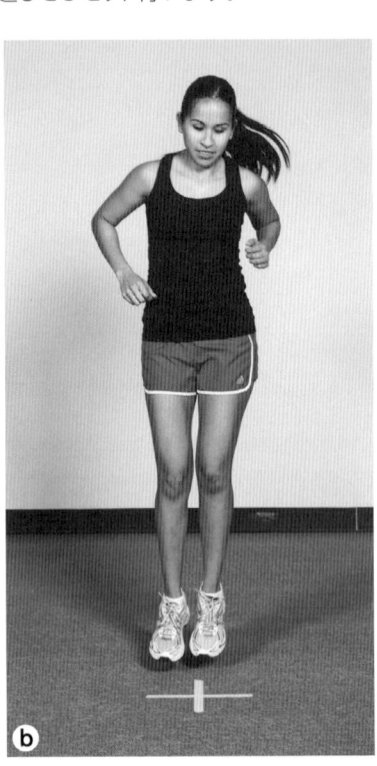

前後　　　　　　　　　左右

下肢負荷上級

前後と左右の飛び越しを1週間ほど行ったら、斜め飛び越しを追加します。十字の中心を通る対角線を思い浮かべます。股関節を水平に保ち、高く跳びあがらないようにして、左上と右下の区画のあいだを前後にすばやく跳びます（写真a）。15秒を3セット行ったら、右上と左下の区画のあいだで繰り返します。週に5秒ずつ増やして、両足であらゆる方向に30秒ずつ跳べるまでにします（表12.1を参照）。これがマスターできたら、一連の飛び越しを片足跳びで、それぞれの脚で繰り返します（写真b）。ランニング中、足を踏み出した瞬間に動きが止まった状態を想像してください。それが、片足跳びの姿勢です。膝がまがり、前方の股関節が屈曲して、骨盤は水平になっています。

斜め跳び 　　　　　　　　片足前後跳び

表12.1 下肢負荷プラン例

週	横跳び	縦跳び	斜め跳び	セット間の休息
1	15秒×3	15秒×3		15秒
2	15秒×3	15秒×3	15秒×3	15秒
3	20秒×3	20秒×3		15秒
4	20秒×3	20秒×3	20秒×3	15秒
5	25秒×3	25秒×3		15秒
6	25秒×3	25秒×3	25秒×3	15秒
7	30秒×3	30秒×3		15秒
8	30秒×3	30秒×3	30秒×3	15秒

最初の8週間を終えたら、全行程を片足で繰り返す。

健康と競技能力への影響

　3徴の要素を持つランナーが、ときには長期にわたってすぐれた成績を収めるのは珍しいことではありません。とはいえ、やがては、3徴の肉体的・心理的効果が競技能力や健康に影響を及ぼします。エネルギー不足が続くと、パワーや筋力、スタミナが低下します。すぐれたデザインのトレーニングプランを通じて達成された競技能力の向上が止まります。同じ距離を走っているのにランニングタイムが遅くなり、それまでは楽にできていたワークアウトをやり終えることがむずかしくなるでしょう。

　カルシウムやビタミンD、亜鉛、マグネシウム、鉄、ビタミンB複合体のような大事なビタミンやミネラルの摂取が不充分だと、貧血、免疫機能低下、不完全な治癒といった結果を招きます。疲れやすくなり、すぐに体調を崩し、ワークアウトのあいだの回復に時間がかかるようになります。エネルギーの枯渇による精神的な疲労も起こります。3徴の要素のあるランナーは集中することがむずかしくなり、心身の調和が損なわれ、イライラしやすくなります。ランニングに前ほど喜びを見いだせなくなり、やる気も失われるでしょう。

　3徴のうちで一番気がかりな影響をもたらすのは、骨量の継続的な低下です。やがて不可逆的な骨粗鬆症に至るからです。骨粗鬆症は疲労骨折の原因になりますが、栄養バランスがよくないため、なかなか治りません。骨折がいくつも起こると、骨折の部位によっては、変形性関節症の発症率の増加につながります。ひんぱんに疲労骨折を起こすようだと、ランニング活動の縮小を余儀なくされ、重症の場合は永久に断念せざるを得ないこともあります。利用可能なエネルギーが低い状態が長引けば、摂食障害があろうとなかろうと、やはり健康を損ねます。摂食障害について論じることは本書の範囲を超えるものの、そうした障害が、治療に専門家のチームを必要とする心理的な問題や重い内科的合併症を伴うものであることを、頭に入れておきましょう。

　体重を減らせば、特に長いレースでは、成績が改善する可能性がありますが、その場合も、体組成を健康なものに近づけることが必要です。体重や月経の様子、毎週の走行距離を記録すれば、健康と競技能力にとって理想的な体重を見つけるのに役立ちます。疲労骨折を起こしたことがあったり、月経周期が変わったり、体調を崩したり損傷を起こしたりする回数が増えたりしたら、医療機関でチェックしてもらいましょう。女性アスリートの3徴に対する最高の防衛線は、あなた自身なのです。

13

損傷と女性ランナー

ランナーとしてのあなたの成績は、集中的なトレーニングの期間と回復の期間との微妙なバランスに左右されます。このバランスが最適の筋骨格適応を可能にするのです。トレーニングとトレーニングのあいだに充分な回復が得られないと、体がみずからを修復する力が損なわれ、やがては使いすぎによる損傷につながることがあります。損傷は、体の特定の部分に長期にわたって繰り返しストレスが加わった結果なのです。長距離ランナーに見られる損傷としては下肢の使い過ぎによるものが群を抜いています。こうした損傷には、膝蓋大腿痛症候群（膝蓋骨の下と周りの痛み）、腸脛靱帯症候群（腸脛靱帯摩擦症候群とも呼ばれ、股関節から膝へ延びる帯状組織の炎症によって膝の外側に痛みが起こる）、脛骨過労性骨膜炎（一般にシンスプリントとして知られる）、アキレス腱の不具合、足底筋膜炎（足底の組織の炎症によって起こる踵や土踏まず部の痛み）、疲労骨折などがあります。

　男性ランナーと違って女性ランナーは、力学的因子、ホルモン因子、栄養因子のあいだに女性特有の関連があるせいで、損傷を起こしやすくなります。この本でずっと述べてきたように、女性の生理学的な特性を決めているのはエストロゲンです。血中を充分なエストロゲンが循環していることが、月経周期の発現と骨の健康には欠かせません。月経機能障害やエネルギー摂取不足の場合のように、このエストロゲンレベルに問題が生じると、損傷のリスクが高まります。男性に比べて骨が小さく筋肉量が少ないことは、性別で決まる因子で、自分ではどうしようもないものですが、これもリスクをさらに高めます。実際、女性長距離ランナーによく起こる2種類の損傷、下肢の疲労骨折と膝蓋大腿痛症候群には、これらの因子が寄与しています。

損傷の可能性

　ランニング歴が長いほど、損傷の可能性も高くなります。ランニングによる損傷の統計数値は実にドラマチックです。研究の結果、損傷の発生は1,000時間のランニングにつき4件もあることがわかったのです。したがって、もしあなたが年間を通して週に5-10時間走るなら、年に250-500時間のランニングが蓄積されることになり、1-2件の損傷が起こる可能性があるわけです。グループとして見た場合、ランナーの少なくとも半数は男女とも毎年損傷を経験しており、どの時期をとってみても、25%が損傷を起こしています。

　具体的なタイプで分けてみると、ランニング関連の損傷で一番多い場所は膝で、ランニング関連の損傷全体に占める割合は膝蓋大腿痛症候群が約25%、腸脛靱帯症候群が12%となっています。アキレス腱の不具合のせいで、ランナーの16%が無期限にランニングをストップする羽目になっています。疲労骨折はランナーの損傷の4-15%を占めます。疲労骨折の発生率は、性別、年齢、骨折部位によってさまざまです。

　ランニング損傷のデータの多くが、下肢の損傷はランナーの性別のせいではなく、スポーツに参加した結果であることを示唆しています。そうは言っても、月経機能障害のような特定の要因が生じたときは、女性のほうが損傷のリスクが高くなります。規則的な月経周期がないと女性ランナーが疲労骨折を起こしやすくなることは、多くの研究で確認されています。大学生のランナーのグループを対象としたある研究では、月経が年に5回未満の女性の49%に疲労骨折が起こりました。規則的な月経（年に10-13回）のある女性では、疲労骨折を起こしたのは29%でした。

ランニングにおける損傷のリスク因子

　ランニングにおける損傷を引き起こす因子には、いくつかの内的因子や外的因子があります。内的因子とはその人個人の特性のことで、性別、年齢、骨密度、ホルモン因子、足のタイプ（土踏まずが発達しているか扁平足か）や脚長の不一致のような解剖学的因子などがあります。外的因子とは環境の特性のことで、走行距離やペース、地面、支持具やシューズのような用具といった、トレーニングに影響する要素を指します。こうしたさまざまな要素がリスク因子となりうることが知られているにもかかわらず、どれが主要なリスク因子なのかについて、既存の研究から引き出せる確たる結論はごくわずかです。

　1週当たりの走行距離が損傷リスクの最大の予測因子であるとする研究結果がほとんどです。けれども、それ以上になると損傷のリスクが増加するというトレーニング量の限界値は確定されておらず、特に女性ランナーについてはあいまいです。女性のデータは限定的で一貫性がありません。週当たり40マイル（約64km）以上トレーニングする男性ランナーは、それ未満の男性ランナーより2-3倍多く損傷を経験しています。男女とも20マイル（約32km）という低い値を限界値として提示している研究もあります。連日のランニング、ロングランの長さ、週間距離の突然の増加のようなランニン

ルーチンの変更、ヒルやインターバルトレーニングを取り入れるなどトレーニングのタイプの変更も、ランニングにおける損傷の増加と関連があるとされています。といっても、こうした結論の多くは軍の新兵を用いた研究から導かれたものです。アマチュアランナーとは、おそらくかなり異なる集団です。ともかく、ランニング損傷のおもな原因は、体組織に加えられたストレスの量にあるようです。

　ここまで見てきたように、大量の持久力トレーニングが、ランニングで成功を収める鍵ですが、そのいっぽうで、ランニングの総距離数は損傷の重要な予測因子なのです。ランニングの目標達成を可能にしながら、損傷を避けられるようなトレーニング計画を見つけるには、個人個人に合わせた絶妙なバランスが要求されます。週に40マイル（約64km）のランニングに耐えられる女性もいれば、損傷を起こさないためには週に25マイル（約40km）がやっとという女性もいます。といっても、絶え間なく頑張っていては、トレーニング適応は起こりません。適応が起こるのは回復時だからです。トレーニングと回復とのアンバランスは体組織の破壊につながり、やがては損傷につながります。そこで、トレーニングの一貫性が、成功の秘訣のひとつとなります。きつい日と楽な日を設け、ランニング量を徐々に増やし、トレーニングを11章に示したようなサイクルとして編成すれば、損傷のリスクが下がり、トレーニングの一貫性とランナーとしての成功を獲得できるでしょう。

　過去に下肢の損傷を起こしたことがあれば、今後また起こしやすいことも確認されています。前の年に損傷を起こすと、再び損傷を起こす可能性が1.5倍になるという研究結果があります。それを防ぐには、トレーニングを再開する前に完全に治しておかなければなりません。関与していると思われるあらゆる因子への対策を立てることも必要です。酷使による損傷のほとんどには、週間走行距離が多すぎた、急激に増やしすぎたなど、何か思いあたるトレーニング上の誤りがあるものです。そうした、自分で加減できる要素にしっかり注意を向けましょう。

　表13.1に女性ランナーに多い損傷とその症状、原因、治療法をまとめてあります。では、それぞれ詳しく見ていくことにしましょう。

疲労骨折

　可能性のあるリスク因子すべての役割が完全にわかっているわけではないものの、内的因子と外的因子が相互に作用し合い、特定のタイプの損傷にそれぞれ異なった寄与をしていることは充分に考えられます。女性ランナーの疲労骨折の発現に影響を与える因子を調べてみると、特にそのことがはっきりします。疲労骨折が初めて記述されたのは150年以上も前、新兵の骨折に関してのことでした。行軍と関連があったため、「行軍骨折」と呼ばれました。「疲労骨折」ということばが広く使われるようになったのは、1960年代のランニングブームで、ランナーに同じような骨折の起こることがわかってからです。

　「骨折」とは骨の破断のことで、1回の外傷性イベントの結果です。逆に、「疲労骨折」とは、繰り返しストレスにさらされたあとで骨が破断することを指します。どちらのタイプの骨折でも骨は折れるわけですが、原因が違うのです。疲労骨折は、長距離レースの準備のために走行距離数を引き上

表 13.1 ランニングでよくある損傷

損 傷	症 状	原 因	治療法
疲労骨折	骨折部位の局所痛 痛みが徐々に現れ、しだいに強く、長く続くようになる 腫れることもある	トレーニング過負荷 月経の乱れ 低骨密度 不充分なカロリー摂取	ランニングの休止 冷却 歩行ブーツ 筋力トレーニング 徐々にトレーニングに戻る
膝蓋大腿痛症候群	膝蓋骨の後ろ、下、または周囲の痛み ランニングや階段の使用で痛みが増す	トレーニングの誤り 筋肉のアンバランスと弱さ 足の回内が過剰または不充分	活動修正 下肢および体幹の強化 支持具
腸脛靱帯症候群	膝の外側の痛みと張り、通常は坂を駆け降りるときにひどくなる	トレーニングの誤り 上に反った路面でのランニング 回内を制限する堅いシューズ 土踏まずのアーチが高い 殿筋群外側部が弱い	活動修正 冷却 股関節および殿部の筋群の強化 フォームローラー
アキレス腱炎および腱症	踵後部またはアキレス腱の痛み 腫れ 痛みが徐々に現れ、活動でひどくなる	トレーニングの誤り 土踏まずのアーチが高い ふくらはぎの筋が堅いか弱い、またはその両方	活動修正 ふくらはぎの筋の伸長性筋力トレーニング 支持具を使用または使用しないで踵を上げる
足底筋膜炎	ときにはアーチにまで広がる踵底部の痛み 朝または長期の休息後に歩きだすときの痛みがひどい	足の異常 堅いふくらはぎの筋 弱い足(底)部の筋（アーチを支える筋群)	活動修正 ふくらはぎの筋ストレッチ 足部の筋の筋力トレーニング ナイトスプリント（夜間用装具） 支持具

げた場合のように、異常なストレスが正常な骨に加えられたとき、あるいは弱くなっていた骨に正常なストレスが加えられたときに起こります。後者のシナリオは、女性アスリートの3徴（12章を参照）のあるランナーのように、骨密度の低い人々に見られます。

疲労骨折は骨折の部位と合併症の危険度によって、低リスクと高リスクに分類されます。ランナーの疲労骨折のほとんどは低リスクです。疲労骨折が最も起こりやすい部位は男女のランナーとも、脛骨（下肢の2本の骨のうち太いほう；図13.1を参照）の内側または後ろ側の部分です。次に多い部位が中足骨（足の長い骨；図13.2を参照）で、特に第2、第3、第4中足骨によく起こります。女性ランナーでは、大腿骨（図13.3を参照）の頸部と骨盤の疲労骨折が男性ランナーよりよく見られます。実際、大腿骨頸部の疲労骨折は圧倒的に女性に多く、適切に処置しないと深刻な合併症の危険が高まります。

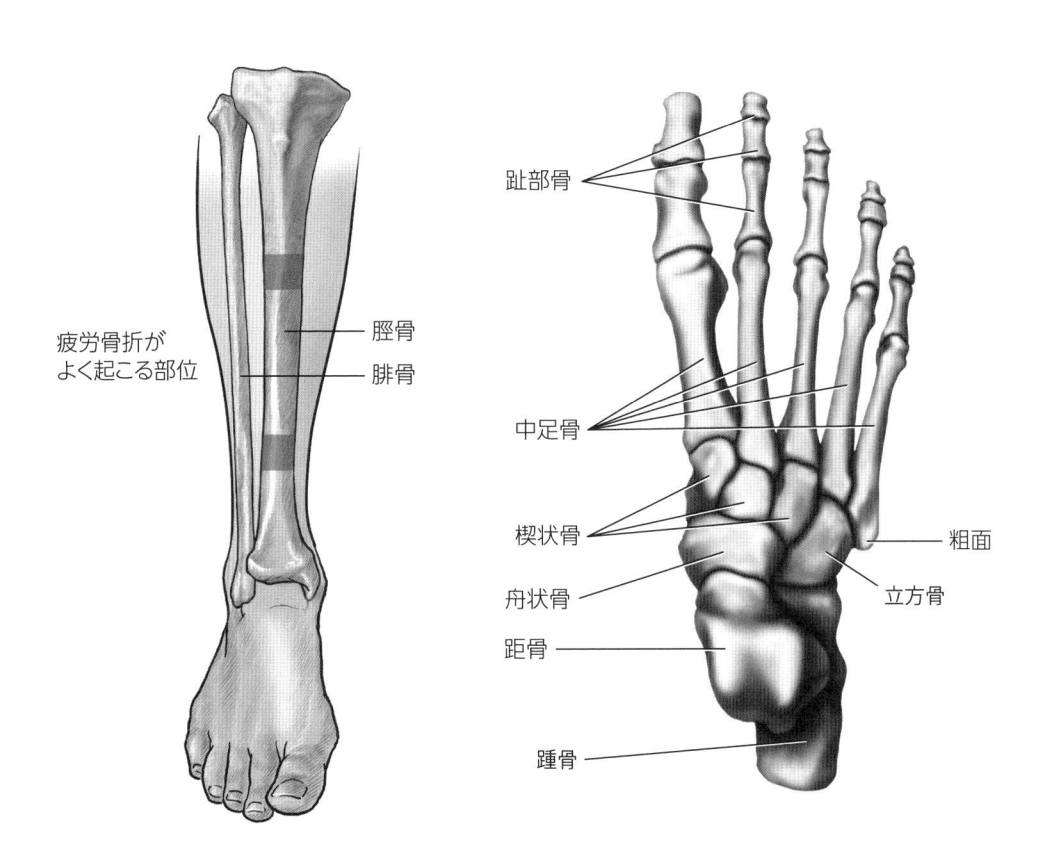

図13.1 ランナーが疲労骨折をよく起こす部位は脛骨の内側と後ろである。

図13.2 中足骨は疲労骨折がよく起こる部位である。

骨を健康に保つことが、疲労骨折に対する最大の防御策です。毎日の必要エネルギー量に、ランニングに必要な量を加えましょう。その合計に見合うだけのカロリーを毎日摂取するように気をつければ、月経異常になることを防ぎ、血中のエストロゲンレベルを維持できます。それには、ランニングのペースや量に応じて、週に3,000-5,000カロリーを追加する必要があるかもしれません。充分な量のカルシウムとビタミンDも必須です。カルシウム（2,000mg）とビタミンD（800IU）を毎日補給したところ、女性海軍新兵の疲労骨折が27%も下がったという報告があります。

疲労骨折を起こしているランナーはふつう、走り始めたときにはなかった痛みが、走り終わる頃に徐々に現れるのを感じます。骨の特定の部位を押さえると鋭い痛みを感じるのが特徴です。骨折部位が腫れることもあります。ランニングを続けていると痛みが増し、しだいに早めに現れるようになります。治療しないでおくと、歩いただけでも、さらには歩いたり押さえたりしなくても、痛むようになります。大腿骨頸部の疲労骨折の場合、痛みはふつう鼠径部に現れ、鼠径部ねんざと間違われることもよくあります。

充分なカロリー摂取とカルシウムならびにビタミンDの摂取とともに休息が、疲労骨折の治療のかなめです。どれくらい早くランニングに戻れるかは、骨折の重症度しだいです。もし疲労骨折かなと思ったら、すぐに診察を受けましょう。

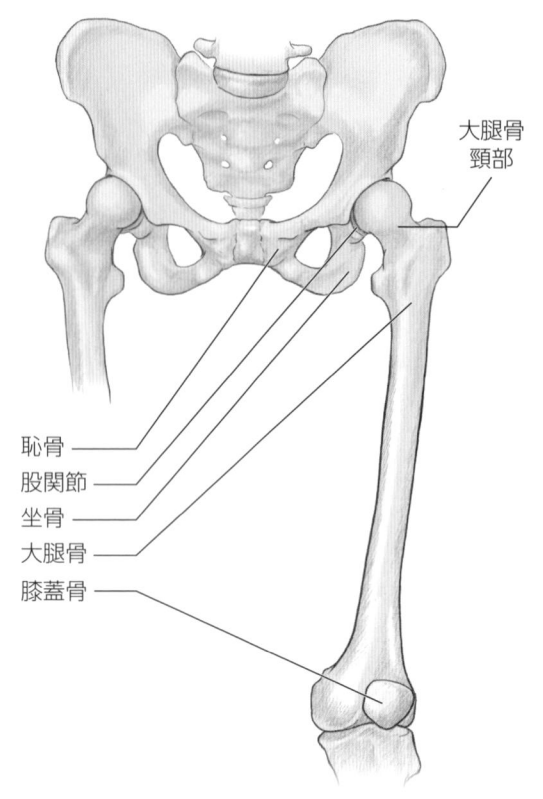

図13.3 大腿骨の頸部と骨盤は女性ランナーの疲労骨折がよく見られる部位である。

疲労骨折の原因

正常な骨は体重負荷のストレスにも筋力のストレスにも、ヴォルフの法則と呼ばれる適応で反応します。この適応のもとで、要求の増大に応じて、骨再形成と呼ばれるプロセスを通じて骨の強さが増大します。4章で学んだように、骨再形成は骨の吸収と形成からなる、生涯にわたる能動的なプロセスです。疲労骨折は骨再形成プロセスのアンバランスと、ランニングの反復性ストレスに骨が充分適応できないことから起こります。骨が弱くなって、疲労骨折が起こるのです。トレーニングとトレーニングのあいだの回復が不充分で骨にストレスがかかりすぎたり、骨再形成プロセスが加速されたり、早期に

骨量が低下したり、骨密度が低かったりした場合、あるいはこれらの因子のいくつかが組み合わさった場合、女性ランナーの疲労骨折が起こりやすくなります。

血中のエストロゲンレベルが正常なとき、骨の除去と形成はバランスがとれ、骨格の強度とまとまりがたもたれます。ところがエストロゲンレベルが低いと、骨量の低下が起こります。月経異常のときも同じです。エストロゲンの低下は2つの面で骨量を低下させます。まず、カルシウム排泄が増加し、カルシウムバランスの乱れとカルシウム要求量の増加をもたらします。次に、骨吸収が加速しますが、それを埋め合わせる骨形成は増えません。

女性ランナーに疲労骨折を起こさせる重要な要因には、月経の乱れ、低骨密度、カロリーと栄養素の不充分な摂取などがあります。トラック競技選手を対象とした12カ月に及ぶ研究では、月経の乱れや低骨密度、低脂肪ダイエットの既往が、女性の疲労骨折のリスク因子であることが確認されました。この研究では、男性の骨折を予測できるリスク因子はひとつも確認されませんでした。一般に、もしあなたに月経の乱れがあるなら、あなたが疲労骨折を起こすリスクは、月経周期が正常な人の2-4倍になります。そのうえ、疲労骨折が再発するリスクも高まります。無月経のランナーと正常な月経のあるランナーを比べた研究では、無月経ランナーの50%が2回以上疲労骨折を起こしたことがあるのに対して、正常月経のランナーは9%にすぎないことがわかりました。女性アスリートの3徴またはその要素のどれかが、荷重運動を行う女性に疲労骨折を起こさせる重要な因子であることは確かですが、その他のリスク因子も確認されています。

下肢の筋肉量が、女性ランナーの疲労骨折の多さに対する構造面からの説明として、注目を集めています。筋肉のおもな役目はエネルギーを吸収することです。もし筋肉量が少なかったり、筋肉が疲労していたりすると、エネルギー吸収がうまくいかず、骨のストレスが増します。ある研究で、下肢の除脂肪体重の少なさが、ほかのどのリスク因子とも無関係に、女性ランナーの疲労骨折のリスク因子であることが確認されました。ふくらはぎの筋の外周が1cm低下するごとに、疲労骨折のリスクが4倍になったのです。疲労骨折のリスクを減らすにはどれくらいの筋肉量が必要かを決めるには、さらに研究が必要でしょう。

最後は路面についてです。損傷をひき起こしやすい路面というものが明確になっているわけではありませんが、コンクリートの上を走っているランナーを対象としたいくつかの研究で、男性よりも女性の疲労骨折の発生率が高いという結果になっています。見たところなぜ性差が生じたのか、わかっていませんが、複数の因子が関与しているようです。さらなる研究が望まれます。

疲労骨折の治療

もし疲労骨折と診断されたら、一番大事なのはランニング活動を完全に休むことです。部位によっては、ウォーキングブーツを履かされるかもしれません。損傷の早い段階で、15-20分、日に3回まで氷で冷やすのが効果的です。治るまでずっと続けてもかまいません。心肺系の体力を維持するため、サイクリングや水泳、浮き具を使った深い水深でのランニングなどの活動を用いたクロストレーニング

をしましょう。疲労骨折部位に痛みを引き起こさないかぎり、骨折部位の上下の関節周囲の筋群を強化することを、治療計画の一部とすべきです。そうしたエクササイズには抵抗バンドを使うのがよいでしょう。ランナーはイブプロフェンのような抗炎症薬を頻繁に使いますが、これは避けたほうがいいでしょう。そうした薬剤は骨の治癒プロセスの妨げになるかもしれません。合併症がない場合、疲労骨折からの回復には3-4週間かかることが多いのですが、もっと長くかかる場合もあります。完全に治ったら、ランニングを再開できます。再び損傷を起こすリスクを最小限にするために、トレーニングはゆっくり段階的に再開しましょう。

膝蓋大腿痛症候群

　膝蓋大腿痛症候群はランナーの膝の痛みの原因として一番ありふれたもので、女性ランナーには特によくみられます。スポーツ医学クリニックの患者を7年にわたって調べたところ、膝蓋大腿痛症候群と診断された女性と男性の比はほぼ2対1でした。典型的な症状は膝蓋骨（膝のお皿）の後ろ、下、または周囲の痛みで、ランニングや階段の昇降でひどくなります。痛みは徐々に現れるのがふつうで、両膝が同時に侵されることもあります。

　膝はちょうつがい関節と呼ばれます。ちょうつがいで留められたドアのように、開いたり閉じたりするからです。おもな動きは脚の屈曲と伸展になります。膝関節は、周囲の靱帯（骨と骨を結びつける）や腱（骨に筋肉を結びつける）に支えられる構造になっており、したがって機能もそれらに左右されます。膝の前面には膝蓋骨があり、大腿四頭筋の腱の内側に収まっています。膝が伸展し、屈曲すると、膝蓋骨は滑車、すなわち大腿骨の端にある溝の中で前後に動きます。膝蓋骨と大腿骨滑車が膝蓋大腿関節を形成します。

　膝蓋大腿関節は、滑車内での膝蓋骨の動きをコントロールする軟部組織によって安定化されています。この動きは膝蓋骨トラッキングとも呼ばれます。膝蓋骨トラッキングの変化が、膝蓋大腿痛症候群をもたらすことがあります。

膝蓋大腿痛症候群の原因

　いくつかの要因が膝蓋大腿痛症候群を引き起こします。安定化筋群のアンバランス、下肢の生体力学の変化、膝蓋大腿関節にかかるストレスの増加、解剖学的な要因などです。下肢の解剖学的な配列の異常が、特に女性の場合、膝蓋大腿痛症候群のおもな誘因と考えられています。こうした解剖学的な異常には脚長の不一致や、ランニング中の回内の過剰または不足のような足の姿勢の異常などがあります。こうした問題に支持具を使えば、膝の痛みが緩和されることがわかっています。Q角（大腿骨と脛骨のなす角度；1章を参照）も膝蓋大腿痛症候群の原因となるのではないかと考えられています。角度が大きいと、大腿四頭筋から膝蓋骨にかかる力が増し、それが膝蓋骨に異常なトラッキングをさせやすくするとも考えられます。ただし、研究では結論が出ていません。

支持具

　支持具はシューズの中に入れて使うもので、取り外し可能な中敷きをこれに置き換えます。ランナーがよく使います。下肢の損傷の予防や治療のために生体力学的な問題を矯正するようなデザインになっています。ぴったり合うように特注することもできますし、既製のものを購入することもできます。クッション性のある中敷き(平らで薄いフォームラバーで、シューズ底の全面または一部を覆う)とは別もので、足の特定の領域にさらに緩衝性を追加し、足当たりをよくして、その部分への圧力を減らすことを目指します。

　損傷の治療や予防に対する有効性を支持するエビデンスがないにもかかわらず、足や脚、膝のさまざまな不具合に、支持具は何十年も前から広く使われてきました。この数年で、治療にどう使えばいいかについての理解が進んでいます。実際、女性の膝蓋大腿痛症候群の治療や、男女の足底筋膜炎の治療に特注の支持具が効果的なことが、いくつかの研究で実証されています。アキレス腱炎の治療に有効かどうかは、結論が出ていません。また、ある種の損傷の治療に有効であることが示されたとはいえ、ランナーの損傷の予防に支持具を使うことについては、さらに研究が必要です。予防への使用については結論が出ていないため、損傷からの回復中でないかぎり、支持具の使用は勧められません。

　トレーニングの頻度や持続時間、強度の変化のようなトレーニング上の誤りが膝蓋大腿痛症候群の誘因になる可能性がありますが、そのほかのリスク因子も確認されています。複数の研究で、股関節の筋肉が弱いと膝蓋大腿痛症候群の引き金となること、股関節の筋肉を強化すると痛みがやわらぎ、機能が改善することが明らかになっています。こうした所見に加え、体幹筋の弱さがリスク因子のひとつであるというエビデンスがあることから、大腿四頭筋の弱さがおもな誘因だという、長く信じられてきた考えは一掃されました。その結果、治療法も予防対策も一変しています。

膝蓋大腿痛症候群の治療

　膝蓋大腿痛症候群と診断されたら、痛みのコントロール、強化エクササイズ、それに女性ランナーの一部については支持具に、治療の重点が置かれます。膝蓋大腿痛症候群の発症には過負荷が重要な役割を演じるため、ランニング量の引き下げやヒルランニングの中止、さらにはランニング活動の縮小さえ、必要になるかもしれません。代わりに、痛みを引き起こさないクロストレーニングを行えば、心肺体力を維持するのに役立ちます。股関節や殿部の筋群、ハムストリング、体幹筋、大腿四頭筋を強化するエクササイズが、効果的な治療法となります。この章の後半にエクササイズの例をあげてあります。もし自宅でのエクササイズプログラムで症状が改善しないなら、理学療法士または同等の資格を持ち、女性のランニング損傷に慣れた専門家の指導によるリハビリが効果的でしょう。

　支持具はランニング中に足を安定させ、衝撃を和らげるのに役立ちます。膝蓋大腿痛症候群の治療に支持具が有効であることが、実証されています。特に、過回内(着地の際に足首が過度に内側に傾く)または回内不足(着地の際に足首が内側に充分傾かず、衝撃を適切に吸収できない)の女性ランナーには有効です。さまざまなニーブレースや膝当て、膝ストラップ(一般にチョーパットストラップと

いう名で売り出されている）が膝蓋大腿痛症候群の手当によく用いられますが、そうしたものの使用に効果があるかどうか、定かではありません。一時的に症状を和らげるのには役立つかもしれませんが、下肢を動かす筋肉その他の構造を対象とした総合的なリハビリプログラムにしっかり取り組むことが、長い目で見れば最善の道でしょう。

使い過ぎによるその他のおもな障害

　女性ランナーに最もよくみられるランニング関連損傷は疲労骨折と膝蓋大腿痛症候群ですが、ほかにも、使いすぎによる障害が起こることがあります。腸脛靱帯症候群、足底筋膜炎、アキレス腱炎などです。こうした障害はアマチュアでも経験を積んだランナーでも、トレーニング負荷を急に引き上げ過ぎたときによくみられます。

腸脛靱帯症候群

　腸脛靱帯症候群はランナーの膝の外側の痛みの原因として最もありふれたもので、腸脛靱帯が膝関節の外側に繰り返しこすれることによって起こります。腸脛靱帯は結合組織の鞘で、大腿部を股関節から膝のすぐ下まで走っています（図13.4を参照）。腸脛靱帯のおもな機能は大腿部の外側への動きを助けることと、膝の外側を安定化させることです。症状はふつう進行性で、しばしば、膝の外側が張りつめた感じから始まります。膝を屈曲させながら外側を押すと、痛みが再現されるのがふつうです。活動を続けていると、時が経つにつれ、張りが膝の外側の限局性の痛みまたは灼熱感に進行します。膝が屈曲し進展するとき、腸脛靱帯が張りつめ、関節を横切って弾けるように動くせいで、コキッという感じを経験するランナーもいます。坂を駆け降りるとき、症状が悪化します。

　走行距離数の過剰なあるいは急激な引き上げ、腸脛靱帯の既存の張り、ダウンヒルランニング、トラックの一方向への多すぎる周回、反り返った路面での多すぎるランニング、回内を制限する堅い

装具やストラップは症状をある程度和らげてくれるが、長期にわたる緩和を得るにはリハビリプログラムを用いるべきだ。

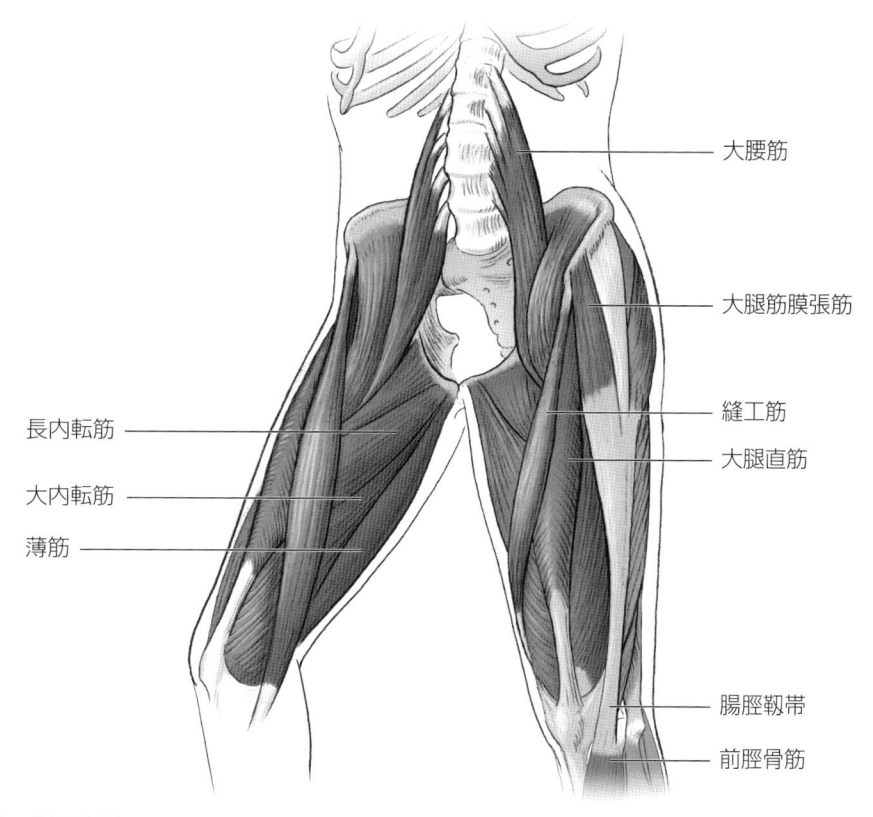

図13.4 腸脛靭帯

シューズ、充分に回内しない高いアーチの足（着地の衝撃を脚のほかの部分に転送する）、それに股関節と殿部の筋の弱さが、この損傷の一因となります。ランニング力学、特に踵が地面に着地するときの脚の内旋と膝の屈曲の変化も、一因となるようです。腸脛靭帯症候群のランナーは、そうでないランナーに比べて、踵が着地するときの膝の屈曲が大きく、ランニングの動きの際に脚が地面にあるあいだの腸脛靭帯のひずみが大きく、長い消耗する走りの最後での膝の内旋が大きいのです。

　腸脛靭帯症候群の治療は従来、おもにストレッチングと疼痛緩和に重点を置いてきました。冷却やストレッチングとともに、ランニングの休止も必要になるかもしれません。状態を悪化させないクロストレーニングによって、体力を維持できるでしょう。フォームローラーの使用が、腸脛靭帯と周囲の組織を可動化し、緩めるのに役立つこともあります。フォームローラーは直径6インチほどのしっかりしたフォームラバーの丸太で、いろいろな長さのものがあります。効果的に使うには、痛めている腸脛靭帯がフォームローラーの上にくるように、横向きに寝ます。体重で圧力をかけながら、フォームローラーが膝と寛骨のあいだを行ったり来たりするように、体を動かします。フォームローラーはスポーツ用品店かオンラインで購入できます。マッサージも効果があります。股関節と殿部の筋を強化すれば、着地の瞬間の脚のコントロールが改善され、症状が和らぎます。大半の損傷がそうですが、症状を経験する期間が長いほど、回復にも長くかかります。

アキレス腱炎および腱症

　アキレス腱炎および腱症は、ランナーの腱の損傷としては最もよくみられるものです。ランナーは男女とも、アキレス腱の不具合を起こすリスクが、ランナーでない人の30倍にもなります。ふくらはぎの2つの筋肉（腓腹筋とヒラメ筋）を踵に結びつける役目をするアキレス腱は、体内で最も太く強靭な腱です。最初の数日は炎症（腱炎）も症状に寄与しているかもしれませんが、この損傷の症状をもたらしているのは、組織を作り上げているコラーゲン線維の変性プロセス（腱症）です。時とともに、線維が弱くなり、やがて腱の断裂に至ることもあります。ただし、これは男性によくみられます。

　このように、腱炎と腱症は別のものですが、症状は同じで、アキレス腱に徐々に痛みが起こります。軽いケースでは、ランニングのときだけ痛みが起こるという場合もあります。重症になるにつれ、ふつうの日常生活の動作中にも、あるいは安静時にさえ、痛みがあるようになります。腱の部分に触れると痛むようになり、見た目にも腫れているのがわかるようになります。親指と人差し指で腱をつまむと、痛みが再現されるのがふつうです。

　アキレス腱の損傷は、腱へのストレスが負荷への適応能力を超えたときに起こります。アキレス腱の不具合の一因となるのは、走行距離数を急激に引き上げ過ぎた、インターバルトレーニングやヒルランニングが多過ぎた、あいだの回復が不充分だったというようなトレーニングの誤りや、ハイアーチ（凹足）、ふくらはぎの弱さ、柔軟性のないふくらはぎの筋肉などです。

　使い過ぎによるほかの損傷の場合と同じく、最初の処置は安静と活動修正になります。腱が回復するまでは、ランニングの代わりに、腱の負担にならない活動、たとえば水泳やサイクリングをします。アキレス腱症の最も効果的な治療法は、伸長性収縮（負荷が加わったときに筋線維が伸長する）を用いたふくらはぎの筋力トレーニングであることが、実証されています。これが、腱の主成分であるコラーゲンの新たな形成を助けるからです。階段または台の上で踵を落とすエクササイズをすれば、このトレーニングができます（176頁を参照）。このエクササイズは、負荷（あなたの体重）が加わるときに筋線維を伸ばします。効果に関して限定的なエビデンスしかないにもかかわらず、踵を上げる装具と支持具が広く用いられています。おもしろいことに、回内をコントロールするシューズが導入されてから、アキレス腱損傷の増加が起こっています。研究を再吟味した最近の概説でも、アキレス腱炎の治療にそうしたものを使用することを支持する比較臨床試験は、ひとつも見つかっていません。

足底筋膜炎

　足底筋膜炎は、ランナーとしてのキャリアを台無しにしかねない損傷です。足底筋膜は足の底にある帯状の結合組織で、踵から爪先へ走っており、靭帯のように働いて、走るときに足のアーチを支えます。アキレス腱炎と同じく、足底筋膜炎も変性疾患のひとつです。この変性の結果、過負荷によって顕微鏡的な断裂が起こり、アーチを支える力が失われるのです。踵の痛みやアーチに沿った痛みが起こりますが、踵の内側のへりが痛むことが多いようです。痛みは、朝や長時間座っていて歩きだすときにひどいことが多く、動いているうちに和らぎますが、あとでまた痛みがぶり返します。もっと重症

になると、歩いたり走ったりしているあいだじゅう、痛みが続くようになることもあります。扁平足もハイアーチ（凹足）も、リスク因子となる可能性がありますが、この件についての研究結果はまちまちです。ふくらはぎの筋肉が堅かったり、足底の筋肉が弱かったりする場合も、足底筋膜炎のリスクが高まります。

　足底筋膜炎は頑固な損傷です。数多くの治療法が試されていますが、効果については限定的なエビデンスしかありません。一時は衝撃波治療が有効だと考えられましたが、今ではもう支持されていません。悪化させるような活動を避け、ふくらはぎの筋肉をストレッチし強化して、足の筋肉を強化すれば、症状を改善できます。眠っているあいだ足を屈曲位に保つナイトスプリント（夜間用装具）が、有効かもしれません。支持具も、足底筋膜の緊張をゆるめて、症状を和らげるのに役立つことがあります。研究では、既製品と特注品で違いは認められていません。ランナーが聞きたいようなアドバイスではないでしょうが、安静が最善の選択肢とも考えられます。足底筋膜炎の人の80-85％は、用いた治療法には関係なく、6カ月以内に痛みの顕著な減少を経験するものです。

トレーニングと路面とシューズ

　あなたが毎週走る距離数あるいは時間数はトレーニングの最も重要な要素ですが、それが損傷のもとになることもあります。ランニング障害のおもな原因はトレーニングの量または強度の引き上げなのです。使いすぎによる損傷を防ぐには、組織に加わるストレスの量をコントロールしなければなりません。ストレス量が体の適応能力を上回らなければ、使いすぎによる損傷は起こりにくいでしょう。トレーニングの頻度と強度は少しずつ、段階的に増やす必要があります。トレーニング計画を思いつきで変更することは避けましょう。また、休息を充分に組み込みましょう。

　トレーニングの量や強度は徐々に、計画的に引き上げ、2日連続できついワークアウトをすることは避けましょう。たとえば、ある日にインターバルワークアウトを、別の日にヒルワークアウトをする計画なら、そのあいだに必ず、休息日または楽な走りの日を設けます。トレーニング量を引き上げる場合は週に10％を超えないようにと、しばしば言われますが、あなたのランニング能力と経験が、損傷の恐れなしに引き上げることのできる量と速度を教えてくれるはずです。たとえば、もしあなたが数週間、週に25マイル（約40km）走っていたなら、ストレスが週全体に分散されているかぎり、週に30マイル（約48km）に増やしても（20％の増加）問題はないでしょう。すぐれたトレーニングプログラムがあれば、長期間損傷を起こさずに走ることができるものです。

　週に一度のロングランは、あなたのトレーニングサイクル中の最長の走りより、2マイル（約3.2km）以上は上回らないようにすべきです。たとえば、トレーニングサイクルの3週目に10マイル（約16km）走り、回復週である翌週のロングランが7マイル（約11km）だったなら、次の強化サイクルをスタートさせるロングランは12マイル（約19km）を上回らないようにします。損傷のリスクを最小限に抑えるため、週に一度のロングランは、その週のほかの走りの2倍を決して超えないようにしましょう。とはいえ、アマチュアランナー向けのマラソントレーニングプログラムはこのアドバイスを超えてしまうかもし

トレーニングプログラムをデザインする際の実際的なヒント

- ランニング初心者やアマチュアランナーはウォーキングとランニングを組み合わせる。
- 体に衝撃を与えないクロストレーニングを追加して心肺機能を高める。
- インターバルトレーニングやヒルトレーニングは徐々に増やす。一般に、週にヒルを1回またはインターバルを1回追加する。
- きついワークアウトのあいだには休息日または楽な日を組み込む。
- インターバルトレーニングの前にはウォームアップをする。
- トレーニングを3-4週からなるサイクルに編成する。2-3週を漸進的な強化にあて、そのあとの1週は強度を落としたトレーニングにあてる。
- トレーニング日誌をつけ、走行距離、週から週への変化率、ワークアウトのタイプと強度、走っているあいだにどう感じたかなどを記録する。トレーニングを詳細に記録することで、トレーニングと損傷の関連が見えてくる。
- 痛みの徴候があったらすぐにトレーニング日誌を調べ、トレーニングを調整する。

れません。リスクはありますが、週に30-35マイル（約48-56km）しか走っていないのに20マイル（約32km）もの走りを入れるプログラムが許されるのは、その週に完全な休息日を数日設ければ、次のワークアウトまでに体が回復する時間がとれるという理由からです。もしあなたが週に30-35マイルしか走ってないのに20マイルの走りをしようと思うなら、週の中ごろに、ロングランの半分から3分の2の距離の中距離走を組み込むようにします。そうすれば、ロングランが肉体的にあまりにもストレスの多い走りになることを避けられます。

　トレーニングする際の路面はしばしば、損傷の一因として責められています。とはいえ、損傷を引き起こしやすいと明確に断定された路面は、これまでにありません。もしあなたがその路面に適応していれば、どんな路面もリスクは同じになります。そして、路面が違えば、求められる適応も違ってきます。たとえば、コンクリート面でのランニングでは、体が衝撃のストレスを吸収することを求められます。草地のような柔らかい路面でのランニングでは、体を安定させ、バランスを取る方法を学ぶことが求められます。路面が平らでないからです。アップヒルランニングはアキレス腱と足底筋膜にストレスを与えるのに対して、ダウンヒルランニングは衝撃とブレーキを増大させます。損傷のリスクが増すのは、適応する時間を体に与えずに、いきなり路面を変えたときだけなのです。さまざまな路面でトレーニングするのはいいことです。ただし、異なる路面をトレーニングプランに組み込む場合は、徐々に行いましょう。

　この20年、シューズの新しい製造技術が登場して、クッション性や支持力、安定性を与えるデザインを提供するようになってきました。シューズメーカーの宣伝のおかげでわたしたちは、足のタイプとシューズのタイプを一致させれば損傷のリスクが減ると考えるようになっています。しかし、それでほんとうに違いが出ることを示す研究はきわめて少なく、確かなエビデンスはひとつもありません。技術の進歩にもかかわらず、ランナーは損傷を起こし続けています。

シューズのサイズ、幅、形はあなたの足の形状に合ったものであるべきです。圧迫点が生じたり、爪先を変形させたりしめつけたりしてはなりません。女性は踵の幅が男性よりずっと狭いので、踵がぴったり合い、しっかり支えてくれるものを選びましょう。シューズの重さも重要です。酸素消費量に影響を与えかねないからです。シューズの重さが1％増えると、酸素消費は3％増える可能性があります。もしあなたが競技選手なら、軽いシューズでエネルギーを節約し疲労を防げるかどうか、実験してみるのもいいでしょう。シューズの寿命にはかぎりがあるので、摩耗具合に注意を怠らないようにします。ランニングシューズは350-500マイル（約560-800km）ごとに交換しましょう。2足用意して交互に履けば、もっと長く履くことができます。

底がきわめて薄く、機能を最小限に抑えたシューズの人気がますます高まっています。足の着地パターンを変え、地面との接触時間を減らすことによって、損傷のリスクを減らすという発想です。そうした最新の考え方は人類学の学説に基づいているとはいえ、結論を出すには、厳密な科学的研究が必要でしょう。はだしでのランニングをシミュレートするようにデザインされたベアフットランニングシューズも、タイプは別ですが、やはり最小限の機能のシューズです。このシューズがランニング力学を改善するかもしれないと示唆する研究があるいっぽうで、好ましくない結果や一貫性のない結果を報告している研究もあります。明

アスファルトから山野の小道へというように、ときには走る路面を変えるべきだが、体に適応する時間を与え、損傷を避けるため、徐々に変える。

らかに、さらに調べる必要があるようです。もしベアフットランニングシューズに興味があるなら、徐々に切り替えましょう。そのシューズで1分間走ることから始めて、走るたびに1分ずつ伸ばしていきます。トレーニングの残りは従来型のシューズで行います。この切り替えを行うあいだ、体の声によく耳を傾けてください。ふくらはぎやアキレス腱、足底筋膜、中足骨などが、ベアフットランニングシューズでストレスを受ける組織です。こうした組織に新たに痛みの症状が出るということは、切り替えを速く進め過ぎたということです。

シューズを購入するときに役立つヒント

- 必ず、自分の足の形に合ったシューズを選びましょう。足を入れた瞬間にしっくりなじむ感じがしなければなりません。
- 足がわずかにむくむ午後に、シューズを買いましょう。
- 走るときと同じタイプの靴下を着用して、両足とも履いてみましょう。
- 店内で実際にランニングをしてみましょう。
- シューズの中で爪先を動かしてみます。あちこち動くようでなければなりません。ふつうは爪先に指1本分くらいのゆとりがあればいいでしょう。
- 価格や外見を品質の指標としてはいけません。
- 通気性のあるシューズを買いましょう。シューズの甲は、空気を通すナイロンメッシュのような素材でできていなければなりません。

損傷予防のための筋力トレーニング

　体幹と下肢が強ければ、損傷を防ぐのに役立ちます。股関節の筋群(特に、大腿部の外側にある股関節外転筋群)、殿筋群、大腿四頭筋、足の筋群、ふくらはぎの筋群を強化するエクササイズを週に2-3回取り入れましょう。

側臥位レッグリフト

標的筋: 股関節外転筋群と殿筋群

体の片側を下にして横になり、下側の脚を股関節および膝のところで曲げます。背中を床に垂直にしたまま、上側の脚を伸ばし、約8cm後方に引いて(股関節で伸展させて)、約20cm持ち上げます。脚はまっすぐにしたまま、爪先が内側、床のほうを指すようにします。15-20回繰り返して1セットとし、2-3セット行います。もう片側でも行って、エクササイズを終えます。

クラムシェル

標的筋：股関節外転筋群と殿筋群

体の片側を下にして横になり、背骨をまっすぐにして両脚を重ねます。股関節を45度に、膝を90度に曲げます。両足を合わせたまま、上側の膝を5-8cm持ち上げ（ハマグリのように）、2秒間そのままにしてから最初の位置に戻ります。15-20回繰り返して1セットとし、2-3セット行います。もう片側でも行って、エクササイズを終えます。

モンスターウォーク

標的筋：股関節外転筋群と殿筋群

抵抗バンドを両方の足首の周りか膝がしらのすぐ下にかけます。膝と股関節をわずかに曲げ、バンドがぴんと張るように、足を肩幅に開いて、エクササイズを始めます。そのまま、横に歩きます。踏み出すたびに、バンドにかかる張力が増すでしょう。別の方向に歩いて、エクササイズを繰り返します。それぞれ30-60秒の歩きを1セットとして、2-3セット行います。

ウォールシット

標的筋：大腿四頭筋

壁に脊を向け、壁から60cm離れて立ちます。脊中と腰が壁につくように、後ろによりかかります。体を下に滑らせて、膝が90度になるようにします。腹筋を収縮させたまま、20-60秒、その姿勢を保ちます。最初の姿勢に戻って、一連の動きを繰り返します。15-20回を1セットとして、2-3セット行います。

ステップアップ

標的筋：大腿四頭筋

10-20cmの高さの段または箱に向かって立ちます。片足を完全に箱の上に載せます。この脚に体重を移し、膝を伸ばして体を持ち上げ、もう片方の脚は床から離します。このとき、後ろの足で床を押してはいけません。最初の姿勢に戻ります。15-20回を1セットとして2-3セット行います。脚を替えて繰り返します。

ウォーキングランジ

標的筋: 大腿四頭筋、殿筋群

両足を揃えて立ちます。腹筋を引き締め、背中を伸ばしたまま、片方の脚で大きく、ただしコントロールを失わないように、前方に踏み出します。腰を落とし、両方の膝を90度近くまで曲げます。後方の膝が床につかないようにします。前方の膝は足首の上方にあるようにします。爪先より前に出てはいけません。後方の足で床を押して踏み出し、前方の足に揃えます。脚を替えて再びランジをします。30-60秒の歩行を1セットとして、2-3セット行います。

ステップダウン

標的筋: 大腿四頭筋、殿筋群

10-20cmの高さの段の端に、片方の脚で立ちます。このとき、足が完全に段上にあり、爪先が端の近くにくるようにします。膝をまげ、体重がかかっていないほうの脚を段の前方に落として床に近づけます。踵を床につけますが、体重をかけてはいけません。骨盤を水平に保ちます。体を後方に引き上げて、最初の姿勢に戻ります。床に触れている足で押し上げてはいけません。15-20回を1セットとして2-3セット行います。脚を替えて繰り返します。

ヒールドロップ

標的筋： ふくらはぎの筋群

踵を上げ、脚をまっすぐにして、段の端に爪先立ちになります。踵を下げ、爪先よりわずかに下にくるようにします。再び踵を上げて、爪先立ちになります。膝を伸ばした状態と曲げた状態でおこない、エクササイズを終えます。必要なら、壁などのしっかりしたものに両手をついてバランスをとってもかまいません。片脚で行うこともできます。片脚につき15-20回を1セットとして、2-3セット行います。

アーチレイザー

標的筋： 足の筋群

はだしになって片足で立ちます。片手を壁などのしっかりしたものにあてて、バランスをとります。足を三脚だと思って、親指、小指、踵に平均に圧力をかけます。この3つの点を床につけたまま、アーチを持ちあげます。足を替えて繰り返します。それぞれの足につき、15-20回を1セットとして2-3セット行います。

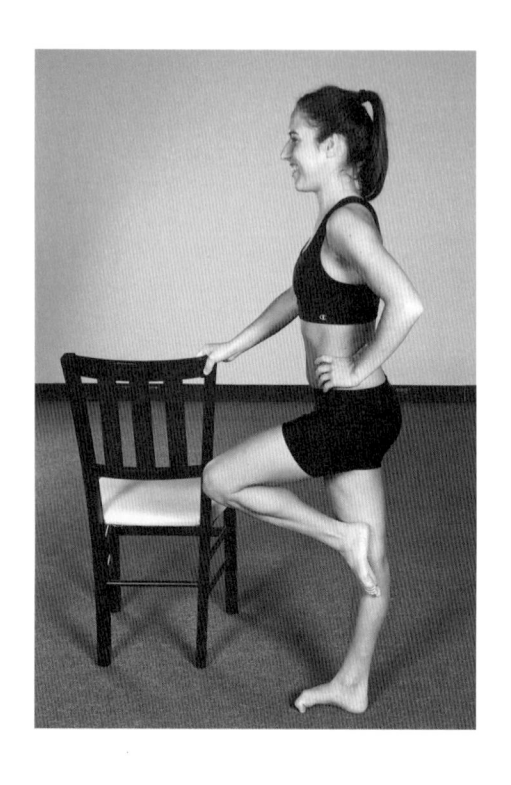

タオルロール

標的筋：足の筋群

椅子に座り、はだしの足の下にタオルを置きます。爪先を使ってタオルを自分のほうにたぐり寄せます。股関節や膝を動かしてはいけません。足を替えて繰り返します。タオルの端にウェイトか重い本を置いて、抵抗を加えましょう。片足につき30秒行います。2-3回行って、エクササイズを終えます。

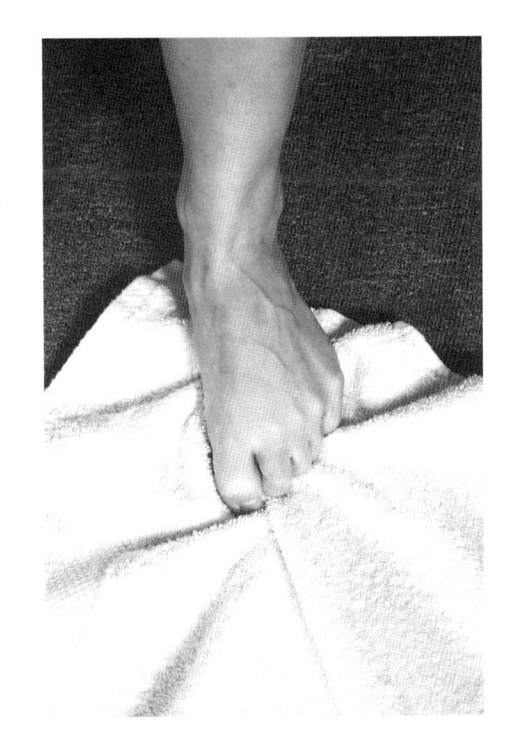

損傷予防のための柔軟性

　柔軟性とはふつう、関節が示す可動域を指します。人によって差があり、年齢とともに低下しますが、課される要求に適応し、トレーニングによって改善することができます。いくつかのタイプのストレッチで柔軟性を向上させることができます。ランナーに一番なじみがあるのは静的ストレッチでしょう。ある姿勢を15-60秒保持して筋肉を伸長させるものです。動的ストレッチはもっとランニング向けの動きを取り入れたもので、だんだんに人気が出てきています。動的ストレッチは動きのスピードを利用してストレッチをもたらします。静的ストレッチとちがって、最後の姿勢を保持することはしません。

　ランナーのあいだでは、静的ストレッチが損傷のリスクを減らすと、広く信じられています。残念ながら、そうした信念の正しさを実証するエビデンスはありません。それどころか、ほとんどの研究は、運動前に静的ストレッチをしても損傷の発生率は低下せず、上昇することさえあるかもしれないと示唆しています。最新の科学的研究では、運動前には動的ストレッチのほうが好ましいかもしれないとしています。ランニング成績に対するストレッチの効果についても、同じように混乱がみられます。柔軟性がよければ成績もよくなると示唆する研究もあれば、ストレッチはランニング成績に悪影響を与える可能性があるとする研究もあります。いくつかの研究で、ハムストリングの柔軟性の低いランナーのほうが柔軟性の高いランナーより、同じスピードで同じ距離を走る際の酸素消費量が低く、効率がいいことが明らかになっています。

研究では、異なるタイミングで行われた異なるタイプのストレッチを、年齢も性別も能力も異なるランナーで評価しています。そうした研究を比較することはむずかしいのですが、結論を引き出すことはできます。意外に思うかもしれませんが、運動直前の静的ストレッチは損傷予防になんの効果もなく、スピードと持久力に悪影響を与えます。それ以外のときに行った場合は、効果があったともなかったとも言い切れないようです。ある研究が、活動後のストレッチが損傷リスクを下げる可能性を取り上げているのに対して、別の研究は、損傷のリスクではなく損傷の重傷度が下がると述べています。また、ランニングのあとあるいはランニングとは関係のないときにストレッチして、レースでの成績が改善されたという研究はひとつもありません。もし走る前にストレッチしたいなら、動的ストレッチを使いましょう。そうすれば、重要な筋肉が可動域いっぱいに動くようになります。ランナーにとっては大事なことです。静的ストレッチをするなら、走る前やあとではなく、ランニングとは切り離して行いましょう。

動的ストレッチ

どのエクササイズの際にも、可動域いっぱいに積極的に動かし、ストレッチしている筋肉と対立する筋群を収縮させましょう。ストラップを使うときは、可動域の最後のところで軽く補助するためにだけ、使います。

殿部ストレッチ

仰向けに寝て、両手を片方の脚の膝と太ももの後ろにあて、膝を曲げます。もう片方の脚は伸ばして床につけたままにします。腹筋と股関節屈筋群を使って、曲げた脚を胸のほうに引き上げます。ストレッチの最後に、両手で軽く脚の動きを助けます。ストレッチを1-2秒保持してから最初の姿勢に戻り、同じように繰り返します。もう片方の脚でも、一連の動きを繰り返します。

ベントレッグ・ハムストリングストレッチ

仰向けに寝て、両膝を曲げ、両足は床に平らにつけます。ストラップを輪にして、床から持ち上げた片方の足にかけます。ストラップの両端を握り、太ももが床に垂直になり、膝から下が床に平行になるまで、脚を持ちあげます（写真a）。大腿四頭筋を収縮させることで徐々に膝を伸ばし、足を上に持ち上げます（写真b）。膝を固定し、足底がまっすぐ上を向くようにします。ストレッチの最後でストラップを使って軽く補助しますが、脚を引いてはいけません。ストレッチを1-2秒保持してから最初の姿勢に戻り、同じように繰り返します。脚を替えて一連の動きを繰り返します。

ストレートレッグ・ハムストリングストレッチ

仰向けに寝て片膝を曲げ、曲げたほうの足は床に平らに置きます。ストラップを輪にして、もう片方の足にかけ、脚が完全に伸展するように膝を固定します（写真a）。脚をまっすぐにしたまま胸のほうに持ち上げ、足底が天井に向くようにします。両手でストラップの端を握り、わずかに胸のほうに引いてストレッチの最後を補助しますが、脚を引いてはいけません（写真b）。ストレッチを1-2秒保持してから最初の姿勢に戻り、同じように繰り返します。脚を替えて一連の動きを繰り返します。

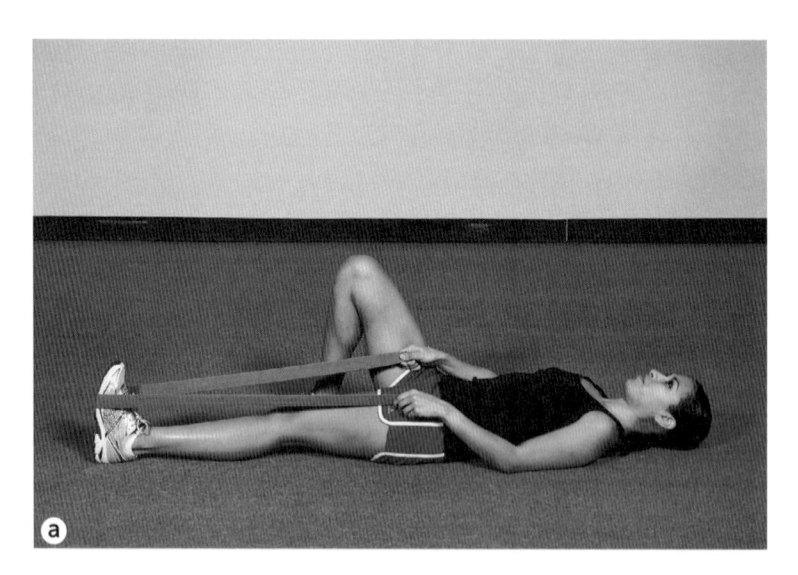

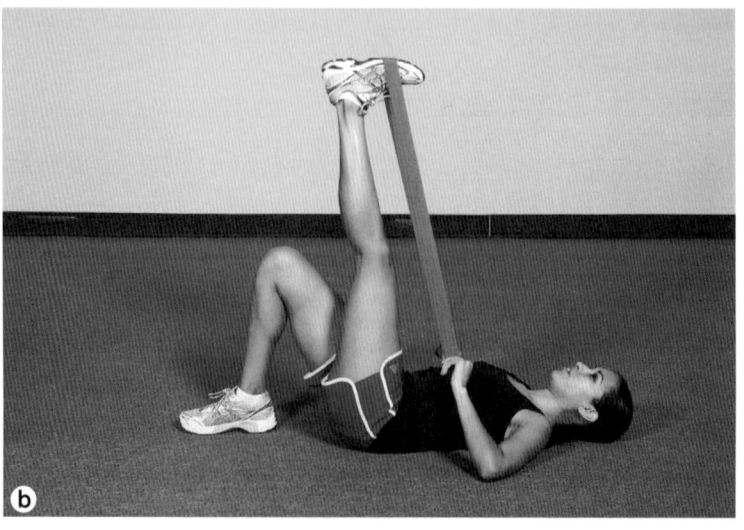

大腿四頭筋ストレッチ

横向きに寝て両膝を曲げ、胎児姿勢をとります。下側の腕を下側の脚の太ももの下に入れます。上側の手を伸ばして、上側の脚のすねか足首か爪先をつかみます。その脚を床に平行にしたまま、ハムストリングと大殿筋を収縮させ、太ももをできるだけ後方に動かします。手で、ストレッチの最後に軽く補助します。頭は床から持ち上げておき、首への負担を防ぎます。ストレッチを1-2秒保持してから最初の姿勢に戻り、同じように繰り返します。脚を替えて一連の動きを繰り返します。

内転筋ストレッチ

両足を伸ばして仰向けに寝ます。片方の脚の後ろでストラップを輪にして足底にかけ、ストラップの両端が外側にくるようにします。その膝を固定して、もう片方の脚をわずかに内側に回転させます。外転筋（太ももの外側にある筋肉）を使って、エクササイズ中の脚を体の外側に伸展させます。ストラップのわずかな張力を保ち、それを使ってストレッチの最後に軽く補助しますが、脚を引いてはいけません。ストレッチを1-2秒保持してから最初の姿勢に戻り、同じように繰り返します。脚を替えて一連の動きを繰り返します。

ダイナミック・カーフストレッチ

両脚を前に伸ばして腰を下ろします。ストラップを輪にして片足にかけます。足を足首のほうに屈曲させ、動きの最後にストラップを使って軽く補助します。ストレッチを1-2秒保持してから最初の姿勢に戻り、同じように繰り返します。足を替えて一連の動きを繰り返します。

静的ストレッチ

　静的ストレッチでは、ストレッチをゆっくり、徐々に進めます。各ストレッチを30秒保持します。引き伸ばされた感覚が生じるべきですが、もし痛みを感じたら、ストレッチしすぎです。

股関節屈筋ストレッチ

ランジのような姿勢をとり、後ろの膝を床につけ、前の膝を90度にします。両手を前の膝に置きます。骨盤を水平に、背中をまっすぐに保ちます。後ろの脚の股関節前面にストレッチを感じるまで、前方にゆっくり体を傾けます。脚を替えてストレッチを繰り返します。

ハムストリングストレッチ

仰向けに寝て、片方の脚を床にまっすぐに伸ばしておきます。もう片方の脚を股関節で90度に曲げ、膝の後ろで両手を組みます。ストレッチを感じるまで、膝をまっすぐ伸ばします。脚を替えてストレッチを繰り返します。

大腿四頭筋ストレッチ

立って、体幹、股関節、膝を一直線に保ちながら、片方の膝を曲げ、同じ側の手で足をつかみます。踵を殿部に引き寄せて、ストレッチを強めます。ストレッチしている脚の膝が、もう片方の膝よりも前に出たり、横のほうに動いたりしないように注意します。必要なら、あいているほうの手を椅子や壁についてバランスをとります。脚を替えてストレッチを繰り返します。

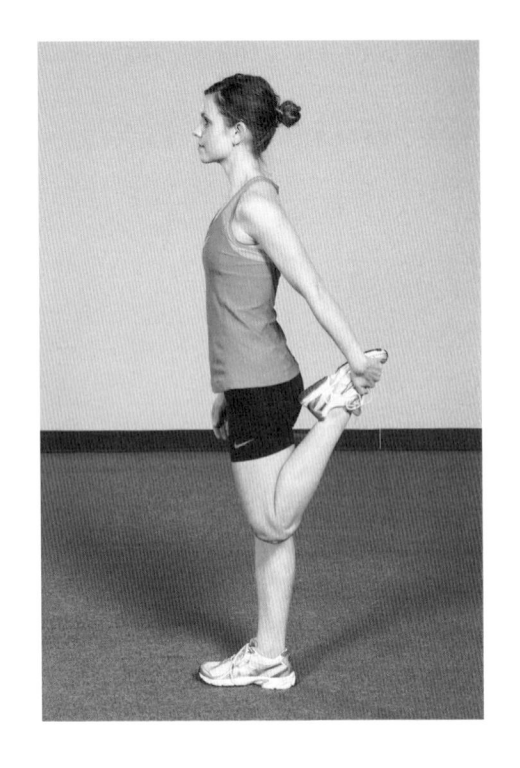

腸脛靭帯ストレッチ

まっすぐに立ちます。必要なら、壁や椅子を使ってバランスをとります。片方の脚を伸ばして、もう片方の脚の後方に持っていきます。股関節の外側にストレッチを感じるまで、ウエストのところで反対側に体を曲げます。

殿部ストレッチ

腰を下ろして、片方の脚を前に伸ばします。もう片方の脚の膝を曲げ、伸ばした脚の外側に、曲げたほうの足を置きます。曲げた膝を反対側の手でつかみ、もう片方の手は床について支えながら、膝を胴体のほうに引き寄せます。脊中をまっすぐにして、胸を張った姿勢を保つように注意します。

カーフストレッチ

壁を向いて立ちます。片方の足を、足ひとつかふたつ分（30-60㎝）、もう片方の足の前に置きます。前方の膝をまげ、後方の脚をまっすぐに保ちます。後方の脚をまっすぐにして踵を床につけたまま、体を倒して壁に両手をつきます。さらに後方の膝を曲げます。脚を替えて、両方のストレッチを繰り返します。

競技能力を高めるための栄養と女性ランナー

三大栄養素(炭水化物、タンパク質、脂肪)と微量栄養素(ビタミン、ミネラル)の両方を含む栄養学的に健全な食事が、健康な体重の実現と維持、慢性疾患リスクの低減、全般的な健康の促進には大切です。ランナーにとって、栄養状態がいいことは充分な成績を出すためにも欠かせません。適切な栄養はトレーニングやレースのためのエネルギーを供給し、損傷や病気の予防に役立ち、最大限の成績を可能にしてくれるとともに、ワークアウトからの疲労回復を助けてくれます。申し分のない食生活をしているからといって、アスリートとしての成功が保証されるわけではありませんが、バランスの崩れた食生活がトレーニングや競技成績に悪影響を及ぼすことは確かです。

エネルギー要求量

　トレーニングや競技で最高の能力を発揮するには、炭水化物、タンパク質、脂肪が食事中に適切な量、適切な割合で入っていることが必要です。これらの栄養素は運動のためのエネルギー源となります。1章で学んだように、運動に使われるエネルギー系にはホスファゲン経路と解糖経路(どちらも無酸素経路)、それに酸化(有酸素)経路があります。筋肉がどのエネルギー源を使うかは、運動の持続時間と強度、トレーニングレベル、食事構成によって決まります。ランナーとしてのトレーニングに必要なエネルギー量は、大部分が脂肪と炭水化物の酸化によってまかなわれます。タンパク質もエネルギー源となりますが、炭水化物の供給が制限されないかぎり、一般に寄与はわずかです。運動の強度が高まると炭水化物の寄与が増すのに対して、強度が低いときは脂肪がエネルギー源となります。こうした反応は男女とも同じですが、女性の場合はエストロゲンが代謝に影響を及ぼし、同じペースで走っていても女性のほうが脂肪を多く、炭水化物を少なく使うことになります。

減量とカロリー摂取量

　多くの女性が、減量のためにランニングを始めます。ランニングは1マイル当たり平均100カロリーを燃やします。適切な栄養と組み合わせれば効果的な減量法になると女性が思うのは、無理もありません。と言っても、ランニングをしながらきびしいカロリー制限をすることは、減量の成功にはつながらないでしょう。それどころか、代謝率の低下を招いて、逆効果になる可能性もあります。体重が減るのは、出ていくエネルギーが入ってくるエネルギーを上回ったときだけですが、それは安全で健康な方法で行わなければなりません。毎日のエネルギー消費を増やすと同時にエネルギー摂取を減らすことによって、日に300-500カロリーのエネルギー不足を作りだすのが、無理のない妥当な目標でしょう。これで週に0.23-0.45kgの減量が達成できます。摂取する微量栄養素のパーセンテージはもとのままで、ただ総カロリー数を減らして、食品を賢く選択すればいいのです。食事や間食には、新鮮な果物や野菜、マメ類、全粒粉のような複合炭水化物食品を重点的に選びましょう。これらはあらゆるランナーの食事になくてはならないもので、繊維質と豊富なビタミンやミネラルの供給源となります。

　栄養に関して女性ランナーが一番に考えなければならないのは、エネルギー要求量を満たすことです。多くの女性ランナーにとって、必要なエネルギーに見合うだけのカロリーを摂取することは、なかなかむずかしいものです。ランナーの必要量は、スポーツをしていない人に比べるとかなり高くなります。摂取量の制限は、決してすぐれたランナーになる道ではありません。トレーニングやレースのためのエネルギーを体にちゃんと与えるには、エネルギー源として使える三大栄養素の充分な蓄えがなければなりません。充分な蓄えを確保するには、飲んだり食べたりして、毎日充分なカロリー数を摂取する必要があります。あなたの年齢、体重、活動レベル、トレーニング条件、トレーニング以外の活動レベル（安静時代謝率とも呼ばれる）がすべて、毎日の必要量を決める上で一定の役割を演じます。

　ランナーはトレーニングや競技に費やすエネルギー量が多いため、持久競技以外のアスリートよりも、多くのカロリーを必要とします。したがって、ランニングの成功のためだけでなく、全般的な健康のためにも、エネルギーバランスはたいへん重要です。食物や飲み物、サプリメントから取り込むエネルギー量と、安静時代謝率、身体活動、食物の熱効果を通じて消費されるエネルギー量が等しいとき、エネルギーバランスがとれているといいます。食物の熱効果とは、食物を消化吸収するために体が使うエネルギー量のことです。食事からの充分な摂取量を毎日維持できなければ、すぐに、慢性疲労、脱水、損傷や病気のリスクの上昇、月経の乱れ、骨量や筋肉量の低下に至る恐れがあります。

　あなたのエネルギー必要量はさまざまな数式を用いて推定できます。ランナーの相談に乗るスポーツ栄養士がよく使うのは、ハリス・ベネディクトの式です。この式を使えば、エネルギー消費量を推定するだけで、一連のカロリー必要量が得られます。登録栄養士の助けを借りれば、この結果からあなた個人に適したカロリー摂取法を知ることができます。ハリス・ベネディクトの式は次のようなものです。

$$RMR \times 活動度 = 毎日のエネルギー必要量$$

　この式を使ってあなたのエネルギー摂取必要量を求めるには、安静時代謝率（RMR）を算出し、そ

れに適切な身体活動レベルを掛けます。RMRを求めるには、kgで表した体重と、cmで表した身長が必要です。次の式を使ってRMRを推定します。

$$655+(9.6×体重kg)+(1.8×身長cm)-(4.7×30)=RMR$$

　身体活動レベルは低から高まで幅があり、活動係数はこの差を反映するようになっています。表14.1に、活動係数とそれに対応する運動レベルを示します。一連の活動係数を使えば、毎日のランニング量に応じて摂取量を調整できます。あまりきつくない活動の日は低いほうの値を使いましょう。高いほうの値は、走行距離が多かったり、インターバルワークアウトをしたりといった、もっときつい、または長時間の活動に対応します。

　式の使い方の理解を助けるために、具体的な例で計算してみましょう。身長162.6cm、体重56.8kgの30歳の女性ランナーが、7分30秒のペースで10マイル（約16km）を走る場合は、次のようになります。

　まずRMRを計算します。

$$655+(9.6×56.8)+(1.8×162.6)-(4.7×30)=RMR$$
$$655+545.3+292.7-141=1,352$$

　次にこのRMRに適切な活動係数を掛けます。この女性の走りの長さとペースから、活動係数は1.7となります。

$$1,352×1.7=2,298$$

エネルギー要求量を満たすには2,298カロリーが必要だとわかります。

表14.1　活動係数

活動係数	身体活動レベル
1.2	運動なし
1.3	軽い運動 1回につき30分のランニングまたはクロストレーニング
1.5	中程度の運動 1回につき60-74分のランニング（7:30-8:30ペース）
1.7	長時間の運動またはきつい運動 ヒル、ファルトレク、ATペースラン、 ロングインターバルなどを含む6:30-7:30ペースのランニングを1回につき75-89分
1.9	長時間の運動または激しい運動 インターバルやATペース（5:30-6:30ペース）を含むランニングを 1回につき90-120分以上

三大栄養素

　ランナーのカロリー必要量がほかのタイプのアスリートより大きいといっても、食事中の三大栄養素の構成については、そう変わりはありません。炭水化物が主要な役割を果たします。脂肪は1g当たりのカロリー数が炭水化物の倍になる（9kcal/g対4kcal/g）ため、少量でカロリー数を増やせるという利点があります。カロリー要求量が高いため、タンパク質もエネルギー生成に使われ、長距離ランニング中は、必要なカロリー数の15%にも達することがあります。図14.1に、食事全体に占めるべき三大栄養素それぞれのパーセンテージを示します。以下の節で、炭水化物、タンパク質、脂肪それぞれの摂取について、女性ランナーのための具体的なアドバイスと指針を述べることにします。

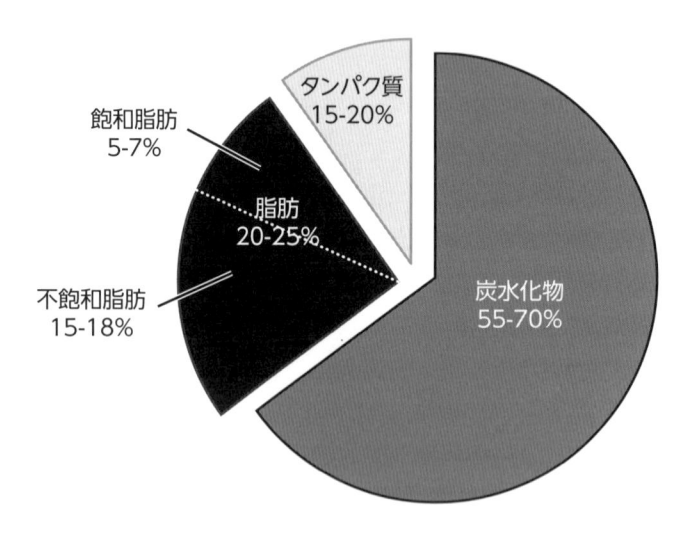

図14.1　総カロリー摂取に占める三大栄養素の推奨割合

炭水化物

　アトキンスダイエットやサウスビーチダイエットのような食事療法を信奉する多くの人たちは、炭水化物はある種の毒であるという共通の信念を抱いています。そんな声に耳を傾けてはいけません。ランナーであるあなたにとって、炭水化物はたいせつな友人なのです。炭水化物はいわば栄養界の働き者です。容易にグルコース（糖）に変換され、そのグルコースを、運動中の筋肉や活動中の脳が使います。体が必要とする以上の炭水化物を食べると、余分なグルコースはグリコーゲンとして筋肉や肝臓に貯蔵されるか、体脂肪として貯蔵されます。長時間運動する際のエネルギー源として、グリコーゲンの蓄えは欠かせません。筋グリコーゲンの枯渇は、長時間の運動を制限する決定的な因子となります。グリコーゲンの蓄えが運動中に少なくなり過ぎると、疲労を感じ始めるでしょう。トレーニングしているうちに、筋肉はより多くのグリコーゲンを貯蔵できるようになります。すると、より長く走れ

るようになるわけです。トレーニングを積んだランナーは、トレーニングしていない人より20-50%も多くのグリコーゲンを蓄えることができます。

　炭水化物の最適な摂取量を見つけ、それを維持することは、強度の高いトレーニングをし、ランニング中の低血糖を防ぐために、また運動中の筋肉にエネルギーを与え、運動後の回復を助けるために、たいせつなことです。ランナーの血糖値が低くなり過ぎると、筋肉は脂肪にエネルギーを頼るようになります。すると、目標のペースや強度でワークアウトを完了するのがむずかしくなります。脂肪からエネルギーを取り出すには、炭水化物から取り出すよりも時間がかかるからです。そのほか低血糖によく見られる症状には、頭痛、吐き気、イライラ感などがあります。

　炭水化物の利用は運動の強度とともに増加しますが、運動の持続時間が増すにつれ、減少します。炭水化物摂取の目標は筋肉や肝臓の炭水化物貯蔵を満杯にすることです。もともとのグリコーゲンレベルが高いほど、ある強度で走れる長さは長くなります。食べることでグリコーゲン貯蔵は増えますが、運動がそれを枯渇させるので、適切にエネルギー補給をしないランナーはグリコーゲンの枯渇状態が長引くことになり、やがては持久力や成績が低下します。現在、ランナーの毎日の炭水化物必要量として推奨されているのは、体重1ポンド当たり2.7-4.5gですが、トレーニングの長さによっては体重1ポンド当たり5.9gくらいまでは許容範囲です（1ポンドは0.45kgに相当）。表14.2に示すように、炭水化物の必要量は体重とトレーニングの時間数に基づいて推定することができます。

　炭水化物の豊富な食物には穀類、豆類、果物、野菜、乳製品、菓子類などがあります。あらゆる炭水化物が体のエネルギー源となることができますが、あらゆる炭水化物が栄養上、等しい貢献をするわけではありません。単純炭水化物すなわち単純糖質はすみやかに消化されます。単純炭水化物食品には果物、果汁、蜂蜜、糖蜜、乳製品、菓子類などがあります。これらはエネルギー源にはなるでしょうが、ソーダやキャンディー、クッキーなどの菓子類は必須ビタミンやミネラルの含量が低いことが多く、クッキーやキャンディーの場合はしばしば高脂肪となります。栄養分の豊富な炭水化物食品は単純炭水化物と複合炭水化物の両方を含み、全粒粉のパンやシリアル、米、パスタ、果物、野菜、豆

表14.2　1日の炭水化物必要量の推定

1日当たりのランニング時間数	体重1ポンド(0.45kg)当たりの炭水化物g数*
1	2.7-3
2	3.6
3	4.5
4	5.4-5.9

* 炭水化物1gは4キロカロリーに相当する。

類、ヨーグルトのような低脂肪乳製品などがあります。こうした食品は炭水化物を供給するだけでなく、重要なビタミンやミネラル、繊維質も含んでいます。繊維質は健康な消化管の維持に重要です。

　トレーニングをしながらグリコーゲンを貯蔵し、それを維持するには、炭水化物の豊富な食事が必要です。持久力イベントの前に筋グリコーゲン貯蔵量を引き上げることの利点を多くのランナーが知っているにもかかわらず、トレーニング中の食事の炭水化物含量に注意を払う人はほとんどいません。炭水化物の摂取が不充分だと、激しいトレーニングを何日も繰り返すうちに、グリコーゲンが枯渇することがあります。筋グリコーゲン枯渇に伴う脱力感（ガス欠、と表現されることもある）はしばしば、トレーニングのしすぎのせいにされます。トレーニング中に高炭水化物食を摂ることが、炭水化物の蓄えの維持には欠かせません。1日の総カロリー摂取量の55-70％が、炭水化物から供給されるようにしましょう。表14.2の注にあるように、1gの炭水化物は4キロカロリーに相当するので、炭水化物の1日推奨摂取量（g）に4を掛ければ、1日のカロリー摂取量のうちどれくらいを炭水化物から摂ればいいか、わかります。食品を選ぶときは、ラベルの栄養成分表示を必ず見るようにしましょう。1人前の炭水化物の総量が書いてあります。単純糖質は糖として表示してあります。

　運動中の炭水化物の必要量は、運動前、運動中、運動後の3つの時期に分けて考えます。トレーニングまたはロードレースの前の何時間かに炭水化物を摂取することが、能力を充分に発揮するには欠かせないという調査結果があります。特に、2時間を超える走りには絶対に必要だそうです。運動前の炭水化物は血糖値を上げ、運動中の筋肉にエネルギーを供給するとともに、グリコーゲン貯蔵を最大限に高めます。消化吸収された炭水化物はグルコースとして循環血中に入り、筋肉細胞に取り込まれてエネルギー源として使われるか、あとで使うために蓄えられます。運動前に摂取した炭水化物を最初に使うことで、筋肉や肝臓の既存のグリコーゲン貯蔵が温存され、疲労を防ぎ、競技能力を高めることができるのです。多くのランナーが、男性も女性も同じように、トレーニングの走りやレースの前に炭水化物を摂らずに済ませています。トレーニングやイベントが朝に計画されているときに、特にその傾向が強いようです。こうした習慣は早期の疲労につながることがあります。一晩、何も食べていないわけですから、肝臓のグリコーゲンの蓄えははなはだしく減っています。運動前の炭水化物という恩恵なしでは、引き出せるエネルギー量も少なくなり、競技能力に悪影響が出るでしょう（具体的なアドバイスについては205頁の「トレーニングやレース前のエネルギー補給」の節を参照）。

　90分以上続く持久運動中に炭水化物を摂取すれば、グリコーゲン貯蔵が低レベルに落ちてしまっている筋肉にグルコースを供給できます。そのグルコースを使わせることによって、持久力が高まります。グリコーゲンを使い果たすと、筋肉はエネルギー源を血糖に頼ります。血糖値を維持し、エネルギー生成を続けさせるには、運動中に炭水化物を摂取する必要があります。大量の食物でなくてもかまいません。エナジーバーやゲル、1カップ（240mℓ）に炭水化物由来の60-80キロカロリーを含むスポーツドリンクなどが、手軽なため、よく利用されますが、ほかの食品、たとえばフィグバー、ドライフルーツ、クラッカーなどでも、必要な炭水化物を補給できます。ランナーはトレーニングや競技中、1時間に1回、30-60gの炭水化物を摂取して持久力を高めるべきです。

　運動中にあまり大量の炭水化物を摂ってはいけません。胃痙攣や下痢を起こして、能力を充分に

90分以上運動するランナーは、少量の炭水化物を摂取して、グリコーゲンの蓄えを補充する必要がある。

発揮する妨げになることがあるからです。トレーニング中に、手軽で食べやすく、胃腸の負担にならないような食品で実験をして、あなた個人の必要量を見極めましょう。長時間の運動中に炭水化物を摂取することには明らかに利点があるとはいえ、運動前の食事が不要になるわけではありません。

　適切な回復のためには、運動後のエネルギー補給が欠かせません。しかもタイミングが大事です。疲労困憊するまで連日トレーニングするランナーや、大量の走行距離をこなすランナーには特に重要です。運動で筋肉や肝臓のグリコーゲン貯蔵が枯渇するため、炭水化物が、補充すべき最重要栄養素となります。あなたの体は、エネルギーの供給がおびやかされたり止まったりするような事態に的確に反応します。筋肉はエネルギー源として炭水化物を好むため、回復中の筋肉の代謝上の優先事項は、筋グリコーゲン貯蔵を再びいっぱいにすることです。運動後に炭水化物に富む食品を食べたり飲んだりすれば、筋肉と肝臓のグリコーゲン貯蔵を元に戻すことができます。適切な食事法を使えば、グリコーゲンは24時間以内に回復できるのです。

　グリコーゲン合成は複雑な生化学プロセスで、おもにホルモンのインスリンと、循環血中の血糖がどれくらい利用できるかによって、制御されています。グリコーゲンを合成し貯蔵する時期について、筋肉はえり好みが激しいものです。筋肉内の貯蔵が完了するまで、グリコーゲンは合成され続けるとはいえ、走ってから60分以内に炭水化物を摂れば、合成プロセスは最も速く進みます。実際、炭水

化物摂取がワークアウトの2時間後まで遅れた場合、最初の数時間のグリコーゲン再合成の速度がかなり低下し、回復速度も遅くなります。ワークアウトやレースのあとは、エネルギー補充を最優先すべきです。

　運動後は筋肉にすばやく炭水化物を届けることが大事なので、運動後にグリコーゲン再合成を促進するための方法がいくつか提案されています。グライセミックインデックスの高い食品の摂取、液体の形の炭水化物、炭水化物とタンパク質を組み合わせた飲み物などです。こうした方法はどれもランナーにとって効果的なことが確かめられています。

　グライセミックインデックス（GI）は炭水化物の分類に用いられる指標で、炭水化物食品がどれくらい速く血糖値を上げるかを示します。摂取後、血糖値の上昇が速ければ速いほど、グライセミックインデックスは高くなります。したがって、運動後すぐにグライセミックインデックスの高い食品を食べれば、炭水化物貯蔵をすばやく補充できるわけです。高GI食品の例として、スイカ、コーンフレーク、マッシュポテト、レーズン、精白パンなどがあります。市販のスポーツドリンクも、最初の回復のために使う液状炭水化物源としてすぐれています。大量の炭水化物（およびタンパク質）を含む飲み物なら、何でもかまいません。たとえば、チョコレートミルクは炭水化物およびタンパク質含量が高く、市販のスポーツドリンクの代用品として、消耗する持久運動からの回復に効果的なことが、調査の結果明らかになっています。炭水化物とタンパク質を含む飲み物を回復に使う場合、必ず、タンパク質より炭水化物の含量が高いものを選んでください。

　走ったあと15分以内に何らかの方法で炭水化物貯蔵を補充したあと、その補充方法の如何にかかわらず、続いて走行後1時間以内に、200-300カロリーの少量の間食を摂ってください。この間食もおもに炭水化物を含むものとしますが、少量のタンパク質を加えると回復プロセスが促進されます。間食としてはピーナツバターつきベーグル、サンドイッチ半分、牛乳をかけたシリアル、オートミール一椀、ヨーグルト入りスムージー、生の果物などがいいでしょう。この間食のあと1-2時間以内にもっとしっかりした食事をして、さらにカロリーや三大栄養素、微量栄養素、水分を補充します。

タンパク質

　ほとんどのランナーは、炭水化物をすぐれたトレーニング食の一部として組み込むことの必要性に気づいています。しかし、タンパク質の必要性については、しばしば理解が足りないようです。競技ランナーもアマチュアランナーも、体を動かさない人たちより多くのタンパク質を必要とします。アスリートでない人が1日に体重1ポンド（0.45kg）当たり0.4gのタンパク質を必要とするのに対し、アマチュアランナーは同じく0.5-0.7gが必要です。競技ランナーとなるともっと多く必要で、0.6-0.9gとなります。

　タンパク質は筋肉の成長と、筋肉が損傷を受けたあとの回復と修復の支援にとって重要です。また赤血球の分化、抗体産生、ミトコンドリアや酵素のようなランニングの向上につながる構造の新たな合成にも、必要です。エネルギー源としては、筋グリコーゲンが低下したとき、活動に必要なエネルギー

の最高15%を提供しますが、筋グリコーゲン貯蔵が充分あるときは5%しか提供しません。タンパク質は筋肉の保全と回復にとって重要なので、ランナーは毎日のトレーニングや競技のあとに充分な量のタンパク質を摂取する必要があります。

タンパク質の必要量を満たしていないランナーは、筋肉量の減少や免疫機能の低下、損傷のリスクの増加、慢性的な疲労を経験しやすくなります。タンパク質摂取が不充分になる恐れのある女性として、低カロリーダイエットやベジタリアンダイエットをしている人たちがあげられます。植物性タンパク質は動物性タンパク質ほど消化がよくないのです。逆に、日常的にタンパク質が過剰になっているアスリートは、脱水、体脂肪の蓄積増加、カルシウム喪失、炭水化物が不足したアンバランスな食生活などに陥るリスクが高まるかもしれません。1日のカロリーの15-20%がタンパク質から供給されるようにしましょう。

理想を言えば、アスリートは必要なタンパク質を食事から摂るべきです。ランナーのなかには、タンパク質摂取量を増やす手段として、プロテインパウダーやアミノ酸サプリメントに魅力を感じる人もいます。プロテインやアミノ酸のサプリメントのメリットは証明されていないうえ、そうしたサプリメントの摂取によってしばしば胃腸障害が起こります。

望ましいタンパク質源としては肉、家禽肉、魚、卵、乳製品、ナッツ、種子、ピーナツバター、大豆食品、豆類などがあります。脂肪を摂りすぎないように、赤身肉、皮なしの鶏肉やターキー、ツナ水煮缶、焼き魚、低脂肪や無脂肪の乳製品を選びましょう。タンパク質源がバラエティに富み、1日のカロリー摂取量が充分なかぎり、バランスのとれたベジタリアン食は充分なタンパク質を供給できます。ただし、もしあなたが完全菜食主義者で、牛乳や肉のような動物タンパク質をすべて避けるなら、さらに10%、タンパク質摂取量を増やさなければなりません。必要なカロリー量を満たしている場合、ランナーは一般に充分なタンパク質を摂っています。

運動前のエネルギー補給に関する調査の多くは炭水化物に焦点を合わせています。運動の1-3時間前に少量のタンパク質を摂取してもかまいませんが、主役は何といっても炭水化物に富む食物です。活動前にタンパク質を摂ると、満腹感が得られ、炭水化物の消化を遅らせてエネルギーレベルを持続させることができますが、摂り過ぎると、吐き気や下痢を起こすことがあり、成績に悪影響が出ます。

60分以上続く運動中に摂取すると成績に明らかによい影響をもたらすことが実証されている炭水化物とちがって、運動中のタンパク質摂取が成績によい影響を及ぼすことを支持するエビデンスはほとんどありません。炭水化物ほど必須ではないものの、持久運動後にタンパク質を摂取すれば回復を助けます。炭水化物とともに、タンパク質に富む食品も運動後15-30分に摂取すべきです。この時間帯にランナーは6-20gの完全タンパク質を摂るようにしましょう。

完全タンパク質はすべての必須アミノ酸を豊富に含んでいます。卵や乳製品、肉、魚のような動物性タンパク質が、これにあたります。不完全タンパク質はすべての必須アミノ酸の充分な量を含んでいるわけではありません。ダイズを除き、すべての植物性製品が不完全タンパク質に分類されます。ダイズは完全タンパク質に分類されます。運動後の食事でさまざまな食品に由来するタンパク質を摂

り、毎日の必要量を満たすことを続けていけば、食事にはすべての必須アミノ酸が確実に含まれるようになり、組織の修復にさらに役立つでしょう。

脂 肪

　アメリカ人はふつう、カロリーの35-40%を脂肪として摂っており、この脂肪の量が、心血管疾患やガン、今日の肥満の蔓延に関連があるとされています。こうした非難にもかかわらず、脂肪は実はランナーの食事に一定の役割を果たしています。炭水化物やタンパク質と比べて1g当たり倍以上のカロリー数を供給する（炭水化物やタンパク質の4kcal/gに対して9kcal/g）ので、エネルギーを供給するための濃縮カロリー源となるのです。脂肪は必須脂肪酸を供給しますが、これはエネルギー源となり、ホルモン生成を助け、神経機能に関与し、脂溶性のビタミンA、D、E、Kを体内に運びます。ランニングのためのエネルギーとして好まれるのは炭水化物ですが、低強度から中強度の運動中には脂肪が使われます。ただし、よい成績を収めるのにそれほど大量の脂肪は必要ありません。脂肪は1日のカロリーの20-25%を供給するようにすべきです。

　極端に低脂肪の食事は、筋肉内のトリグリセリドの貯蔵を妨げ、それによって走行中に早く疲労を起こさせて、ランニングにおける成績を制限するかもしれません。1章で述べたように、筋肉内のトリグリセリドは筋肉のミトコンドリアに物理的に近いため、走る際に使われる脂肪のおもな供給源なのです。脂肪の摂りすぎは脂肪蓄積を増加させ、運動前や運動中の胃腸の不快感をもたらすことがあります。高脂肪の食事は消化に時間がかかり、だるい感じが残ります。わたしたちのほとんどは、長時間の運動中のエネルギーとして使えるくらい大量の脂肪を蓄積していますから、脂肪負荷は無用です。ランニングをしても、高脂肪食が健康に悪影響を及ぼす可能性を取り除くことはできません。

　脂肪には、飽和、多価不飽和、一価不飽和の3種類があります。飽和脂肪（動脈を詰まらせる脂肪とも呼ばれます）は血中コレステロールに好ましくない影響を及ぼす傾向があり、あなたが心臓病を発症する可能性を高めるかもしれません。トランス脂肪は水素添加という食品加工プロセスによって生じたもので、体内で飽和脂肪とまったく同じように振舞い、心疾患のリスクを高めます。飽和脂肪とトランス脂肪の摂取量を抑えましょう。肉や家禽肉、チーズ、全脂肪乳などの動物性食品はすべて、飽和脂肪を含んでいます。バター、ラード、パーム油やココナツ油やパーム核油のようなトロピカルオイル、マーガリンに含まれる水素添加脂肪、市販の焼き菓子、スナック菓子なども飽和脂肪とトランス脂肪を含んでいます。飽和脂肪は室温で固体なので、すぐに見分けがつきます。

　ダイズ油やヒマワリ油のような多価不飽和脂肪と、ピーナッツ油やオリーブ油のような一価不飽和脂肪は、血中コレステロールや心臓の健康に好ましい影響を及ぼします。こうしたタイプの脂肪は植物油に含まれ、室温で液体です。できるだけ、飽和脂肪より多価不飽和脂肪や一価不飽和脂肪を選びましょう。

　運動前に高脂肪の食事を摂ることのメリットを示そうとした研究のほとんどは失敗に終わっています。走る前に高脂肪食を食べると、胃がむかつくでしょう。4-6時間またはそれ以上続くウルトララン

ニングのイベントを除き、脂肪は運動中に摂取すべきではありません。成績にはまったく改善のないことが明らかになっていますし、重い胃腸障害が起こることもあります。トレーニングや競技のあとに、特定の量またはタイプの脂肪を補充する必要もありません。一番やせているランナーでさえ、大量の体脂肪の蓄積があるため、持久運動によって脂肪が枯渇することはないのです。トレーニングや競技のあとの優先事項は、前にも述べたように、充分な量の炭水化物とタンパク質を摂ることなのです。

水分

ランナーのあなたは、くっきり浮き出た筋肉を時折ほめられることがあるかもしれませんね。けれども、あなたの体のおもな構成要素は水です。筋肉ではありません。ですから、水分を失うと、それ相応の結果が待っています。水は筋収縮のためのエネルギー生成を含め、細胞内で起こる多くの化学反応に不可欠です。体内の適切な水分が健康全般にとって重要であることは、充分に立証されています。体温の調節や血漿量の維持に関わる水分は、ランナーとしての成功に欠かせないものです。適切な水分バランスを維持すれば最高の成績が約束されるのに対して、運動中や運動後に適切な水分補給を怠ると脱水に至ります。脱水になると、体温が上がり、成績に悪影響が出ます。深刻な医学的問題が起こることもあります。

走ると、筋収縮によって熱が発生します。汗をかいて、その汗を皮膚から蒸発させることが、体がみずからを冷やすおもな手段です。発汗メカニズムは、気温や湿度のような気候条件、走りの長さや強度、あなたの体力レベルなどの影響を受けるものの、そもそも、体に水分が充分に補給されていなければ、有効に機能しません。発汗の速度は、ゆっくりしたペースでのランニング中の1時間当たり0.8-1.4リットルから、暑いなかでのハードなランニング中の1時間当たり1.4-2リットルまで、幅があります。ただし、消化管は1時間に0.8-1.2リットルほどの水分しか吸収できないので、特に暑い日のランニングでは脱水を防ぐのがむずかしくなります。女性は一般に男性より発汗速度が遅いものです。汗は水分のほかにナトリウムと少量のカリウムを含んでいます。

水分と電解質が失われるにつれ、血漿の容積が減少します。すると、血液と酸素が充分に行き渡らなくなります。筋肉に酸素が供給されなければエネルギーが作れず、体表面に血液が回らなければ体を冷やすことができません。体重の2-3%の水分が失われると、疲労を引き起こし、競技能力が損なわれるおそれがあります。さらに脱水が進むと、筋肉の痙攣が起こることもあります。重い脱水になると、心臓の心拍出量がさらに低下し、体温が危険なレベルにまで上昇します。最終的には熱疲労あるいは熱射病に至ります。次に示すのが、脱水の危険信号です。

- 頭痛
- 筋痙攣
- 口渇(感)と喉の渇き
- 疲労と脱力感
- 全身の不快感と痛み
- 吐き気
- イライラ感
- めまい

適度な水分補給が健康的なランニングには不可欠。

　脱水は運動能力を低下させ、健康を損なう危険があるため、脱水の影響を克服するか、少なくとも和らげるための方法に関する研究が盛んに行われてきました（そしてスポーツドリンクの激しい売り込みも）。体内の水分が完全に飽和した状態でワークアウトを始めるか、さらにはワークアウト前にハイパーハイドレーションをしておけば、ランニング中に脱水になるのを遅らせ、競技能力を維持し、心臓関連の病気になるリスクを抑えられます。ハーパーハイドレーションとは、暑いなかで走る際に起こる脱水に備えて、体内の水分をふつうより上のレベルにまで高めておくことを指します。ただ、その場合、走っている途中で排尿する必要に迫られるかもしれません。運動前に水分を摂取すれば、体温調節能力を高め、血漿量を増加させて心拍出量を維持する効果があります。走る前には必ず、水分を摂りましょう。そうすればワークアウトをいつも、体内の水分が飽和した状態で始めることができます。

　運動しなくても、女性ランナーは毎日少なくともカップ約9杯（2L）の水分を、基本的な要求を満た

すために必要とします。女性ランナーにとって、この毎日の必要量を満たすのに最適の水分補給源は水、100％果汁、低脂肪牛乳です。もしあなたが多くの距離を走破するランナーだったり、競技ランナーだったりした場合、さらにスポーツドリンクを含めてもいいでしょう。スポーツドリンクは追加のカロリーと電解質を供給してくれます。炭酸飲料を水分のおもな補給源とすべきではありません。必要な水分を摂る前に満腹になってしまいます。

　前回のワークアウト後、水分補給が不充分だった場合は、360-600mlの水またはスポーツドリンクを、運動の少なくとも4時間前に飲みましょう。体重が54-68kgの女性ランナーなら、300-480mlでふつうは充分です。もし排尿がなかったり、尿の色が濃かったりした場合は、ワークアウトの2時間前にさらに360-600mlを追加してもいいでしょう。アマチュアランナーでも競技ランナーでも、毎日の基本的な必要量が満たされていて、運動中に失った分を補給しているなら、運動前の水分補給はたいてい不要です。

　ランニングをすれば、日常的な水分保持の必要性に加え、ランニング中やその後の水分補給が必要になります。運動中に水分を摂る目的は、水分と電解質が過度に失われるのを防ぐことです。どれくらいの量を、どれくらいの頻度で飲めばいいかは、環境条件と走りの強度および長さによって決まります。過酷な環境だったり、強度が高かったりする場合を除き、中程度の強度の60分以下の走りには、たぶん水分補給は必要ないでしょう。ただし、60分以上の走りで、特に気温や湿度が高い場合は、スポーツドリンクを飲めばそれなりの効果があるでしょう。

　スポーツドリンクは水分だけでなく、運動中の筋肉のための炭水化物と、電解質のバランスを維持するためのナトリウムを供給してくれます。炭水化物由来の1カップ（240ml）当たり60-80カロリーのエネルギーとともにナトリウムやカリウムといった電解質も供給するスポーツドリンクは、水分の吸収を最大限に高めます。量についてはさまざまな意見があるようですが、15-20分ごとに120-300mlを摂取すれば、たいていのランナーには充分でしょう。走行中に水分補給するということは、暑いなかを長時間走るあいだに飲みものを摂る方法をあらかじめ考えておかなければならないということです。携帯する、走る前に配置しておく、自宅や友人宅に立ち寄れるように折り返しコースを走る、などの方法が考えられます。

　運動後は失われた水分と電解質を補充することが大事です。脱水かどうかを判断するには、体重が一番よい指標となります。できれば、運動の前とあとに体重を量って、どれくらい飲めばいいか見極めるようにしましょう。尿の量と色もチェックしましょう。量が充分にあって、無色か淡黄色でなければなりません。アップルジュースというよりレモネードのように見えなければならないわけです。ビタミンには尿の色を濃くするものがあるので、もしビタミン剤をのんでいるなら、尿の量をめやすにして脱水かどうかを判断しましょう。運動で体重が1ポンド（0.45kg）失われるたびに、480-710mlの水分を摂りましょう。水でもスポーツドリンクでもかまいません。その他の水分の多い食物、たとえばスイカやアイスキャンディーも役に立ちます。バナナやオレンジのような果物はカリウムのよい供給源になります。プレッツェルや野菜ジュース、ディル・ピクルスはナトリウムの補給にうってつけです。運動後2時間以内に水分を補給しましょう。

何を飲めばいいか？

水分
- ランニング前：体を動かす前に480㎖飲みます。
- ランニング中：15-20分ごとに240㎖ほど飲みます。汗が多いようなら、もっと飲みます。
- ランニング後：体重が0.45kg減っているごとに480㎖飲みます。

ナトリウム
- ランニングが60分以上続く場合、またはナトリウム欠乏であることが実証されている場合は、ランニングの前、最中、後に、液体1リットルにつき0.5-0.7グラム（小さじ約1/10の食塩に相当）を摂りましょう。市販のスポーツドリンクの大半には、適量のナトリウムがすでに含まれています。
- もしあなたがナトリウム欠乏でないなら、充分な量のナトリウムが通常の食事で摂れるので、余分に摂る必要はありません。

状況によっては、水を大量に飲み過ぎることがあります。するとナトリウムのバランスが崩れ、体液のナトリウム濃度が非常に低下して、低ナトリウム血症という状態になります。マラソンのような長時間の持久イベント中に水だけを飲んでいるランナーが、こうした状態になることがあります。長時間の運動中にはナトリウムを含む飲み物を摂るようにすれば、低ナトリウム血症になるリスクを減らせます。水分過剰を避けることも、リスクを下げます。理由はよくわかっていませんが、女性は男性より低ナトリウム血症になるリスクが高いようです。症状は吐き気、嘔吐、頭痛、筋肉の脱力、意識障害などです。この状態に気づかなかったり治療しなかったりした場合、けいれんや昏睡にまで進行することもあります。最近、有力なメディアでは低ナトリウム血症に注目が集まっていますが、逆の状態、すなわち脱水のほうがはるかに大きな問題です。マラソンのゴール近くでは多くのランナーが脱水になっているでしょうが、低ナトリウム血症になるのはせいぜい一握りです。ですから、水分を摂ることをためらってはいけません。

微量栄養素

バランスのよい栄養豊富な食事で、体に必要なビタミンやミネラル（微量栄養素）は充分に摂れます。ただ、運動をすれば、微量栄養素を必要とする代謝経路の多くに負荷がかかります。アスリートのなかでも特に女性長距離ランナーはビタミンやミネラルの欠乏症になるリスクが高いのです。

微量栄養素は、エネルギー生成、ヘモグロビン合成、骨の健康維持、適切な免疫機能、活性酸素による障害に対する体の防御などに重要な役割を演じます。運動や障害からの回復中に筋組織の修復を助けます。日常的に運動をしていると、微量栄養素の代謝回転と体からの喪失が促進されます。その結果、微量栄養素をもっと多く摂取する必要が出てくると考えられます。

カルシウムとビタミンD

　カルシウムは骨と歯を強くし、筋収縮と適切な血液凝固を助けます。この本の前のほうで学んだように、ビタミンDとともにカルシウムを充分に摂ることが、女性の骨の健康には不可欠です。カルシウムは骨密度に対する運動の効果を高めます。骨量の低下を防ぎ、骨折リスクを引き下げるひとつの要因なのです。カルシウム欠乏は骨粗鬆症（4章を参照）の発症の一因となります。19-50歳の女性は1日に1,000mgのカルシウムを摂るべきです。50歳を超えた女性は1日1,200mgを目標とすべきです。乳製品を1日にカップ何杯摂ったか数え、その数に300mgを掛けて、食事からのカルシウム摂取量を推定しましょう。カルシウムの1日摂取量の上限は2,500mgです。食品からの摂取で毒性が問題になることはふつうありませんが、高用量のカルシウムサプリメントを摂っている女性では、問題になることもあります。

　体内でカルシウムがどれくらい使えるかは、あなたが摂取するカルシウムの量しだいです。女性長距離ランナーは、アスリートのなかでも最もカルシウム摂取量が不足しやすい部類に入ります。摂取量が体の要求量を満たすだけない場合、血中のカルシウムレベルを維持するために、骨からカルシウムが抜き取られます。だからこそ、食事中のカルシウムが大事なのです。もしそれが不足していると、血中のレベルを維持するために骨からカルシウムが「盗まれる」ことになってしまいます。そのうえ、カルシウムの吸収力は年齢とともに低下します。女性では45歳くらいから低下が始まりますが、これはちょうど、カルシウムが最も必要な時期にあたります。この吸収力の低下はビタミンD代謝の低下によるとも考えられ、カルシウムとビタミンD両方を補充する必要性がますます高まります。

　カルシウムはサプリメントで摂ることもできますが、食事から摂るのが一番です。食物を通じて摂るほうが、よく吸収されるからです。牛乳やヨーグルト、チーズといった乳製品はすぐれたカルシウム源です。大半の乳製品カップ1杯は200-300mgのカルシウムを含んでいます。その他のすぐれたカルシウム源として、骨のついた鮭の缶詰め、ホウレンソウやケール、ブロッコリーのような濃い色の葉物野菜のほか、オレンジジュースやパン、シリアルなどの強化食品があります。

　サプリメントを使うのが適切かどうか判断するには、食事、月経周期、現在の骨量といった因子を検討してみる必要があります。カルシウムサプリメントには、炭酸カルシウムとクエン酸カルシウムがあります。研究では、両者のあいだにほとんど違いは見つかっていませんが、吸収を最大にするには、1日の量をまとめて摂取せず、500mg以下ずつ何回かに分けて摂取することが大事です。サプリメントを食事と一緒に摂ることも、吸収を助け、副作用を抑えるのに役立ちます。

　骨の健康にはカルシウムが必須だといっても、腸から吸収されるにはビタミンDが必要です。ビタミンDは骨の吸収も促進し、「新しい」骨を作るためのカルシウムを「古い」骨から供給します。ビタミンD摂取と、がん予防、免疫増強、糖尿病予防の可能性との関連を示唆している科学的な研究もあります。それらの研究は繰り返し再吟味されており、こうした問題に関するアドバイスが欲しいなら、かかりつけの医師に訊くのが一番です。

　皮膚に直射日光があたると、ビタミンDができます。日焼け止めを使うと、日光による皮膚での化学反応が阻止されます。また12章で述べたように、あなたの年齢や住んでいる場所、季節、日光のもと

で過す時間などがすべて、ビタミンDの皮膚での生成に影響を与えます。年配の女性ほど、皮膚でのビタミンD合成能力が低いので、たくさん摂取する必要があります。

残念ながら、食事からのビタミンDの供給源は強化食品と脂肪の多い魚に限られます。ですから、ビタミンDのサプリメントを使うのが、充分な摂取量を確保する最善の道です。成人にはビタミンD_3のサプリメントが望ましいでしょう。カルシウムの場合と同じく、必要量は性別、年齢、食事、健康状態に左右されます。19-50歳の女性は1日に600国際単位（IU）のビタミンDが必要で、閉経女性と50歳を超えた女性は1日に800-1,000IUが必要です。

鉄

鉄は、血液中の酸素運搬タンパク質（ヘモグロビン）と筋肉中の酸素運搬タンパク質（ミオグロビン）の形成になくてはならないものです。酸素運搬能力は長距離ランニングに不可欠です。赤血球を作るのに充分なだけの鉄がないと、貧血症、すなわち体に充分な赤血球がない状態になることがあります。貧血症のランナーは疲れやすく、回復が遅く、平均以下の成績しか出せなくなります。鉄欠乏は食事から摂る量が少なすぎるか、体内から失われる量が多すぎる、またはその両方が重なって起こります。鉄欠乏はふつう、50歳までの女性に見られます。月経期間中に毎月鉄が失われるからです。

貧血症の女性は一般に、脱力感や頭痛、イライラ感、寒さへの耐性低下といった症状を体験します。軽い貧血症の女性ランナーは、安静時にはごくふつうに感じるかもしれませんが、きつい運動をすると疲労感やスタミナの低下に気づくでしょう。軽い貧血症の女性ランナーの場合、インターバルトレーニングのようなきついエクササイズに困難を感じることが、何か問題があることを示す唯一のしるしという場合もあります。貧血症が進行すると、それほどきつくないランニングでも、スタミナ切れで、続けることがむずかしくなってきます。筋肉が早く疲労し、低強度の運動でも心拍数が上昇し、息切れが起こって、軽い運動さえ続けられなくなるのです。だるさやふらつき、食欲の低下を感じることもあります。友人に顔色が悪いと言われるかもしれません。

ほかのタイプの貧血症もありますが、鉄欠乏性貧血は女性アスリートに一番よく見られる栄養欠乏のひとつです。その理由としては、月経で血液が失われることや鉄の摂取量が不充分なこと、ベジタリアン食をする人が多いことなどが考えられます。女性ランナーは鉄欠乏性貧血のリスクがさらに高くなります。ランニングや持久力トレーニングが、汗に含まれる鉄の流失や赤血球の破壊を通じて、鉄欠乏の誘因となるのです。この赤血球の破壊は溶血とも呼ばれ、足が固い路面に繰り返し着地したり、赤血球が血流中を動く速度が上昇したりすることによって起こります。高強度のトレーニングによるアシドーシスによっても起こります。鉄が失われることに加え、ミオグロビンを作るために筋肉が鉄を大量に要求することも、鉄欠乏にさらに拍車をかけます。

推定では、アメリカの全女性の3-5%が鉄欠乏性貧血になっています。女性アスリートの26-60%が鉄欠乏です。鉄欠乏になるリスクのあるランナーは定期的に鉄の状態をチェックすべきです。血液検査で簡単にわかります。全血球計算（CBC）は、赤血球（RBC）数、ヘモグロビン、ヘマトクリット

栄養に関する実用的なアドバイス

- 体が必要とする炭水化物、タンパク質、必須脂肪酸、ビタミン、ミネラルを確実に摂れるように、バラエティに富んだ食物を食べましょう。
- 健康体重を維持しましょう。
- 飽和脂肪とコレステロールを避けましょう。
- 炭水化物食品は砂糖の多過ぎないものを食べましょう。
- カルシウムの豊富な食物を食べましょう。
- 日光を浴びましょう。
- ビタミンサプリメントが必要だという思い込みを捨てましょう。特に、超大用量のメガビタミンは必要ありません。
- 水をたくさん飲みましょう。
- 奇跡の食品、サプリメント、エネルギー補助食品などの広告や売り込みを頭から信じてはいけません。

（赤血球が血液に占めるパーセンテージ）を含む1群の検査です。フェリチンはあなたの体の鉄の蓄えを示す測定値のひとつです。鉄欠乏性貧血では、RBC数、ヘモグロビン、ヘマトクリット、フェリチンがしばしば正常値より低くなります。鉄欠乏を防ぐために、自分の鉄の状況をモニターしましょう。きついトレーニングをしたり、走行距離が多かったりする時期は特に注意が必要です。

鉄欠乏性貧血の治療は、適切な食事とともに鉄のサプリメントを摂ることです。鉄を摂り過ぎると鉄過剰症となることがあるので、鉄のサプリメントを始める前にかかりつけの医療機関で相談しましょう。サプリメントを摂る必要があるような状態だった場合、サプリメントを始めて1週間で、もう調子がよくなってきたのを感じるかもしれません。8週目には症状が消えていることが多いようです。

鉄にはヘム鉄と非ヘム鉄のふたつのタイプがあります。ヘム鉄は鳥獣の赤身肉のような動物性食品に含まれます。最も吸収されやすい形の鉄です。非ヘム鉄はおもに植物性食品に含まれ、それほど吸収がよくなく、ドライフルーツ、緑黄色野菜、豆類、全粒粉、大豆食品に含まれています。鉄分の豊富な食物を毎日摂るように気をつけましょう。鉄の摂取量を増やすためのアドバイスを挙げます。

- 脂肪の少ない赤身肉を週に数回食べましょう。
- オレンジジュースまたはその他のビタミンCを含む食品を食事に加えましょう。鉄の吸収を助けます。
- スパゲッティソースのような酸性食品の調理に鋳鉄製のフライパンを使いましょう。
- ベーグルだけとかサラダだけというより、タンパク質と炭水化物両方を含む食事を摂りましょう。
- 茹でる際は、最小限の水を使い、加熱は短時間にとどめて、食物から失われる鉄を最小限に抑えましょう。

- 鉄を強化したパンやシリアル、パスタを選びましょう。
- もしあなたがベジタリアンなら、食事のたびに、強化したシリアルや豆類、ナッツ、種子類をたっぷり食べ、ビタミンCの豊富な食物も含めましょう。

ビタミンB群

　ビタミンB複合体、特にチアミン、リボフラビン、B_6、ナイアシンはエネルギー生成経路に関与しており、したがってランナーの食生活では大事なビタミンです。葉酸とビタミンB_{12}は赤血球の生成、タンパク合成、組織の修復と維持に欠かせません。葉酸とビタミンB_{12}は女性アスリートの食生活で不足しがちです。

　運動がB複合体の要求量を増加させるかどうかを調べた研究はわずかしかありません。運動がこれらのビタミンの必要性をわずかに増加させるかもしれないことを示唆するデータがいくつかあります。ただし、こうした増加は一般に、カロリー摂取が高くなっていることで満たせます。ビタミンB複合体のすぐれた供給源には強化シリアル、ポーク、ハム、ツナ、ヨーグルト、牛乳、チキン、サーモン、ターキー、バナナ、牛ひき肉などがあります。

　ビタミンB_{12}や葉酸、またはその両方がひどく欠乏すると、貧血と持久力の低下につながることがあります。ハマグリ、カキ、牛レバー、鶏レバーが、ビタミンB_{12}の供給源として特にすぐれています。サーモン、牛ひき肉、ツナ、ヨーグルトもよい供給源です。強化シリアル、ブロッコリー、ホウレンソウ、インゲンマメ、黒豆、強化スパゲッティーが、葉酸のよい供給源です。こうした微量栄養素を充分に摂って、トレーニングを支え、最高の成績と健康を手に入れましょう。

抗酸化物質

　ビタミンCとEには抗酸化作用があり、活性酸素による損傷から筋肉の細胞膜を保護します。ランニングは酸素消費を安静時の10-20倍にも高めるので、長期間のランニング（毎日またはほぼ毎日のランニングを数年続ける）は絶え間ない「酸化ストレス」を筋肉その他の細胞にもたらし、損傷を受けやすくすると言われています。

　運動が抗酸化栄養素の必要性を増加させるかどうかについては、まだ結論が出ていません。これまでのところ、抗酸化剤サプリメントが身体的性能を増進するというエビデンスはほとんどありません。きついワークアウトからの回復を増進すると称して、ビタミンCやEのサプリメントが持久アスリートに盛んに売り込まれています。ビタミンEが回復を増進するかもしれないというエビデンスはいくつかありますが、さらに研究が必要です。いまのところは、抗酸化物質を含む食品を毎日の食事にたっぷり取りいれるというのが、妥当なアドバイスでしょう。抗酸化物質が不足するリスクの最も高いアスリートは、低脂肪ダイエットをしたり、カロリーを制限したり、果物や野菜、全粒粉を制限したりしている人たちです。

ナッツや種子、植物油、マーガリンやサラダドレッシングのような植物油製品が、ビタミンEのすぐれた供給源です。肉やチキン、魚のような動物性食品もビタミンEを含んでいます。ビタミンCを豊富に含むのは柑橘類とその果汁、トマトとトマトジュース、ジャガイモ、ピーマン、緑の葉物野菜などです。

トレーニングやレースの前のエネルギー補給

　食事や間食のタイミングは、トレーニングやレースの長さと強度はもちろん、あなたの胃腸の許容量も考慮したうえで、自分にぴったりの時間を決めるべきです。大半のランナーは満腹の状態で競技をすることは好まないので、一般にレースが近づくとふだんより小食にして、胃腸を空にしておこうとします。炭水化物は最も速く最も効果的なエネルギー源で、すみやかに消化されます。トレーニングやレースの前にたっぷりした食事を楽しむランナーもいないわけではありませんが、そんな食事をしたら胃がもたれてどうしようもないという人たちは、炭水化物の軽食やスポーツドリンク、エネルギーゲルなどに頼ります。

　市販の液体栄養剤も、レース前のエネルギー補給に適しています。炭水化物含量が高く、味がよくて、カロリー摂取にも水分補給にも役立ちます。自分にはどれが最適かを見極めるために、トレーニング中に新しい食品や液体栄養剤を試してみて、レース前にそうした食品を確実に入手できるように、あらかじめ計画しておきましょう。

　トレーニングのときと同じように、レース前の食事では炭水化物の豊富な食品を主役として、筋肉にエネルギーのためのグルコースを供給すべきですが、タンパク質も脇役として重要です。持久活動の前にタンパク質に富む食物を摂取する場合、運動の数時間前に摂ると効果的です。タンパク質は満腹感をもたらし、消化を遅くします。こうして、長時間にわたってエネルギーレベルを維持してくれるのです。運動の直前にタンパク質を摂取すると、成績に好ましくない影響が出る恐れがあります。脂肪は消化が遅いので、レース前の食事では脂肪を制限しましょう。トイレ休憩でレースが中断されることを避けるため、繊維質は制限する必要があるかもしれません。何より、食べ慣れた消化のよい食物を選びましょう。

　次のようなヒントが、実際にトレーニングやレースの前にエネルギー補給をする際に役立つでしょう。トレーニングやレースまでに消化のための時間がどれくらいあるか、自分はランニング前に食べても大丈夫かどうかに基づいて、あなたに最適の選択肢を選びましょう。

- トレーニングやレースの3-4時間前に、水分を摂り、高炭水化物、適度なタンパク質、低脂肪低繊維質の通常の量の食事をする。メニューの例を挙げれば、ミートソースパスタまたはチキン添えブラウンライス、低脂肪ドレッシングをかけたサラダ、パン、オレンジジュース、水となる。朝食なら、卵添えトースト、ジャガイモ、ヨーグルト、果物でもいい。
- トレーニングやレースの2-3時間前に、軽い食事をして水分を摂る。たとえばターキーサンドイッチまたはピーナツバターつきベーグルを半分、バナナ、スポーツドリンク、水というメニュー

カーボローディング(炭水化物負荷)

　カーボローディングとは、ランナーがレースに備えて、トレーニング量を減らして筋肉を休ませるいっぽう、筋肉をグリコーゲンで過飽和にすることですが、ハーフマラソンやマラソンに対して効果的なことが証明されています。グリコーゲンレベルを最大にするには、競技の前の週にカーボローディングを行います。

　摂取する炭水化物のパーセンテージを徐々に増やして、総カロリー摂取量の70%まで持っていくと同時に、トレーニングの量と強度を落とします。これはテーパリングとも呼ばれます。このようにすれば、筋肉の炭水化物貯蔵を最大限にすることができます。グリコーゲン貯蔵を最大限にするには、1日およそ500-600mgの炭水化物を摂取する必要があります。トレーニングの量と強度を落とせば、必要なカロリーが減ります。ただし、男性と同じようにカーボローディングの恩恵を受けるには、女性は総カロリー摂取量も増やす必要があるようです。たとえテーパリング中であっても、余分なカロリーが必要なのです。体重が増えるのではないかと心配する必要はありません。増えた分はすべて、マラソンで消えてしまいます。余分なグリコーゲンはジェット燃料のようなものです。マラソン前にできるだけ多く蓄え、レースで使い切るわけです。テーパリング中に太るのを避けるためにカロリーを減らしたいと思う場合は、脂肪の摂取量を減らしましょう。そうすれば、総合的な栄養状態を犠牲にすることなく、タンパク質と炭水化物両方の摂取量を維持できます。

　10kmレース以下のレースでは、カーボローディングは役に立たないだけでなく、体が重くこわばったような感じを起させるかもしれません。1時間半より短いレースの成績は、貯蔵グリコーゲン量の制約を受けません。そうしたレースを走り抜くだけの炭水化物はすでに貯蔵されています。もしあなたが5kmや10kmをめざしてトレーニングしているなら、高炭水化物食をずっと維持するだけでいいのです。そうすれば、充分な筋グリコーゲンが確保できます。

が考えられる。
- レースの1-2時間前に少量の間食をして水分を摂る。例を挙げれば、アップルソース、オートミール、ヨーグルト、ドライシリアル、エネルギーバー、スポーツドリンク、水となる。
- レースの30分から1時間前に、スポーツドリンクと水を飲む。

　朝にレースがある場合、多くのランナーは200-400カロリーの朝食、たとえば低脂肪乳またはヨーグルトをかけたボウル1杯のシリアルがちょうどいいと考えるようです。これなら、スタートの2時間前に食べれば充分に消化されます。

索引

イタリックの *f* と *t* は図と表のページ数を示しています。

ADP　3-4, 4*f*
ATP　3-6, 4*f*
ATP-CP系　4, 115
ATインターバル　105
ATと低速中距離ランの組み合わせ　106
ATラン　105
CP　4
GI　194
PMS　25
Q角　16, 164
RPE　40
USAフィット　88
$\dot{V}O_2max$
　加齢と　66, 70-71
　月経周期と　108
　性差　18-19, 22
　成績因子と　8-9
　測定　107-108
　トレーニング量と　83
$\dot{V}O_2max$テスト　102, 107-108
$\dot{V}O_2max$トレーニング
　月経周期と　112
　のためのインターバルトレーニング　108-109
　のためのペース　109
　ピリオダイゼーション（期分け）トレーニングにおける　134-135, 136*t*
　ワークアウト　109-112, 111*f*

あ

アキレス腱の不具合　157, 158, 160*t*, 165, 168
アクチン　9, 10*f*
脚替え跳び　119
アシドーシス　6, 87
アシドーシス（AT）閾値トレーニング
　閾値の測定　102-103, 102*f*
　閾値の定義　101
　月経周期と　134
　成績と　12-13
　トレーニング要素としての　84-85
　におけるペース　104
　におけるワークアウトタイプ　105-106

　の利点　103
　ピリオダイゼーション（期分け）プランにおける　134, 135*t*
アストランド、ペロロフ　86
アタランテー（ギリシャ神話の女神）　207
アデノシン三リン酸（ATP）　3-6, 4*f*
アデノシン二リン酸（ADP）　3-4, 4*f*
アルコール摂取　152
アーチレイザー　176
1回拍出量　7, 28, 41, 43
インターバルトレーニング
　$\dot{V}O_2max$トレーニングのための　108-109
　アシドーシス閾値ワークアウト　105
　トレーニング要素としての　86-89
　ピリオダイゼーション（期分け）プランにおける　134-135, 136*t*
ウォーキングランジ　175
ウォールシット　174
運動学習　79
運動後のエネルギー補給　20-21, 193, 195, 197
運動単位　11-12, 67-68
運動単位再構築　68
運動中のエネルギー補給　192, 195, 196-197　運動後のエネルギー補給、運動前のエネルギー補給も参照
運動前のエネルギー補給　192, 195, 196, 205-206
栄養　脱水と個々の栄養素も参照
　運動後の　20-21, 193, 195, 197
　運動中の　192, 195, 196-197
　運動前の　192, 195, 196, 205-206
　三大栄養素　190, 190*f*, 191*f*, 197
　実用的なアドバイス　203
　水分　197-200
　年配ランナーのための　76
　微量栄養素　200-205
　骨の健康のための　58
エストロゲン
　回復における役割　138
　筋力トレーニングと　130
　経口避妊薬の　32-33
　月経周期各相における　24-26
　性差としての　13-15, 21

成績と　28-29, 32, 130, 140
　　男性における必要性　55
　　閉経期における　51-53
　　ホルモン補充療法における　56
　　ランニング損傷における役割　157, 163
エネルギー生成　3-6, 4f
エネルギーバランス　188
エネルギー不足　144-146
エネルギー要求量　147-148, 187-189
黄体化ホルモン　15, 24
黄体期欠損　147
黄体期、月経周期の　25, 27-31, 99, 139-140
オリンピック選手　81, 82
オリンピック大会　207-209

か

回内　164, 165-166, 168
回復
　　インターバルトレーニングにおける　86-87
　　運動後のエネルギー補給　20-21, 193, 195, 197
　　筋力トレーニングからの　130
　　損傷予防のための　157
　　トレーニング適応と　99, 159
　　トレーニング要素としての　138
　　年配ランナーのための　71, 74, 99
下肢負荷　154-155, 155t
過少月経　146-147
過食症　145-146
片脚ホップ　117
活動係数　189t
カルシウム　58, 146, 162, 201-202
加齢　年配ランナーを参照
カロリー制限　146
カロリー摂取
　　授乳中の　47-48
　　必要量の算出　147-148, 188-189, 189t
　　疲労骨折における役割　161-162, 163
　　無月経と　26
関節痛、妊娠中の　39
外野席ホップ　118
カーフスチレッチ　182, 185
カーフレイズ　127
基礎づくり
　　月経周期と　99, 132
　　女性アスリートの3徴と　100
　　における量　93-99
　　におけるワークアウトタイプ　98-99
　　妊娠中の　100
　　ピリオダイゼーション（期分け）プランにおける　132-134, 133t
喫煙　152

気分の変動、閉経期の　53
休息、損傷の治療のための　163, 168, 169
競技能力
　　エネルギー生成と　3-6, 4f
　　月経周期と　27-32
　　筋因子　8-12
　　心血管系因子　7
　　女性アスリートの3徴と　156
　　代謝因子　12-13
　　ホルモンと　28-29, 32, 130, 139-140
強度　40, 71, 74, 95
拒食症　145-146
筋肉
　　加齢と　66-68, 71
　　月経周期と　31
　　酸素の使用　8-9
　　性差　19
　　線維タイプ　10-12
　　妊娠中の　39
　　の収縮　9, 10f, 90
　　への血流　7
筋肉痛　5
筋肉内トリグリセリド　17　脂肪パーセンテージも参照
筋肉の弱さ　165
筋力トレーニング
　　エクササイズ　126-129, 152-155, 172-177
　　からの回復　130
　　月経周期と　31, 130
　　骨密度のための　60, 123, 152-155, 155t
　　損傷治療のための　165, 168
　　損傷予防のための　123, 172-177
　　トレーニング適応　122-123
　　トレーニング要素としての　124-130, 125t
　　年配ランナーのための　60, 61f, 62f, 68, 71, 74-75
ギブ、ロベルタ　208
クラムシェル　173
クレアチンキナーゼ　116
クレアチンリン酸（CP）　4
クロストレーニング
　　損傷の回復中の　164, 165, 167
　　トレーニングプランにおける　170
　　妊娠中の　36
　　年配ランナーのための　61f, 62f, 74
グリコーゲン貯蔵
　　月経周期と　28-29, 140
　　トレーニング適応　81, 84
　　のための炭水化物　20-21, 190-194, 191t
グループトレーニング　88
経口避妊薬　32-33, 130, 150-151
脛骨過労性骨膜炎　157

月経異常 26, 146-148　無月経も参照
月経周期
　$\dot{V}O_2$maxと　108, 112
　アシドーシス閾値トレーニングと　134
　基礎づくりと　99, 132
　競技能力と　31-32
　筋力トレーニングと　31, 130
　の各相　23-26, 24f
　の生理　27-31
　無酸素トレーニングと　116
　レースと　139-140
月経前症候群(PMS)　25
血糖インデックス(GI)　194
血液量
　月経周期と　28
　トレーニング適応　81
　妊娠中の　41, 43, 45
　の性差　18
ゲルシュラー、バルデマール　86-87
抗炎症薬　164
抗酸化物質　204-205
股関節屈筋ストレッチ　183
呼吸　30-31
呼吸性アルカローシス　30
骨折リスク　骨粗鬆症性骨折、疲労骨折を参照
骨再形成　15-16, 162-163
骨粗鬆症　骨密度も参照
　定義　54, 148
　のための運動　56, 69
　閉経期と　53-55
　ホルモン補充療法と　57-58
　無月経と　14-15, 26, 149-150
骨粗鬆症性骨折　55　疲労骨折も参照
骨密度
　栄養と　58, 146, 162, 201-202
　加齢と　69
　カロリー制限と　146
　経口避妊薬と　32-33, 150-151
　月経不順と　26
　女性アスリートの3徴における　148-152, 156
　測定　54
　増加と維持　69, 151-152, 161-162
　トレーニング量と　150
　のための筋力トレーニング　60, 123, 152-155, 155t
　疲労骨折リスクとしての　150, 156, 163
　閉経と　53-55
　ホルモンと　14-15
　ホルモン補充療法と　57-58
コレステロール　53

さ

サイズの原理　12
サルコペニア　67-68
酸化ストレス　204
産褥期うつ病　47
産褥期の運動　46-47
三大栄養素
　脂肪　13, 21, 88-89, 190f, 196-197, 205
　食事構成における　190, 190f
　タンパク質　22, 190f, 194-196, 205
　炭水化物　20-21, 101, 199-194, 190f, 191t, 205-206
ザトペック、エミール　86
支持具　165-166
姿勢の安定性　69
膝蓋大腿痛症候群　157, 158, 160t, 164-166
膝蓋トラッキング　164
脂肪組織　17　脂肪パーセンテージも参照
主観的運動強度(RPE)　40
シュワイツァー、キャサリン　208
シューズ　168, 170-172
損傷、一般　各タイプも参照
　エストロゲンの役割　157
　のタイプ　157, 160t
　の頻度　158
　リスク因子　158-159
損傷の予防
　トレーニング量と　82
　のための筋力トレーニング　123, 172-177
　のための柔軟トレーニング　177-185
食物の熱効果　188
神経筋記憶　79
心血管系
　競技能力と　7
　性差　18-19
　トレーニング適応　123
　妊娠中の　41, 43
心臓ドリフト　28
心臓病　53.57
心臓、肥大した　7
心臓への圧力効果　123
心臓への容積効果　123
心肺系
　加齢と　66, 70-71
　月経周期と　28
　妊娠中の　39-40
心拍数、妊娠中の　39-40, 41, 43
心拍出量　7, 41, 43
柔軟トレーニング
　損傷予防のための　177-178
　静的ストレッチ　182-185

動的ストレッチ　178-182
　　年配ランナーのための　68, 75
授乳　47-48
女性アスリートの3徴
　　基礎づくりと　100
　　構成要素の概観　143-144
　　におけるエネルギー利用性の低下　144-146
　　における月経異常　146-148
　　における骨密度　143-144
　　の競技能力に対する影響　156
　　の連続体　144f
　　リスク因子　149
脂肪
　　の摂取　190f, 196-197, 205
　　の代謝　13, 21, 88-89
脂肪パーセンテージ　17-18, 22, 143, 147
伸長性収縮　90
持久系パフォーマンス　競技能力を参照
水分補給　76, 199-200, 脱水も参照
睡眠障害、閉経期の　52, 57
スクワット　126
スクワットジャンプ　119
ステップアップ　174
ステップダウン　175
ストレッチング　柔軟トレーニングを参照
スピードトレーニング
　　トレーニング量と　83, 114
　　パワーと　113-114
　　ピリオダイゼーション（期分け）プランにおける　136-137, 137t
　　プライオメトリクス　116-122, 117t
　　無酸素能力トレーニング　114-115
　　無酸素パワートレーニング　115-116
スポーツ心臓　7
スポーツドリンク　40, 192, 194, 199
スポーツブラ　96
性差
　　解剖学的　15-17
　　筋肉　19
　　心血管系　18-19
　　代謝　19-22
　　体重、体組成　17-18
　　ホルモン　13-15
　　まとめ　14t
性染色体　13
静的ストレッチ　182-185
摂食障害　145-146
センプル、ジョック　ix
喘息　31
走行距離　トレーニング量を参照
早発閉経　50

足底筋膜炎　157, 160t, 165, 168-169
速筋（タイプII）線維　11, 84

た
体温　27-28, 33, 40-41, 69
体温調節　体温を参照
代謝
　　加齢と　68
　　月経周期と　28-29
　　競技能力としての　12-13
　　妊娠中の　40
　　の性差　19-22
体重　17, 33, , 39, 199
体重減少
　　カロリー摂取と　188
　　体組成と　17, 143
　　トレーニング量と　82, 83
体重増加　33, 39
体組成　17-18, 68-69, 83-84, 143
タオルロール（エクササイズ）　177
多価不飽和脂肪　196
炭水化物
　　血糖インデックス　194
　　の摂取　190-194, 190f, 191t, 205-206
　　の代謝　20-21, 101
炭水化物ローディング　206
タンパク質　22, 190f, 194-196, 205
大腿四頭筋ストレッチ　181, 184
ダウンヒルランニング　90, 166, 170
脱水　水分補給も参照
　　加齢と　69
　　心拍数と　28
　　対低ナトリウム血症　200
　　妊娠と　42
　　予防　198
　　リスクと注意信号　197-198
脱神経　67-68
遅筋（タイプI）線維　10-11
腟の乾燥　52
腸脛靱帯　166, 167f
腸脛靱帯症候群　157, 158, 160t, 166-168
腸脛靱帯ストレッチ　184
チョーパットストラップ　166
チームイントレーニング　88
使い過ぎによる損傷　損傷を参照
低血糖　40, 191
抵抗のあるヒップアダクション　154
抵抗のあるヒップアブダクション　153
抵抗のあるヒップエクステンション　153
抵抗のあるヒップフレクション　152
低ナトリウム血症　200

テストステロン　13-15
鉄　202-204
転倒リスク　59, 69
ディル、デヴィッド　9
デッカー、メアリー　ix
デッドリフト　129
デプスジャンプ　120
電解質　199
殿部ストレッチ　178, 185
テーパリング　91, 206
トランス脂肪　196
トレーニング適応
　　回復と　99, 159
　　筋力トレーニング対持久トレーニング　122-123
　　心血管系　7
　　トレーニング量　81-84, 93
　　熱耐性　27
　　年配ランナーの　69-71
　　の限界　81-82
トレーニングの一貫性　83-84
トレーニングの特異性　79-80
トレーニングの量
　　基礎づくりにおける　93-98, 94f
　　骨密度と　150
　　損傷のリスクと　158-159, 169-170
　　スピードトレーニングと　114
　　トレーニング適応と　81-84, 93
　　年配ランナーのための　74
トレーニングプラン　ピリオダイゼーション（期分け）
　　トレーニングの各段階も参照
　　筋力トレーニング　125t, 155t
　　デザインのヒント　170
　　年配ランナー　72-73t
　　プライオメトリクス　117t
　　閉経後の　61-63f
動的ストレッチ　178-182
トークテスト　40

な
内転筋ストレッチ　181
乳酸　5, 48
乳酸閾値トレーニング　アシドーシス閾値トレーニングを参照
尿、脱水の指標としての　199
尿漏れ、閉経期の　52-53
妊娠期
　　運動禁忌　37-39, 38t
　　運動の指針　35-36, 44
　　運動の目標　42
　　運動の利点　36-37
　　基礎づくり　100

生理　39-41
　　ランニング　41-46
ニーブレースとストラップ　166
寝汗、閉経期の　52, 57
熱耐性　27
年配ランナー
　　栄養と水分補給　76
　　加齢の生理学　65-69
　　トレーニング適応　69-71
　　トレーニングのアドバイス　71-75, 72-73t

は
肺機能　30-31
ハイパーハイドレーション　198
ハクスリー、アンドリュー　9
発汗速度　197
母親業、トレーニングとの両立　85
ハムストリングカール　127
ハムストリングストレッチ　179-180, 183
ハリス・ベネディクトの式　188-189, 189t
バッド、ゾーラ　209
パワー　113-114
パワークリーン　128
裸足ランニングシューズ　171
バッドウォーター・ウルトラマラソン　21
膝の痛みと損傷
　　膝蓋大腿痛症候群　157, 158, 160t, 164-166
　　腸脛靱帯症候群　157, 158, 160t, 166-168
　　リスク因子　16
避妊ピル　32-33, 130, 150-151
ヒルトレーニング　89-90, 99, 170
疲労　5, 21, 29-30
疲労骨折　骨粗鬆症性骨折も参照
　　特徴　159-161, 160t, 161f, 162f
　　の原因　162-163
　　の症状　162
　　の治療　163-163
　　の頻度　158
　　の予防　1621-162
　　リスク因子　26, 83, 150, 156, 157
貧血　202-203
ビタミンB複合体　76, 204
ビタミンC　204-205
ビタミンD　58, 146, 162, 201-202
ビタミンE　204-205
微量栄養素
　　運動の影響　200-201
　　カルシウム　58, 146, 162, 201-202
　　抗酸化物質　204-205
　　鉄　202-204
　　ビタミンB群　76, 204

ビタミンD　58, 146, 162, 201-202
ピリオダイゼーション（期分け）トレーニングの各段階
　それぞれの段階も参照
　$\dot{V}O_2max$トレーニング　134-135, 136t
　アシドーシス閾値（AT）トレーニング　134, 135t
　基礎づくり　132-134, 133t
　スピードトレーニング　136-137, 137t
　要素の重視　137-138
ファルトレク　91, 99
フォームローラー　167-168
ヴォルフの法則　162
プライオメトリックトレーニング
　安全指針　122
　エクササイズ　117-121
　プログラム例　117t
　利点　116
プロゲステロン
　競技能力と　27, 28-30, 32, 139-140
　経口避妊薬の　32-33
　月経周期各相における　24-26
　性差としての　15
　ホルモン補充療法における　56
閉経期
　骨粗鬆症と　53-56
　定義　49-51
　における骨折リスク　83
　の心臓病リスク　53
　の生理と症状　51-53
　のトレーニング指針　59-60
　のトレーニングプラン　61-63f
　ホルモン補充療法　56-58
　ランニングと　56
閉経後　51
閉経周辺期　50
ベノイト、ジョーン　x
ペース　93-94, 95, 104
飽和脂肪　196
ホスファゲン系　4, 115
ホットフラッシュ　52, 57
歩幅の力学　16-17
ホルメ、グスタ　91
ホルモン
　回復における役割　138
　競技能力と　27-30, 32, 130, 139-140
　経口避妊薬の　32-33
　月経周期各相の　23-26, 24f
　の性差　13-15, 21, 55
　閉経期の　51-53
　ランニング損傷における役割　157, 163
ホルモン補充療法　56-58, 130
ボストンマラソン　208

ボックスジャンプ　121
ボルグスケール　40

ま
マラソン
　グループトレーニング　88, 98, 103
　女性の参加承認　207-209
　のためのアシドーシス閾値ワークアウト　106
ミオシン　9, 10f
ミトコンドリア　7, 8, 10, 81
無月経
　女性アスリートの3徴における　147
　疲労骨折と　83, 158, 163
　骨の健康と　14-15, 26, 149-150
無酸素解糖　4-6, 8, 114
無酸素能力トレーニング　87-88, 114-115, 136-137, 137t
無酸素パワートレーニング　115-116
無排卵　147
メルポメネー（ギリシャのランナー）　207
モンスターウォーク　173

や
有酸素系　6
有酸素能力トレーニング　80-84, 93-98, 94f
有酸素パワートレーニング　$\dot{V}O_2max$トレーニングを参照

ら
ラインデル、ハンス　86-87
ラクテート　5, 29
ラドクリフ、ポーラ　209
ランニング効率　9, 31, 82
ランニングブラ　96
卵胞期、月経周期の　24, 27, 31, 99
卵胞刺激ホルモン　15
両脚跳び　118
リード、パム　21
レッグリフト、側臥位　172
ロビンソン、ベティ　208
路面　170
ロングATラン　105
ロングラン　84, 98-99
ロードランナーズクラブオブアメリカ　88

ヒールドロップ　176

著者について

ジェイソン・R・カープ (Jason R. Karp) PhD

運動生理学者。ランニングとフィットネスの専門家。2011年の年間最優秀IDEA個人トレーナー。2007年インディアナ大学で生理学副専攻運動生理学の博士号を、1997年カルガリー大学でキネシオロジーの修士号を取得。1995年ペンシルベニア州立大学から英語副専攻で運動およびスポーツ科学の学士号を取得。

科学に裏打ちされた指導をあらゆるレベルのランナーに提供するとともに、自身の会社「RunCoachJason.com」を通じてコーチたちの相談に乗る。米国陸上競技およびクロスカントリーコーチ協会、米国スポーツ医学会、米国運動生理学者協会、IDEA世界フィットネス協議会など、数多くのコーチングやフィットネスの団体、学会でプレゼンターとして人気が高い。

4冊の著書に加え、『Runner's World』『Running Times』『Shape』『Oxygen』『Ultra-Fit』などの雑誌に200以上の記事を執筆している。現在はサンディエゴにあるミラマー大学の非常勤教官として、応用運動生理学を教えている。

米国陸上競技連盟の最高レベルのコーチング資格について教えた経験があり、米国オリンピックトレーニングセンターにある米国陸上競技連盟ならびに米国オリンピック委員会の新人エリートコーチキャンプで講師を務めた。REVO2LTランニングチームの創始者兼コーチで自身も競技ランナーである。米国陸上競技連盟の認証コーチであり、パワーバーチームエリートの一員として、パワーバー社の後援を受けている。

キャロリン・S・スミス (Carolyn S. Smith) MD

家庭医療ならびにスポーツ医学を専門とする医師。イリノイ大学で医学の学位を取得。北イリノイ大学で修士号、ウィスコンシン大学で学士号を、ともに運動生理学を取得。ミルウォーキーのセントマイケル病院研修医プログラムならびにウィスコンシン医科大学で教官を務めたあと、2002年にマーケット大学学生保健施設に加わる。現在は、マーケット大学学生保健施設の責任者ならびに大学対抗陸上競技部門のための医療チーム代表を務める。また競技トレーニングプログラムのための医療ディレクターとしての役割を担いながら、教育者としての関心も持ち続けている。

一方、30年以上にわたるキャリアを持つ多才なランナーでもある。カレッジ卒業後、短距離ランナーとしてキャリアを積んだ後、2002年にウルトラランニングを取り入れ、50マイル走から24時間走にわたる長距離ランニングで成功を収める。24時間走および100K走の前国内チャンピオンである。24時間走のナショナルチームで2回、米国代表の栄誉に輝いており、100Kナショナルチームのメンバーに選ばれた。

全国年齢別記録の保持者でもある。2009年には50マイルウルトラマラソンで世界最速タイムの保持者となり、米国大会で1位となる。2011年にミネソタで行われたFANS12時間ウルトラマラソンでも優勝、12時間走の全国年齢別記録を樹立した。2012年にイタリアで行われた100キロメートル世界チャンピオン第7回大会では米国代表を務め、米国女性チームが金メダルを獲得した。2009年にもチームの一員として金メダル獲得に貢献している。

監修者について

木下 訓光 (きのした のりみつ)

法政大学スポーツ健康学部スポーツ健康学科教授。
慶應義塾大学医学部卒業。虎の門病院循環器センター、慶應義塾大学スポーツ医学研究センターを経て現職に。日本循環器学会、日本体力医学会、American College of Sports Medicine、European College of Sport Science、日本糖尿病学会員、日本臨床スポーツ医学会評議員。

ガイアブックスは
地球（ガイア）の自然環境を守ると同時に
心と身体の自然を保つべく
"ナチュラルライフ"を提唱していきます。

RUNNING for Women
女性のためのランニング学

発　　　行	2014年2月20日	著者：
発 行 者	平野　陽三	ジェイソン・R・カープ
発 行 所	株式会社 ガイアブックス	(Jason R. Karp) PhD
	〒169-0074 東京都新宿区北新宿 3-14-8	キャロリン・S・スミス
	TEL.03 (3366) 1411　FAX.03 (3366) 3503	(Carolyn S. Smith) MD
	http://www.gaiajapan.co.jp	プロフィールは p.213 参照。
印 刷 所	シナノ書籍印刷株式会社	監修：
		木下　訓光（きのした のりみつ）

Copyright GAIABOOKS INC. JAPAN2014
ISBN978-4-88282-885-3 C0075

プロフィールは p.213 参照。

翻訳者：
日向　やよい（ひむかい やよい）

落丁本・乱丁本はお取り替えいたします。
本書を許可なく複製することは、かたくお断わりします。

東北大学薬学部卒業。宮城県衛生研究所勤務を経て翻訳に携わる。主な訳書に『脳卒中のあと私は…』『フランク・ショーターのマラソン&ランニング』（いずれもガイアブックス）など。

Original title: Running for Women by Jason R. Karp, PhD and Carolyn S. Smith, MD

Copyright © 2012 by Jason R. Karp and Carolyn S. Smith

All right reserved. Except for use in a review, the reproduction or utilization of this work in any form or in any form or by electronic, mechanical, or other means, now known or hereafter invented, including xerography, photocopying, and recording, and in any information storage and retrieval system, is forbidden without the written permission of the publisher.

Photographer (interior): Neil Bernstein, ©Human Kinetics, unless otherwise noted
Illustrations: ©Human Kinetics, unless otherwise noted

Human Kinetics
http://www.HumanKinetics.com

Cover Drawings & Photos: Maridav / Brocreative / sabri deniz kizil / Bokica / Shutterstock.com